SHANGHAI MINYING JINGJI

2020 上海民营经济

上海市工商业联合会
上海市发展和改革委员会
上海市市场监督管理局
上海市统计局
上海市民营经济研究会

復旦大學 出版社

主办单位

上海市工商业联合会

上海市发展和改革委员会

上海市市场监督管理局

上海市统计局

上海市民营经济研究会

《2020 上海民营经济》编委会、编辑部成员名单

《2020 上海民营经济》编委会成员

主　　　任：寿子琪
副 主 任：马春雷　　黄国平　　陈学军
　　　　　　周　亚　　季晓东　　赵福禧
编　　　委：徐惠明　　朱　民　　彭文皓
　　　　　　汤汇浩

《2020 上海民营经济》编辑部成员

主　　　编：徐惠明
副 主 编：夏斯德　　贾　川　　罗永勤
　　　　　　陈永奇　　张　捍
成　　　员：陈　菁　　王晓琳　　曹美芳
　　　　　　刘　云　　乐　芸　　李　琳

目 录

经济发展

专题报告一
2019年度上海市民营经济运行分析报告 ·········· 3
  一、全国及上海市经济运行情况 ·········· 3
  二、上海市民营经济运行的主要特点 ·········· 4
  三、上海市民营经济运行存在的主要问题和相关建议 ·········· 9
  四、附录——2019年上海市民营工业经济运行分析 ·········· 11

专题报告二
全力加强有效服务供给 合力促进民企健康发展 ·········· 14
  一、2019年民营经济发展基本情况 ·········· 14
  二、2020年民营经济发展总体思路 ·········· 16

专题报告三
2020年上半年上海市民营经济运行分析报告 ·········· 17
  一、上半年上海市民营经济运行的主要特点 ·········· 17
  二、上半年上海市民营经济运行存在的主要问题和相关建议 ·········· 21
  三、附录——2020年上半年上海市民营工业经济运行分析 ·········· 23

专题报告四
上海民营经济"27条政策"落地落实情况第三方再评估研究 ·········· 26
  一、民营经济"27条政策"落地落实总体情况 ·········· 26
  二、民营经济"27条政策"落实现存问题 ·········· 28
  三、新形势下优化上海营商环境的政策建议 ·········· 30

专题报告五

以强化上海"四大功能"为抓手,促进民营企业高质量发展 ········· 34
    一、上海民营企业高质量发展的前期基础 ················· 34
    二、疫情后强化上海"四大功能"中民营企业发展的新契机 ········· 38
    三、在抢占新机遇中上海民营企业还需要获得更多支持 ········· 40
    四、以强化上海"四大功能"为抓手,促进民营企业高质量发展的思路建议 ········· 42

专题报告六

第十四次全国民营企业抽样调查分析报告(上海地区) ········· 46
    一、研究背景与方法 ················· 46
    二、上海调查样本结构 ················· 46
    三、被调查企业的经营状况 ················· 48
    四、上海营商环境建设的成绩与不足 ················· 60
    五、企业技术升级与地区间比较 ················· 66
    六、年轻一代企业家群体与上海民营企业代际传承 ········· 72
    七、民营经济人士的思想状况 ················· 81

专题报告七

上海民营经济"十四五"创新发展研究 ················· 86
    一、引言 ················· 86
    二、"十三五"上海民营经济发展的成效和特点 ················· 88
    三、"十四五"上海民营经济创新发展面临的机遇和挑战 ········· 90
    四、"十四五"上海民营经济创新发展的战略和目标 ········· 95
    五、"十四五"时期推动上海民营经济创新发展的建议 ········· 96

专题报告八

上海市促进民营经济发展情况调研报告 ················· 101
    一、民营经济发展基本情况 ················· 101
    二、促进民企发展主要工作 ················· 103
    三、当前民企发展存在问题 ················· 105
    四、促进民企发展相关建议 ················· 106

专题报告九

"双随机、一公开"监管常态化研究 ················· 109
    一、"双随机、一公开"监管的实施成效 ················· 109
    二、"双随机、一公开"监管常态化面临的问题 ················· 110

三、对制约"双随机、一公开"监管常态化的原因分析 ·· 112
　　四、对完善"双随机、一公开"监管机制的对策建议 ·· 117

专题报告十
经济结构转型升级　非公人才提质增量——2019年上海市非公有制企业人才发展报告 ············ 120
　　一、非公人才发展现状 ·· 120
　　二、非公人才发展中值得关注的问题 ··· 123
　　三、关于非公人才发展的意见建议 ··· 124

专题报告十一
2019年徐汇区民营经济发展报告 ·· 125
　　一、2019年徐汇区民营经济发展指数 ··· 125
　　二、徐汇区民营经济发展状况 ··· 128
　　三、徐汇区民营经济进一步发展面临的瓶颈和挑战 ··· 130
　　四、徐汇区民营经济发展的对策建议 ··· 133
　　五、附录 ··· 136

专题报告十二
杨浦区中小微民营企业复工复产情况的调研报告 ··· 139
　　一、新冠肺炎疫情对上海经济发展的影响 ··· 139
　　二、杨浦区疫情防控和复工复产面临的主要问题 ·· 141
　　三、对策建议 ··· 145

理 论 研 究

专题报告十三
上海民营经济人士思想状况研究 ·· 153
　　一、上海民营经济人士主流积极向上 ··· 153
　　二、近期民营经济统战工作值得注意的问题 ·· 156
　　三、对策建议 ··· 157

专题报告十四
以理想信念教育活动为牵引　进一步做好上海民营经济人士思想政治引领工作研究 ············ 159
　　一、研究背景与意义 ··· 159
　　二、上海民营经济人士思想状况主要特征和价值取向 ·· 160
　　三、上海民营经济人士思想政治引领工作现状及困境分析 ·································· 164

  四、上海民营经济人士思想政治引领工作的特色优势 …… 167
  五、全国典型地区开展民营经济人士理想信念教育经验与启示 …… 170
  六、上海开展民营经济人士理想信念教育工作考核评定设计 …… 174
  七、对策建议 …… 180

专题报告十五
民营经济在国家五年发展规划中表述的轨迹发展、重要启示和展望研究 …… 187

专题报告十六
上海民营经济改革发展史研究 …… 192
  一、发展历程 …… 192
  二、现状与特点 …… 194
  三、主要贡献 …… 196
  四、思考与建议 …… 198

专题报告十七
民营经济在促进科技成果转化方面的主力军作用研究 …… 201

专题报告十八
关于黄浦区促进民营经济相关政策落实情况的调研报告 …… 206
  一、调研概况 …… 206
  二、调研结果 …… 207
  三、调研分析及初步建议 …… 211
  四、研究对策及工作建议 …… 215

专题报告十九
"政会银企"四方合作机制专题调研——商会在推进"政会银企"四方机制中的作用及建议 …… 219
  一、四方机制助力疏通货币政策传导机制 …… 219
  二、长宁区推进四方机制取得四项进展 …… 221
  三、深挖商会作用的长宁做法 …… 223
  四、长宁区下一步推进四方机制的方向探索 …… 225

2020

经济发展

上海民营经济

专题报告一

2019年度上海市民营经济运行分析报告

一、全国及上海市经济运行情况

2019年,在以习近平同志为核心的党中央坚强领导下,全国上下坚持稳中求进工作总基调,坚持以供给侧结构性改革为主线,加强宏观政策逆周期调节,全力做好"六稳"工作,经济运行总体平稳,发展质量稳步提升。上海市坚持新发展理念,积极推动高质量发展,着力提升城市能级和核心竞争力,全市经济运行总体平稳、稳中有进、进中固稳,显示出较强的韧性和活力。

(一) 我国国民经济运行主要特点

一是经济保持中高速增长,经济总量和人均国内生产总值再上新台阶。2019年,我国国内生产总值较2018年增长6.1%,符合年初提出的6%~6.5%的预期目标,在1万亿美元以上的经济体中位居第一。2019年,国内生产总值为990 865亿元,接近100万亿元,人均国内生产总值按年平均汇率折算为10 276美元,突破1万美元大关,实现了新的跨越。

二是就业持续扩大,价格总体稳定,居民收入增长与经济增长基本同步。2019年,月度全国城镇调查失业率均在5.0%~5.3%之间,城镇新增就业连续七年保持在1 300万人以上,农民工总量持续增加。居民消费价格比2018年上涨2.9%。全国居民人均可支配收入实际增长5.8%,与人均GDP增速(5.7%)基本相当。城乡居民人均可支配收入比值是2.64,比2018年缩小0.05。

三是坚持以开放促发展,外贸外资逆势增长。2019年货物进出口总额315 505亿元,较2018年增长3.4%,出口增长5%,进口增长1.6%,实现了外贸稳中提质。货物贸易顺差比2018年扩大25.4%。民营企业进出口占我国进出口总额比重42.7%,成为我国第一大外贸主体。在利用外资方面,在全球跨境投资大幅下降的情况下,我国实际使用外资9 415亿元,较2018年增长5.8%。

四是经济增长质效进一步提高,新动能较快发展。在供给侧结构性改革推进下,2019年全国万元国内生产总值综合能耗较2018年下降2.6%;全员劳动生产率较2018年提高6.2%;工业产能利用率76.6%,较2018年有所提高;年末规模以上工业企业资产负债率56.6%,较2018年末有所下降。"放管服"改革持续深化,微观主体活力不断增强,全年新登记市场主体2 377万户,全年减税降费超过2.3万亿元。战略性新兴产业中,规模以上工业增加值增长8.4%,规模以上服务业营业收入增长12.7%。

(二)上海市国民经济运行主要特点

一是经济运行总体平稳。在国际环境错综复杂、国内经济下行压力较大以及自身结构调整阵痛、新旧动能转化困难等因素影响下,2019年,全市生产总值38 155.32亿元,较2018年增长6.0%,其中第三产业增长8.2%,工业由降转增。物价保持温和上涨,居民消费价格较2018年上涨2.5%,低于全国0.4个百分点。就业形势保持稳定,全年新增就业岗位58.91万个,较2018年增加0.74万个;年末城镇登记失业人数19.34万人,较2018年末减少0.07万人。居民人均可支配收入比2018年增长8.2%,其中农村居民增长9.3%。

二是调结构、提质效步伐稳健。2019年,全市第三产业增加值占比达72.7%,工业战略性新兴产业总产值占比达32.4%,同比均提高1.8个百分点。新兴服务业行业增长势头强劲,规模以上服务业企业营业收入比2018年增长10.1%,营业利润增长21.2%。部分工业效益指标向好,规模以上工业营业收入利润率7.4%,较全国工业高1.5个百分点;工业企业资产负债率47.7%,较全国工业低8.9个百分点。工业投资增速11.3%,高于全市固定资产投资6.2个百分点,已连续21个月保持两位数增长,中长期工业经济增长后劲可期。

三是经济活力继续增强。市场活力不断增强,2019年日均新设企业1 476户,较2018年增长12.0%;全年新认定高新技术企业5 950家,总数达1.28万家。网络经济蓬勃发展,全年电子商务交易额、网络购物交易额分别增长14.7%和27.0%。研发投入强度提高,全年全社会研发投入预计实现1 500亿元左右,投入强度为4%左右;每万人口发明专利拥有量达53.5件,平均每1.84个市场主体拥有1件注册商标,均居全国前列。

四是对外开放进一步扩大。利用外资较快增长,新设外资合同项目数和合同金额增速分别为21.5%和7.1%,实到外资同比增长10.1%,"一带一路"桥头堡作用继续显现。自贸试验区改革开放继续深化,自贸试验区临港新片区成立,新片区新设企业4 025家,签约重点项目168个、总投资821.9亿元。

二、上海市民营经济运行的主要特点

民营经济是国民经济的重要组成部分。2019年,上海市民营经济运行呈现总体平稳、稳中有进的态势,全年经济增加值首次突破1万亿元大关(见表1-1);民营经济增加值在全市生产总值中的比重为26.4%,与2018年持平。上海市民营企业持续推进创新驱动、转型升级,为全市经济发展做出了重要贡献。

表1-1　2019年上海市民营经济主要指标

指　　标	2019年绝对值	2019年增速(%)	增速较全市(±百分点)	2018年增速(%)
经济增加值(亿元)	10 062.73	5.5	−0.5	6.3
第一产业	99.74	−5.9	−0.9	−5.8
第二产业	2 500.95	2.1	+1.6	1.5
第三产业	7 462.04	6.8	−1.4	8.4
工业总产值(亿元)	6 130.73	−0.1	+0.2	1.6
工业主营业务收入(亿元)	6 921.04	0.7	+3.0	4.0
工业利润总额(亿元)	470.74	6.2	+19.9	4.5
建筑业总产值(亿元)	2 596.16	1.6	−8.9	10.7
服务业营业收入(亿元)	7 253.53	11.8	+1.7	15.1
服务业营业利润(亿元)	258.09	−12.1	−33.3	−13.0
社会消费品零售额(亿元)	3 149.045	1.6	−4.9	5.4
进出口总额(亿元)	7 491.08	9.3	+9.2	12.7
出口	3 577.63	9.7	+9.3	15.9
进口	3 913.45	8.9	+9.0	9.9
固定资产投资(亿元)	-	−13	−18.1	21.1
房地产开发投资	-	−16.6	−21.7	21.9
工业投资	-	2.4	−8.9	17
新设企业数(万户)	41.374	7.9	0	12.7
新设企业注册资本(亿元)	13 624.22	−5.5	−11.1	−2.6
税收收入(亿元)	4 868.78	2.9	+4.9	8.2

(一) 增总量实现新跨越,调结构取得新进展

2019年,上海市民营经济运行呈现总体平稳、稳中有进的态势,全年经济增加值达到10 062.73亿元,首次突破1万亿元大关,经济总量实现了新的跨越。第三产业比重进一步提高,全年第三产业增加值占民营经济增加值的比重达74.2%,高于2018年3.5个百分点,且高于全市平均1.4个百分点。

全年民营经济增加值在全市生产总值中的比重为26.4%,为全市经济发展做出了重要贡献。特别是在全市落实减税降费的大背景下,2019年,上海市民营经济完成税收收入4 868.78亿元①,同比增长2.9%(全市下降2.0%)。其中,个体经营户上缴税收同比增长16.0%,私营企业、非国有控股企业分别增

———————
① 民营经济税收收入:不含海关代征的增值税、消费税、证券交易印花税。统计范围包括私营企业、集体企业、个体经营以及非国有控股的联营企业、有限责任公司、股份有限公司。

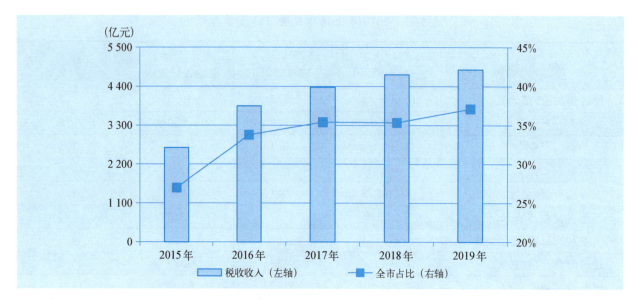

图 1-1 上海市民营企业税收收入及全市占比情况

长1.6%和1.8%。从占比情况看,民营经济税收收入占全市税收收入的比重为37.1%,较2018年提高1.8个百分点,再创历史新高(见图1-1)。

(二)第三产业引领发展,工业效益稳步提升

1. 服务业引领发展,商务、科研和技术服务盈利势头良好

2019年,上海市民营经济实现服务业增加值7 462.04亿元,同比增长6.8%,增速快于各产业平均水平1.3个百分点。

2019年民营服务业企业实现营业收入7 253.53亿元①,同比增长11.8%,占全市服务业比重23.2%,较2018年提高2.5个百分点。民营批发零售企业实现商品销售额29 209.91亿元,同比下降0.5%,降幅较2018年收窄6.1个百分点。

分行业看,交通运输、仓储和邮政业,水利、环境和公共设施管理业以及教育行业营业收入增长较快,同比增速分别为20.9%、23.5%和21.5%;商务服务业、科学研究和技术服务业营业利润增长较快,同比增速分别为41.9%和1.37倍。此外,限额以上住宿餐饮企业利润总额同比增长1.5倍。

2. 工业生产逐步回稳,企业效益稳步提升

面对复杂严峻的国内外经济形势,2019年民营工业生产呈现逐步回稳、稳中向好的发展态势。1—5月、1—10月、1—12月规模以上工业总产值分别同比下降2.7%、1.6%和0.1%,2019年降幅低于上海市工业0.2个百分点,民营工业总产值占全市工业的比重为17.8%,较2018年提高1.7个百分点。

企业效益稳步提升,2019年规模以上工

---

① 服务业营业收入、营业利润的统计范围为规模以上服务业企业,不包括房地产业,下同。

业主营业务收入达到6 921.04亿元,同比增长0.7%,同期全市工业同比下降2.3%,民营工业主营业务收入占全市工业的比重为17.6%,较2018年提高2.0个百分点;规模以上工业利润总额470.74亿元,同比增长6.2%,同期全市工业同比下降13.9%。民营工业利润总额占全市工业的比重为16.2%,较2018年提高4.4个百分点。工业主营业务收入利润率为6.8%,较2018年提高0.3个百分点,与全市工业平均水平的差距进一步缩小,仅0.6个百分点。

分行业看,工业总产值增长面有所扩大,32个工业行业中有17个行业规模以上实现增长,较2018年增加5个。效益方面,专用设备制造业,文教、工美、体育和娱乐用品制造业,橡胶和塑料制品业,计算机、通信和其他电子设备制造业利润增势强劲,同比增速分别达到34.2%、90.7%、31.2%和29.9%。

(三)对外贸易逆势增长,零售保持总体平稳

1. 外贸增速有所回落,全市占比持续提高

受中美经贸摩擦、全球贸易局势紧张影响,2019年上海市对外贸易增速持续放缓。上海市民营企业全年实现进出口总额7 491.08亿元①,同比增长9.3%,增速较2018年回落3.4个百分点,但快于全市平均9.2个百分点;其中出口额增长9.7%,进口额增长8.9%。对外贸易占全市比重进一步提高。2019年,本市民营进出口总额占全市比重为22.0%,较2018年提高1.8个百分点。其中,出口额占比为26.1%,进口额占比为19.3%,分别较2018年提高2.2和1.6个百分点。

2. 零售保持小幅增长,全市占比略有提高

2019年,全市民营企业社会消费品零售额3 149.05亿元,同比小幅增长1.6%,增速较2018年回落3.8个百分点,低于全社会消费品零售总额4.9个百分点。从占比情况看,上海全年民营企业社会消费品零售额占全社会消费品零售总额的比重为23.3%,较2018年提高0.2个百分点。

(四)企业活力不断激发,创新动能不断积聚

1. 营商环境不断优化,新设主体持续增长

2019年5月,上海市商务委会同市发改委、市经信委以及市工商联印发《上海市鼓励设立民营企业总部的若干意见》,大幅降低在沪民营企业总部的认定标准,截至2019年底149家单位被认定为2019年度上海市民营企业总部,不仅享受到上海的金融、人才等支持,支付宝、苏宁易购等长三角企业还享受到多地"总部"政策待遇,进一步提升了民营经济活力。

由上海市企业联合会、上海市企业家协会、上海市经济团体联合会、解放日报社联合

---

① 民营企业进出口数据的统计范围为私营企业、集体企业和个体工商户。

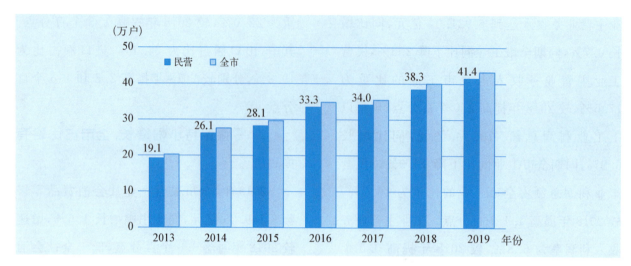

图 1-2　上海市民营新设市场主体户数

发布的"2019上海民营企业百强榜""2019上海企业百强榜"显示,民营百强企业经营业绩增幅明显高于上海百强的平均增幅,发展活力旺盛。

2019年,全市注册登记的新设民营市场主体41.4万户①(见图1-2),同比增长7.9%,新设民营市场主体户数占全市比重高达95.9%,为全市经济发展注入了更多新动能。

2. 企业创新亮点频现,发展动能不断积聚

上海拥有一大批创新能力强、业态模式新、质量品牌优、管理水平高、国际融合好的创新性成长型民营企业。目前,全市共有高新技术企业1.28万家,其中民营企业数量占比达到80%。2019年,上海市民营企业持续坚持自主研发和科技创新,积极参与国家重大科技任务,通过产学研合作提升创新能力和提高经济效益。民营企业已经成为上海市自主创新和产学研协同创新的重要力量。

一批创新成果在工业领域关键环节取得了重大进展,打破了相关行业国外企业的垄断局势,如上海联影的全景动态PET-CT uEXPLORER探索者是世界首台全景动态PET-CT,2019年通过国家药监局创新医疗器械特别审查,在复旦大学附属中山医院投入使用,并一举斩获第21届"中国国际工业博览会大奖"。据悉该设备出口美国一家医院时,因其技术的不可取代性,美方甚至豁免了其关税。图漾科技的双目结构光3D工业相机、展湾科技的展湾智慧通、辰竹仪表的工业设备通用功能安全控制模块及自动化安全产品、非夕机器人的自适应机器人拂晓、一郎合金的高强度高耐腐蚀镍钼合金、金发科技的汽车发动机舱用高耐热低翘曲改性尼龙材料分别在工业自动化、机器人和新材料领域取得突破,荣获第21届中国国际工业博览会各专业奖项。

---

① 民营市场主体户数、注册资本的统计范围包括私营企业、个体工商户和农民专业合作社。

图 1-3　上海市民营投资增长情况

三、上海市民营经济运行存在的主要问题和相关建议

（一）民营经济运行存在的主要问题

1. 民营投资快速下行

受 2018 年较高基数及房地产投资快速下行影响，2019 年，上海市民营固定资产投资①同比萎缩 13.0%，同期全市全社会固定资产投资总额增长平稳，增速为 5.1%。从投资结构看，在"房住不炒"监管政策下，楼市预期进一步回归理性，融资环境进一步收紧，受上述因素制约，上海市民营房地产投资自 2019 年下半年开始整体显现下行趋势，全年同比增速由 2018 年增长 21.9% 转为萎缩 16.6%，同期全市增速为 5.1%；工业投资保持小幅增长，同比增速 2.4%，较 2018 年回落 14.6 个百分点，低于全市工业投资增速 8.9 个百分点（见图 1-3）。

2. 各类成本高企问题依然存在

根据相关调查，从影响企业生产经营的主要困难和问题看，有 66.4% 的民营制造业企业反映"劳动力成本高"，57.9% 反映"物流成本高"，54.4% 反映"原材料价格上涨"，所占比例分别高出全市制造业平均水平 5.3、8.8 和 3.0 个百分点；有 40.5% 的民营服务业企业反映"劳动力成本高"。同时，部分政策惠及企业的实际程度有限，如 2019 年社保基数连续上调部分抵消了养老保险费率下降的减负效果。此外，增值税成为主要税负。2018 年全市增值税收入占税收比重为 38%，但有企业反映，即使在目前增值税税率下调 3 个点的前提下，增值税占企业全部应缴税收的比例仍高达 68% 左右。

3. 部分服务业企业效益大幅下滑

民营服务业中主要行业盈利分化严重，2019 年，民营软件和信息技术服务业，文化体育和娱乐业营业，交通运输、仓储和邮政业利润总额分别同比萎缩 84.1%、80.2% 和

---

① 民营固定资产投资额的统计范围包括私营、集体、私营控股和集体控股企业。

31.7%。受其拖累,民营规模以上服务业实现营业利润258.09亿元,同比下降12.1%,占全市服务业比重仅8.5%,较2018年下降1.3个百分点;营业收入利润率为3.6%,较2018年下降0.6个百分点,低于全市服务业平均水平6.1个百分点。此外,限额以上批发零售企业利润总额同比萎缩13.6%。

(二)进一步促进民营经济发展的建议

1. 确保民营经济支持政策落地落实

以认真抓好《关于营造更好发展环境支持民营企业改革发展的意见》的贯彻落实为契机,确保民营经济相关支持政策落地落实。一是研究出台一批实施细则,如探索建立民营骨干企业奖励政策、建立并购基金、提高政策性融资担保基金风险容忍度、建立民营企业家参与重大涉企政策决策制度、支持民营资本参股或组建相关产业投资基金和基础设施投资基金等还处于研究阶段,要抓紧研究出台相关政策细则。二是完善细化一批配套政策,如支持民企参与政府投资项目、鼓励民企参与基础设施和公用设施建设、支持民企承担各类科技和产业化重大项目等政策较为原则,要进一步细化完善,让企业看得懂、用得上。三是梳理调整不合时宜的政策,全面清理一批不利于民营经济发展的政府规章和行政规范文件,并将其纳入清理工作长效机制。四是充分发挥园区紧密联系企业的作用,做好最后一公里的衔接,根据不同企业的特点,主动加强对企政策宣传服务。

2. 稳定民营企业投资信心

一是践行亲清新型政商关系。在强调一视同仁的同时,引导资源向效率高的领域倾斜,在提升经济密度上对标深圳等地出实招硬招,加快项目审批速度、提高土地利用效率。二是鼓励民营资本参与国企"混改",研究出台国企混改正面清单,借鉴自贸试验区负面清单创新模式,研究出台民营企业参与国企混改的正面清单,明确哪些领域民企可以参与混改,让企业少走弯路;同时保证民营资本在治理中的决策权,解决机制不活、激励不够、创新不足等问题,提升企业活力和竞争力。三是鼓励民间资本参与上海市重大项目建设。在战略性新兴产业,教育、医疗、养老等社会事业,交通、能源、城建、保障房等公共领域,推出一批鼓励民间投资参与建设运营的具体项目。四是进一步消除隐性投资壁垒,适度降低行业准入门槛,在保持政府对经济有效管控的前提下,逐步扩大允许民企民资进入的领域,引导民间投资健康发展。

3. 切实为企业降本减负

一是研究完善上海市更好落实国家各项减税政策的相关制度设计,进一步研究扩大增值税留抵退税的行业范围,完善制度设计、规范操作流程。二是进一步加大涉企行政事业性收费、建设项目收费等清费力度;加强与国家部委沟通,争取在上海市试点停征或免征部分事权在中央的政府性基金、行政事业性收费等;规范第三方中介服务收费。三是进一步降低企业社保缴费负担。研究企业部分社保缴费基数的调整机制,参照兄弟省市做法,将社保缴费基数下限由社平工资的60%降低为40%;通过竞争性领域的国资国企"混改"等途径,将所得收益补贴社保资金缺口。四是在"一网通办""企业服务云"上完善减轻企业负担综合服务平台,实现查询、举报、处理三大功能,进一步提高服务实体经济的有效性。

四、附录——2019年上海市民营工业经济运行分析

2019年,上海市民营工业经济面对复杂严峻的国内外经济形势,工业生产呈现逐步回稳、稳中向好的发展态势,全年第二产业增加值同比增长2.1%,较2018年提高0.6个百分点,高于全市第二产业1.6个百分点。工业企业效益稳步提高,工业投资小幅增长(见表1-2)。

表1-2 2019年民营规模以上工业主要指标

指标	民营工业 绝对值(亿元)	民营工业 同比增长(%)	全市工业 绝对值(亿元)	全市工业 同比增长(%)
工业总产值	6 130.73	-0.1	34 427.17	-0.3
主营业务收入	6 921.04	0.7	39 403.51	-2.3
利润总额	470.74	6.2	2 906.25	-13.7

(一)工业生产总体保持平稳

面对复杂严峻的国内外经济形势,2019年上海市民营工业生产呈现逐步回稳、稳中向好的发展态势。1—5月、1—10月、1—12月规模以上工业总产值分别同比下降2.7%、1.6%和0.1%,全年降幅低于全市工业0.2个百分点。民营工业总产值占全市工业的比重为17.8%,较2018年提高1.7个百分点(见图1-4)。

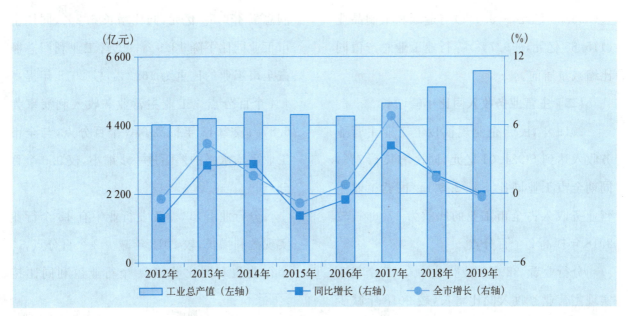

图1-4 上海市民营规模以上工业总产值情况

分行业看,32个工业行业中有17个行业规模以上工业总产值同比增长,较2018年增加5个百分点,15个行业同比下降。

其中,计算机、通信和其他电子设备制造业(445.23亿元,17.3%①),电气机械和器材制造业(859.95亿元,7.5%),化学原料和化学制品制造业(499.62亿元,7.0%),仪器仪表制造业(86.47亿元,7.9%),非金属矿物制品业(250.29亿元,2.5%),专用设备制造业(492.46亿元,1.1%)和医药制造业(202.41亿元,2.7%)等行业工业总产值同比增加量居前,对工业生产保持平稳起到了主要支撑作用。

而汽车制造业(580.26亿元,-10.6%),有色金属冶炼和压延加工业(151.71亿元,-22.1%),纺织服装、服饰业(157.40亿元,-14.4%),皮革、毛皮、羽毛及其制品和制造业(131.11亿元,-12.9%),橡胶和塑料制品业(365.30亿元,-3.4%)与造纸和纸制品业(115.85亿元,-9.7%)等行业工业总产值同比缩减量居前。

(二)主营业务收入同比小幅增长

2019年,民营企业规模以上工业主营业务收入达到6921.04亿元,同比增长0.7%,同期全市工业同比下降2.3%。民营工业主营业务收入占全市工业的比重为17.6%,较2018年提高2个百分点。

分行业看,32个工业行业中有15个行业实现主营业务收入同比增长,较2018年减少6个百分点。

其中,电气机械和器材制造业(973.76亿元,5.7%),计算机、通信和其他电子设备制造业(478.42亿元,11.8%),专用设备制造业(543.56亿元,9.5%),化学原料和化学制品制造业(551.16亿元,4.9%),金属制品业(474.40亿元,5.5%)和非金属矿物制品业(296.06亿元,7.1%)等行业主营业务收入同比增加量居前。

而汽车制造业(677.02亿元,-10.2%),皮革、毛皮、羽毛及其制品和制造业(119.16亿元,-19.8%),有色金属冶炼和压延加工业(302.79亿元,-6.0%),纺织服装、服饰业(159.17亿元,-10.4%),橡胶和塑料制品业(445.42亿元,-3.4%)与造纸和纸制品业(122.47亿元,-10.4%)等行业主营业务收入较2018年缩减量居前。

(三)工业企业效益稳步提高

2019年,民营企业实现规模以上工业利润总额470.74亿元,同比增长6.2%,同期全市工业同比下降13.9%。民营工业利润总额占全市工业的比重为16.2%,较2018年提高4.4个百分点。工业主营业务收入利润率为6.8%,较2018年提高0.3个百分点,与全市工业平均水平的差距进一步缩小,仅0.6个百分点。

分行业看,32个工业行业中有15个行业实现盈利增长,较2018年减少2个百分点,15个行业盈利同比萎缩,1个行业盈利同比持

---

① 17.3%指同比增长17.3%,若为负值代表同比下降,下同。

平;尚有1个行业处于亏损状态,较2018年减少2个百分点。

盈利增长的行业中,专用设备制造业(64.78亿元,34.2%),文教、工美、体育和娱乐用品制造业(24.30亿元,90.7%),橡胶和塑料制品业(31.82亿元,31.2%),计算机、通信和其他电子设备制造业(23.29亿元,29.9%),化学原料和化学制品制造业(50.95亿元,9.2%)与印刷和记录媒介复制业(7.64亿元,78.6%)等行业利润增加额排名靠前,支持民营工业利润总额同比增长。

而盈利缩减金额靠前的行业包括通用设备制造业(33.71亿元,-28.1%),汽车制造业(42.67亿元,-10.5%),农副食品加工业(8.19亿元,-18.3%),其他制造业(1.14亿元,-59.2%),皮革、毛皮、羽毛及其制品和制鞋业(7.42亿元,-17.5%)和有色金属冶炼和压延加工业(3.54亿元,-24.5%)等,在一定程度上抑制了利润总额的快速增长。

(四)工业投资呈现小幅增长

由于缺乏大项目支撑,2019年,上海市民营企业投资增长乏力,工业投资同比小幅增长2.4%,增幅较2018年下滑了14.6个百分点,低于全市工业投资8.9个百分点,如图1-5所示。

图1-5 上海市民营企业工业投资增长情况

(供稿单位:上海市工商业联合会,主要完成人:徐惠明、张捍、刘佳、韩莹、徐玲玲)

专题报告二

全力加强有效服务供给　合力促进民企健康发展

一、2019年民营经济发展基本情况

2019年，上海坚持以企业需求为导向，着力发扬"店小二"精神，精准施策，兜底服务，不断提升企业服务能级，提高企业政策获得感、服务满意度，营造中小企业发展的良好环境。

（一）优化制度供给环境

上海市各部门合力推动"民营经济27条"落地落实，配合市人大、市政协开展专项监督视察，加强统筹协调，督促各项政策举措落地落实；开展第三方专项评估，总结当前不足。推进中小企业地方立法，配合全国人大开展《中小企业促进法》执法检查调研，稳步推进《上海市促进中小企业发展条例》修订工作，已形成条例征求意见稿。上海市经信委新修订《上海市中小企业发展专项资金管理办法》，创新资金支持项目，扩大支持范围，强化财政资金对中小企业发展的引导扶持作用。编制《企业服务工作动态》，研究分析上海企业发展面临的突出问题、瓶颈问题，梳理、分析企业的共性诉求、个性化诉求，提出工作建议，累计完成32期。

（二）完善服务体系建设

上海市经信委在线上以"上海市企业服务云"为抓手，统筹全市企业服务体系建设和企业服务工作。市服务企业联席会议相关成员单位、16个区和近600家专业服务机构主动对接"企业服务云"开设旗舰店，提供"互联网＋政务"和10大类专业服务。目前注册用户51.7万个，服务店铺总数624个，提供服务产品9 898个，完成服务超过23.9万个。线下重点优化"1＋16＋X＋N"企业服务体系，做强市级中小企业发展服务中心，健全区级工作机制。全市培育国家级中小企业公共服务示范平台25个，市级中小企业服务机构365家。

（三）加强重点企业培育

上海市已形成重点企业分层培育格局，全市"专精特新"企业2 103家，2019年度达到2 500家；17家企业荣获首批国家级专精特新"小巨人"；13家企业被评为制造业单项冠军，推荐第四批单项冠军企业（产品）15家。叠加人才、创新、市场等服务，举办培训领军人才6期、首席质量官3期、财务总监2期、改制上市3期、法律风险2期，培训企业家和企业专业

人才千余人;开展产学研对接、创新能力提升研讨活动,组团参加第二届进博会、中国第21届国际工业博览会、中国国际中小企业博览会,开展"走进央企""共享计划""信息化新动力"等活动,参与企业超千家次。

(四)推进双创企业发展

为挖掘培育优质创业企业,上海市启动2019"诸神之战"阿里巴巴创企大赛和"创客中国"上海赛区决赛,举办"第二期浦创108训练营"。为做强志愿服务,成立"上海企业服务专家志愿团"市级总队,建立园区志愿服务工作站,第一批共111家;组建志愿服务专家团队,第一批161人。为加强双创载体建设,上海市培育聚科生物园、双创产业园等国家级小型微型企业创业创新示范基地12个,众创空间载体数量和规模快速增长,WEWORK、P2等全球众创品牌集聚,聚能湾、健康智谷等脱颖而出。

(五)全面深化企业服务

为加强政策解读宣讲,上海市服务企业联席会议发布2019年《上海市惠企政策清单》《上海市涉企公共服务清单》,汇集市级惠企政策316项、公共服务145项。"企业服务云"发布企业政策3 133项,发送政策宣传短信超过430万条,"半月坛"公益实务讲座举办19场。打通"政策落实最后一公里"瓶颈,开展"园区赋能"行动,深入闵行紫竹、浦东张江、徐汇漕河泾、静安800秀等重点产业园区,助力企业创新发展。协调处理企业诉求,"企业服务云"线上受理解决企业咨询、协调、调解、对接四大类诉求共2 358个。

(六)强化融资服务

为支持信贷融资,上海实施"千家百亿信用融资计划",发放"专精特新"企业信用贷款和担保贷款926户118.4亿元,其中担保贷款365户15亿元。引导担保机构降低融资成本,落实国家小微企业融资担保降费奖补政策,安排4 000万元支持14家担保机构。抓住科创板设立的战略机遇,建立科创企业改制上市后备库,遴选后备入库企业近400家;推动优质机构成立"科创企业投资基金联盟",首期规模100亿元;集中排摸上市障碍,推动晶晨半导体、美迪西、柏楚电子、拓璞数控等企业上市进程。

(七)加强运行监测

为着力稳增长,上海举办首批市中小企业集中开工仪式,23家"专精特新"企业重点项目总投资达75亿元,其中固定资产投资59亿元;针对受中美经贸摩擦影响较大的企业、总部经济企业、重点工业园区,通过实地走访、座谈交流,开展调研摸底、跟踪服务,掌握企业经济运行情况,帮助企业解决诉求。完善监测体系,汇总全市工业、服务业、进出口、投融资等运行信息,针对中美经贸摩擦、企业用工成本等热点开展问卷调查,加大平台信息分析报送力度,加强医药、软件信息服务、科研服务等行业运行监测,确立重点监测企业名单,及时掌握面上和重点企业运行状况,按月形成运行监测报告。明确监测目标,建立目标考核和内部通报制度,将全年监测目标数4 726家分解至各区,发动园区、"专精特新"企业填报运行监测信息。

二、2020年民营经济发展总体思路

2020年,上海将积极落实国务院促进中小企业发展工作领导小组会议精神,紧紧围绕上海市委、市政府促进中小企业健康发展的总体要求,坚持稳中求进工作总基调,坚持创新发展理念,不断夯实企业服务体系功能,提升中小企业创新和转型升级能力,促进中小企业高质量发展。

(一)加强企业服务统筹

健全市服务企业联席会议工作机制,完善诉求处理快速反馈响应机制,推进解决跨区迁移等共性问题,加强专题研究分析。结合上海经济和产业发展新形势,研究分析上海企业面临的突出瓶颈和主要挑战,努力回应和解决企业生产经营中的共性个性诉求。对标国际最高标准,借鉴经验做法,做好政策举措储备研究。

(二)提升服务体系能级

夯实"1+17+X+N"中小企业服务体系,拓展自贸试验区新片区服务体系。强化区中小企业服务中心机构和队伍建设,分级分类开展服务体系工作人员培训。分季度开展"服务机构服务主题活动"。提升服务机构服务能级,完善服务机构第三方评估机制,开展2020年度中小企业服务机构认定。建设中小企业海外中心,助推上海中小企业"走出去"。建设国家中小企业公共服务示范平台和国家小型微型企业创业创新示范基地。

(三)优化"企业服务云"功能

建设"上海市企业服务云"二期项目。不断强化工作支撑、满足创新需求、优化后台功能、提升大数据应用,提升"企业服务云"服务企业的精准性、便捷化和智能化。发挥各区"企业服务云"旗舰店作用,丰富服务产品,加强线上线下互动,打造品牌服务项目。加强"企业服务云"宣传推广,举办"企业服务云"赋能园区活动40场,推动"企业服务云"进园区、进企业。

(四)深化"专精特新"企业培育

构建梯度培育体系,重点培育"专精特新"企业、专精特新"小巨人"企业和制造业单项冠军企业,形成国家、市、区三级重点企业协同推进格局。加大政策支持力度,实施"中小企业升级计划",对"专精特新"企业融资租赁合同融资额的5%给予贴息。支持"专精特新"企业建设院士专家工作站。提升企业管理水平,依托高校,继续深化"专精特新"企业领军人才培训;继续举办"专精特新"企业财务总监、首席质量官等专业人才培训。

(供稿单位:上海市发展和改革委员会、上海市经济和信息化委员会)

专题报告三

2020年上半年上海市民营经济运行分析报告

一、上半年上海市民营经济运行的主要特点

2020年以来,上海市全力落实28条防疫综合政策举措,优化民营企业营商环境,支持民营企业复工复产、复商复市,大力扶持民营经济平稳运行。2020年上半年民营经济增加值达到4 932.86亿元,占全市生产总值的比重为28.4%;民营第三产业增加值占民营经济增加值的比重达79.3%,高于全市平均4.0个百分点。抽样调查显示,截至2020年7月25日,98.5%企业已复工,97.7%已复商复市,九成以上企业的员工返岗率超过80%。总体来看,2020年上半年,上海市民营经济遭受疫情重创后进入逐步恢复过程中(经济运行主要指标详见表3-1)。

表3-1 2020年上半年上海市民营经济主要指标

指 标	绝对值	全市占比（%）	同比增速（%）	增速较全市（±百分点）
经济增加值(亿元)	4 932.86	28.4	−3.1	−0.5
第一产业	31.19	92.0	−16.9	0
第二产业	989.35	23.2	−9.1	−0.9
第三产业	3 912.32	29.9	−1.2	−0.6
进出口总额(亿元)	3 752.46	23.7	9.5	(全市 −0.7%)
出口	1 757.93	27.4	6.4	+5.7
进口	1 994.53	21.2	12.3	(全市 −1.7%)
固定资产投资(亿元)	−	−	−3.7	(全市 +6.7%)
房地产业	−	−	−2.8	(全市 +6.9%)
工业	−	−	−4.5	(全市 +15%)
社会消费品零售额(亿元)	1 569.73	22.6	−14.1	−2.9
商品销售额(亿元)	18 702.01	30.7	−2.0	+8.2
服务业营业收入(亿元)	6 308.53	41.9	−4.8	+0.8

续表

指　　标	绝对值	全市占比(%)	同比增速(%)	增速较全市(±百分点)
服务业营业利润(亿元)	164.06	20.5	−46.5	−13.4
工业总产值(亿元)	3 044.45	20.3	−7.8	−1.5
工业主营业务收入(亿元)	3 390.28	20.0	−10.0	−0.6
工业利润总额(亿元)	236.87	21.1	4.6	(全市 −19%)
建筑业总产值(亿元)	953.96	29.1	−13.3	−8.9
税收收入(亿元)	2 603.64	36.2	−13.4	+1.9
招工人数(万人次)	109.30	70.2	−21.3	+2.4
退工人数(万人次)	113.88	67.1	−15.7	+3.3
新设企业户数(万户)	20.24	96.7	2.6	+0.6
新设企业注册资本(亿元)	7 556.99	70.4	17.1	+15.1

(一) 外贸逆势增长，投资、消费双降

1. 进出口延续向好态势，继续引领全市

2020年以来，受全球贸易局势趋紧、新冠肺炎疫情等因素的叠加影响，全市进出口贸易呈现小幅萎缩态势，但民营企业对外贸易延续了向好态势。2020年上半年，民营企业实现进出口总额3 752.46亿元[1]，同比增长9.5%，增速较2019年同期提高0.6个百分点。其中，出口额和进口额分别同比增长6.4%和12.3%，继续呈现出口增速放缓、进口增速加快的趋势。从占比情况看，民营企业进出口总额占全市比重为23.7%，较2019年同期提高2.2个百分点，其中出口额、进口额占比分别为27.4%和21.2%，分别较2019年同期提高1.5和2.6个百分点。

2. 投资由增转降，房地产、工业投资双降

2020年上半年，上海市民营固定资产投资同比增速由2019年同期增长17.4%转为下降3.7%[2]，而同期全市投资稳中有进，同比增长6.7%。从投资结构看，民营房地产投资同比增速由2019年同期增长18.6%转为下降2.8%，同期全市增速为6.9%；工业投资方面，2020年上半年全市工业投资在一批大项目带动下实现了同比增长15.0%，而民营工业投资由于缺乏大项目支撑，同比下降4.5%，降幅较2019年同期扩大0.3个百分点。

3. 消费首现下降，降幅高于全市

2020年上半年，民营经济实现限额以上社会消费品零售额1 569.73亿元，同比增速由2019年同期增长7.9%转为下降14.1%，

---

[1] 民营企业进出口数据的统计范围为私营企业、集体企业和个体工商户。
[2] 民营固定资产投资、社会消费品零售额的统计范围包括私营、集体、私营控股和集体控股企业。

降幅高于全市平均2.9个百分点。民营限额以上社会消费品零售额占上海市全社会消费零售总额比重为22.6%，较2019年下降7.2个百分点。

（二）受疫情影响，服务业发展趋缓，工业生产下降

1. 服务业发展趋缓，企业利润总体萎缩

2020年上半年，上海市民营规模以上服务业企业实现营业收入6 308.53亿元①，同比下降4.8%；营业利润164.06亿元，同比下降46.5%；营业收入利润率为2.6%，低于全市平均水平2.7个百分点；民营服务业营业收入占全市服务业的比重为41.9%，而营业利润占比仅为20.5%。分行业看，信息传输、软件和信息服务业凭借在线服务的优势受疫情影响相对较小，营业收入同比增长13.3%；在"无接触配送"等措施支持下，交通运输、仓储和邮政业营业收入同比增长3.1%，圆通速递自第二季度起业务量、市场份额和利润均大幅提升；其他行业营业收入均同比萎缩。

民营批发零售业持续小幅萎缩，住宿餐饮业受疫情冲击影响相对较大。2020年上半年，民营限额以上批发零售业实现商品销售额18 702.01亿元，同比下降2.0%，降幅低于全市商品销售总额8.2个百分点，商品销售额占全市比重为30.7%；限额以上住宿餐饮业实现营业额150.30亿元，同比下降40.5%。

从采购经理指数看，民营非制造业经营形势不及全市。1—6月，民营非制造业PMI均值为44.7，低于全市非制造业平均水平2.4个百分点，且6个月均运行于临界点下方。

2. 工业生产下降，企业利润逆势增长

2020年以来，受疫情及复杂多变的国内外环境影响，上海市民营工业运行总体呈现收缩态势。2020年上半年，规模以上工业总产值3 044.45亿元②，同比下降7.8%，降幅高于全市平均1.5个百分点；民营工业总产值占全市工业比重为20.3%。33个工业行业中，29个行业产值同比萎缩，仅4个行业实现产值同比增长，较2019年同期减少8个。采购经理指数也反映民营制造业受疫情影响更大，1—6月，民营制造业PMI均值为44.3，低于全市制造业平均水平4.8个百分点。

工业利润逆势增长。2020年上半年，规模以上工业主营业务收入3 390.28亿元，同比下降10.0%，降幅高于全市平均0.6个百分点；规模以上工业利润总额236.87亿元，同比增长4.6%，而同期全市工业利润下降19.0%；营业收入利润率为7.0%，高于全市平均0.4个百分点。分行业看，33个工业行业中，31个行业实现盈利，其中15个行业实现盈利同比增长，利润增量居前三位的分别是专用设备制造业（52.9%）、橡胶和塑料制品业（88.7%）与电气机械和器材制造业（30.2%）。

---

① 服务业营业收入、营业利润的统计范围为规模以上服务业企业，不包括房地产业，按国家统计局2019年初发布的新口径统计。
② 民营经济工业总产值的统计范围均包括私营、集体、私营控股和集体控股企业。

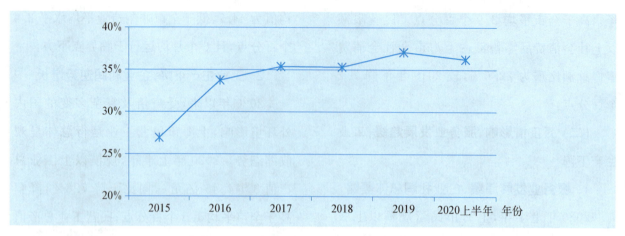

图 3-1 近几年民营企业税收收入占全市比重

（三）经济社会贡献突出，新动能不断积聚

1. 税收首现同比下降，全市占比保持高位

疫情暴发以来，上海市全力落实加大对防疫重点企业财税支持力度、免除定期定额个体工商户税收负担等政策举措，助力企业减税降负成效显著。2020年上半年，上海市民营经济完成税收收入2 603.64亿元①，同比下降13.4%，降幅小于全市平均水平1.9个百分点。其中，私营企业（1 368.43亿元）、非国有控股企业（1 032.15亿元）分别同比下降5.8%和20.2%，个体经营者（189.44亿元）税收收入同比下降22.1%。从占比情况看，2020年上半年，民营经济税收收入占全市税收收入的比重为36.2%（见图3-1），较2019年同期提高0.8个百分点。

2. 招、退工同步萎缩，就业形势总体稳定

2020年上半年，上海市经备案的民营企业招工数为109.30万人次②，同比下降21.3%，降幅低于全市平均2.4个百分点；退工数为113.88万人次，同比下降15.7%，降幅低于全市3.3个百分点。从占比情况看，民营企业招工数占全市比重为70.2%，退工数占全市比重为67.1%，招退工相抵后净退工4.58万人次，占全市比重为32.3%（见表3-2）。

表 3-2 上半年民营企业劳动用工备案情况

指标	招工情况		退工情况	
	招工数（人次）	同比增速	退工数（人次）	同比增速
全市	1 556 426	−23.7%	1 698 119	−19.0%
民营	1 092 973	−21.3%	1 138 752	−15.7%

3. 创业热情快速恢复，创新意愿更加强烈

2020年上半年，上海市注册登记的新设

---

① 民营经济税收收入：不含海关代征的增值税、消费税、证券交易印花税。统计范围包括私营企业、集体企业、股份合作企业、个体经营以及私营控股、集体控股企业（联营企业、有限责任公司、股份有限公司）。

② 民营企业招、退工数据的统计范围包括私营企业、城镇集体、股份制、有限责任公司及个体经营户，其中股份制和有限责任公司根据全市情况推算。

民营市场主体为20.24万户①(见表3-3),同比增长2.6%,增速较2019年同期提高1.0个百分点;占上海市全部新设市场主体的比重达96.7%,较2019年同期提高0.6个百分点。分月看,1—3月新设户数均为同比下降,其中2月份降幅达52.6%;4月份起出现同比增长,且4—6月单月均超过4万户(2019年月均3.45万户),显示市民创业热情正快速恢复。新设民营市场主体注册资本合计7 556.99亿元,同比增速由2019年同期下降18.6%转为增长17.1%;占全市新设市场主体注册资本总额的70.4%,较2019年同期提高9.0个百分点。

表3-3 2020年上半年新设民营市场主体主要指标

指　　标	全　市		民　营		
	指标值	同比增速	指标值	同比增速	占全市比重
新设市场主体(万户)	20.92	2.0%	20.24	2.6%	96.7%
新设主体注册资本(亿元)	10 730.62	2.0%	7 556.99	17.1%	70.4%

民营科技企业是最活跃、最有创造力的创新主体。民营企业尤其是行业的龙头企业,对融入国家科技创新体系、参与上下游产业链创新、凝聚研发方向、提升企业创新能力的意愿十分强烈。目前,上海市依托民营企业建设的市级科技创新基地有151个,占比约20%。2020年年初,上海市集中授牌10家企业重点实验室和10家技术创新中心,主要面向生物医药、集成电路、人工智能三大先导产业,支持民营企业建立以企业为主体、市场为导向、产学研深度融合的技术创新体系,推动民营企业从调动自身内部资源的创新,上升到整合国内外高校、行业资源等产学研上下游合作,进而推动相关行业的发展。例如,依图科技承担了上海市医疗图像与医学知识图谱重点实验室建设,这也是上海市首个医疗人工智能重点实验室,将集中力量研发自主知识产权的核心技术,实现在医疗场景的转化应用,推动医疗人工智能行业的创新与发展,做成真正能够面向行业、引领行业的开放平台。迪赛诺挂牌成立上海市抗艾滋病病毒药物技术创新中心,将通过和国内外高校科研院所共建联合实验室、技术委托共同开发等方式,更多吸引国际资源,支持抗艾新药研发技术做到更精、更好。

二、上半年上海市民营经济运行存在的主要问题和相关建议

(一) 民营经济运行存在的主要问题

1. 民营投资大幅萎缩

2020年上半年,上海市民营固定资产投资同比增速由2019年同期的17.4%转为－3.7%(2020年上半年全市固定资产投资同

---

① 民营市场主体户数、注册资本的统计范围包括私营企业、个体工商户和农民专业合作社。

比增长6.7%)。其中,民营房地产投资同比增速由2019年同期的18.6%转为-2.8%(2020年上半年全市房地产投资增速为6.9%);民营工业投资由于缺乏大项目支撑,同比增速为-4.5%,降幅较2019年同期扩大0.3个百分点(2020年上半年全市工业投资同比增长15.0%)。

2. 市场销售极度低迷

受到新冠肺炎疫情影响,2020年上半年,民营经济限额以上社会消费品零售额同比增速由2019年同期的7.9%转为-14.1%,降幅高于全市平均2.9个百分点;民营限额以上社会消费品零售额占本市全社会消费零售总额比重为22.6%,较2019年下降7.2个百分点。其中,住宿餐饮行业受疫情冲击影响最为显著,民营限额以上住宿餐饮业营业收入同比大降40.5%。

3. 援企稳企政策仍需落细落实

一是政策操作性有待提高,如疫情期间薪酬问题、房租减免等都要求自行协商,没有统一的标准和具体操作口径;二是对重点行业、中小微企业的帮扶力度有待增强,如针对出口型企业的帮扶,低成本、少抵押的快速放贷等,切实提升企业感受度;三是实效性有待增强,如承租方为市属国企的三级、四级下属公司,免租需要层层上报审批,影响政策有效执行,政策评估和督查有待加强。

(二)进一步促进民营经济发展的建议

1. 有效激发民间投资活力

继续深化"放管服"改革,持续优化营商环境,更好调动民间投资的积极性,促进微观活力的释放、增长动力的提升。充分发挥中央预算内投资、地方政府专项债券、抗疫特别国债等的撬动和引导作用,优化投资方向,支持民营资本加速投向新型基础设施、新型城镇化和重大工程建设"两新一重"领域。在引入民间投资的同时,要给予其更多建设和经营自主权,提供资金回笼保障,让民间投资有利可图;要努力打破投资隐性障碍,鼓励多主体共同投资;要充分借助资本市场的力量,鼓励金融机构为项目打造债权、股权、资产支持计划等,给民间资本提供更多选择余地和参与机会。

2. 大力挖掘释放内需潜力

突如其来的疫情让购物加速从线下转向线上,线上消费的增速和占比持续提高,已成为上半年消费增长最大的亮点。"宅经济"刺激线上消费持续活跃,同时直播带货、线上拼团、发放优惠券等新模式也不断将大众引流到线上消费,还催生了社区电商、社交电商、社群电商等新消费模式。中国有强大的国内市场,关键是要结合供给侧结构性改革,以高质量的产品和服务供给,适应、引领和创造新的需求。如促进线上线下深度融合的新业态、新模式常态化发展,实现多消费场景体验的无缝融合。积极推进家电、汽车等更新置换及回收处理,加快推动新能源汽车的推广应用。加速拓展5G应用,满足居民高品质的服务需求。采取更加精准的措施,提升公共场所卫生安全水平,推动文旅、餐饮等消费有序恢复。完善免退税政策,为居民提供更多更好更便宜的消费商品。

3. 切实抓好政策落细落实

一是加快落实财税激励政策。研究完善上海市更好落实国家各项减税政策的相关制度设计,结合上海市最低工资涨幅,动态调整上海市企业社保缴纳比例;进一步研究扩大增值税留抵退税的行业范围。坚持减税和补贴协同发力,全面落实提高民营企业研发费用加计扣除比例、股权激励递延纳税等税收优惠政策,加大企业研发经费投入后补助政策力度。二是加大援企助企纾困力度。针对新冠肺炎疫情防控重点保障企业,以及受疫情冲击较大、经营较为困难的行业和企业,制定出台一些差异化的扶持措施,进一步细化实化减租减费减息等援企政策,推动金融系统向各类企业合理让利,更加注重发挥政策性融资担保的作用,提高再担保业务规模。三是增加金融服务供给,创新融资方式。积极拓宽民营和中小微企业转续贷覆盖面,鼓励结合"放管服"改革,探索有效解决困扰银行的抵质押物登记衔接等实际问题。根据企业不同的发展潜力,采取有针对性、适合其发展的融资方式,发展知识产权质押融资,建立多层次的债权和股权融资市场,探索在金融监管的KYC、风控和合规等方面实现多层次化,以丰富民营和中小企业的融资渠道,同时满足金融监管的需求。

三、附录——2020年上半年上海市民营工业经济运行分析

2020年以来,面对新冠肺炎疫情带来的严峻考验和复杂多变的国内外环境,上海市民营工业运行总体呈现收缩态势,工业投资动力不足。2020年上半年,在规模以上工业总产值、主营业务收入均呈下降态势的情况下,工业利润总额逆势增长,主营利润率首次超过全市水平(见表3-4)。

表3-4 2020年上半年民营规模以上工业主要指标

指标	民营工业		全市工业	
	绝对值(亿元)	同比增长(%)	绝对值(亿元)	同比增长(%)
工业总产值	3 044.45	−7.8	15 014.75	−6.3
主营业务收入	3 390.28	−10.0	16 915.35	−9.4
利润总额	236.87	4.6	1 120.14	−19.0

(一)工业生产同比下降,降幅高于全市

2020年上半年,上海市民营经济实现规模以上工业总产值3 044.45亿元①,同比下降7.8%,降幅较2019年同期扩大6.1个百分点,高于全市工业1.5个百分点。民营工业总产值占全市工业的比重为20.3%。

从分行业产值指标看,33个工业行业中,29个行业规模以上工业总产值同比下降,较

---

① 民营经济工业总产值的统计范围包括上海市私营、集体、私营控股和集体控股企业。

图 3-2 上海市民营规模以上工业总产值同比增长情况

2019年同期增加9个。其中,汽车制造业(252.23亿元,-12.8%),通用设备制造业(311.25亿元,-10.2%),金属制品业(199.73亿元,-12.7%),皮革、毛皮、羽毛及其制品和制造业(37.62亿元,-37.3%),非金属矿物制品业(131.99亿元,-13.8%)和有色金属冶炼和压延加工业(93.81亿元,-13.9%)等行业产值同比减量靠前。

仅纺织业(46.15亿元,15.6%),医药制造业(132.99亿元,1.4%),农副食品加工业(87.68亿元,2.3%),酒、饮料和精制茶制造业(8.52亿元,15.6%)等4个行业实现规模以上工业总产值同比增长。

(二)主营业务收入同比下降,降幅高于全市

2020年上半年,上海市民营工业实现规模以上主营业务收入3390.28亿元,同比下降10.0%,降幅较2019年同期扩大8.3个百分点,高于全市工业0.6个百分点。民营工业主营业务收入占全市工业的比重为20.0%。

33个工业行业中,28个行业主营业务收入同比萎缩,较2019年同期增加10个。其中,有色金属冶炼和压延加工业(132.21亿元,-37.9%),汽车制造业(289.06亿元,-16.8%),通用设备制造业(321.50亿元,-10.8%),金属制品业(226.37亿元,-13.5%),化学原料和化学制品制造业(283.63亿元,-8.4%)与橡胶和塑料制品业(223.42亿元,-8.1%)等行业收入减量靠前。

仅专用设备制造业(311.71亿元,4.2%),农副食品加工业(97.87亿元,13.5%),酒、饮料和精制茶制造业(8.33亿元,17.5%),纺织业(49.08亿元,2.2%),水的生产和供应业(6.71亿元,9.5%)等5个行业实现主营业务收入同比增长。

(三)利润总额逆势增长,主营利润率首超全市

2020年上半年,上海市民营工业实现规

模以上利润总额236.87亿元,同比增长4.6%(全市工业利润同比下降19.0%),增速与2019年同期持平。民营工业企业主营业务收入利润率为7.0%,较2019年同期提高1.1个百分点,首次超过全市工业平均水平(6.6%)。

33个工业行业中,31个行业实现不同程度盈利,较2019年同期增加2个,其中15个行业实现盈利增长,16个行业盈利萎缩;仍有2个行业出现亏损,较2019年同期减少1个。

专用设备制造业(44.55亿元,52.9%),橡胶和塑料制品业(22.49亿元,88.7%),电气机械和器材制造业(30.65亿元,30.2%),纺织业(9.32亿元,2.9倍),酒、饮料和精制茶制造业(5.67亿元,6.9倍)和农副食品加工业(6.99亿元,67.2%)等行业对民营工业利润保持增长做出了重要贡献。

而汽车制造业(7.26亿元,-59.4%),计算机、通信和其他电子设备制造业(2.22亿元,-70.9%),化学原料和化学制品制造业(24.75亿元,-17.8%),金属制品业(7.25亿元,-31.2%)和皮革、毛皮、羽毛及其制品和制造业(1.61亿元,-61.0%)等行业利润总额同比萎缩量居前。

此外,纺织服装服饰业、黑色金属冶炼和压延加工业2个行业出现亏损。

(四)缺少大项目支撑,投资动力仍显不足

2020年以来,上海市工业投资持续加力,在一批重大项目陆续推进的支撑下,2020年上半年工业投资同比增长15.0%。而民营工业投资由于缺乏大项目支撑,同比下降4.5%,降幅较2019年同期扩大0.3个百分点。

(供稿单位:上海市工商业联合会,主要完成人:徐惠明、张捍、刘佳、韩莹、徐玲玲)

专题报告四

上海民营经济"27条政策"落地落实情况第三方再评估研究

一、民营经济"27条政策"落地落实总体情况

民营经济"27条政策"颁布之后,上海市政府率同各区将政策进行细化分解,分成70项具体措施。相关市级部门围绕金融服务、高新技术企业、民企总部、法治环境等领域,共出台17个配套政策、9个实施方案,虹口、长宁等11个区各自制定了相关政策意见,精准施策,使政策成效逐步显现,提升民营经济活力的共识进一步凝聚。民营经济"27条政策"实施总体成效日益凸显:民营企业活力大幅提升,企业经营成本稳步降低,民营经济营商环境改善。

(一) 民营企业活力大幅提升

1. 经营效益不断改善

据统计,2019年上海民营百强企业营业收入总额达到18 826.8亿元,增长率为19.61%,上海民营百强企业的入围门槛也由2018年的18.5亿元提高到2019年的23.1亿元。据99家提供完整数据的民营百强企业显示,99家民营百强企业净利润合计为1 136.7亿元,比2018年增长了223.4亿元,增长率为24.46%。此外,2019年中国民营企业500强中,上海占据15席位;在民企服务业百强中占据6席(数据来源:2020上海民企百强榜)。

2. 社会贡献不断提升

2019年上半年,上海民营经济共完成税收收入3 005.34亿元,同比增长5.4%,占全市35.4%,较2018年同期提高2.3个百分点。2019年全年,98家民营百强企业提供了纳税总额数据,合计为811.5亿元,比2018年增长100.9亿元,增长率14.2%。认定的193家民营企业总部,年业务收入超2万亿元,吸纳就业近30万人。

3. 创新发展势能提升

第一,民营企业核心竞争力增强。全市新增1 870家高新技术企业中,约八成为民营企业,且民营企业正逐渐成为科创板上市主力,200家后备企业中,民营企业达到90%。第二,民营企业科技创新能力增强。10家市级企业重点实验室和10家市级技术创新中心先后在民营企业挂牌,这是上海市重点实验室首次花落民企,也是上海市首批技术创新

中心挂牌。第三,民营企业人才集聚效应明显。2019年开展的首批人工智能领域高级职称评审工作,21名正高级工程师和32名高级工程师通过认定,全部来自民营企业。

(二)企业经营成本稳步降低

1. 税收优惠政策基本有效落实

2019年一年,上海市通过加大税费减免力度、降低用地成本、降低要素成本、降低制度性交易成本等四项措施有效降低了民营企业经营成本。此外,上海市还全面落实国家各项减税政策,上海市区间类税收政策按最低比例收取,同时为提升纳税便利,上海市对房土两税申报表进行合并、修订,有效减轻了企业工作量。据统计,2019年上半年,上海市新增减税931.3亿元,其中小微企业普惠性政策新增减税59.2亿元。调研显示有58.69%的企业切实享受到了国家针对民营企业的各项减税政策,这表明上海市各项减税政策的落实已经取得了一定成效。

2. 用地成本有序降低

为尽快缓解民营企业生存压力,降低企业用地成本,上海市积极落实各项租金减免及土地政策,总体来看已经取得明显效果。调研显示,超过90%的民营企业已经享受到了实施新增产业用地出让底线地价管理、简化企业自有土地增容审批流程以及国有园区内对中小型创新民营企业给予租金优惠等政策,极大地缓解了民营企业的用地成本压力。例如,上海虹桥商务区的一批业主型民营企业在2020年2月8日率先联合行动,并倡议虹桥商务区范围内所有相关企业,在疫情防控时期,对入驻商户给予一个月至两个月的租金全免或减免,对相应物业管理费,给予全免或减免。

3. 制度交易成本稳步降低

首先,"一网通办"系统建设已取得成效。截至目前,"一网通办"总门户已有个人实名用户2 922万人、法人用户208万个,接入事项2 341项,其中84.44%的事项实现全程网办"零跑动"、94.91%的事项实现"最多跑一次"。其次,"双减半"(审批办理时限、申请材料较2018年平均减少一半)和"双100"(推进100件事业务流程优化再造、新增100项个人事项全市通办)改革正逐步推进。此外,2020年以来,上海市实行"两个免于提交",推动"一网通办"从"侧重行政权力事项"向"行政权力和公共服务事项并重"转变,从"能办"向"好办"转变,切实提升群众和企业的获得感和满意度。调研显示,企业对"一网通办"的办事效率、服务事项申请审查流程、网上办理事项清单等环节的满意度都达到了90%以上。

(三)民营经济营商环境改善

1. 世界排名大幅度提升

据世界银行发布的《2020年营商环境报告》显示,在全球190个经济体中,中国在截至2019年5月1日的12个月中实施了创纪录的88项营商环境改革政策,全球营商便利度排名第31,比2018年提升15位。作为世行评估中国营商环境唯二的样本城市,上海、北京分别占55%和45%的权重。

2. "亲清"政商关系得以构建

一是建立了长效沟通机制,通过全力建设"上海市企业服务云",提供一门式诉求服务、一站式政策服务、一网式专业服务,目前上海市已经累计完成服务10.1万次,兜底解决诉求2 277个。二是政企关系得到理清,梳理行为日益规范。各区纷纷响应上海市号召,出台了一系列政策措施,如2019年松江区制定的《松江区政商交往"清"单》和《松江区政商交往"亲"单》。三是企业与政府的沟通渠道逐步拓宽。例如,杨浦区推出双楼长制,建立以街道处级领导干部和楼宇运营管理方共同担任大楼长、街道机关联络员担任小楼长的双楼长服务楼宇制度,形成"联络走访—问题发现—协调解决—跟踪回访"闭环式管理服务机制。

总体来讲,92.1%的被调研企业对政府目前构建的政商关系持较为满意的态度,相较于2019年71.5%的满意度,着实提升了不少。

3. 融资环境日益改善

2019年以来,三个100亿元进展顺利。截至2020年6月,纾困基金累计认缴规模54.01亿元,共审议通过4个投资项目,累计投资金额16亿元,并带动其他机构对四家公司完成股权投资超过100亿元,债权投资约40亿元。"中小企业千家百亿信用融资计划"发放贷款131.2亿元,提前完成100亿元目标;中小微企业政策性融资担保基金首期规模50亿元,担保基金第二轮出资已全部到位,担保基金规模达100亿元。2019年度完成担保项目7 605笔,担保贷款额219.8亿元,在保余额179.8亿元。同时,上海市全面落实国家小微企业融资担保降费奖补政策,集成电路、人工智能、生物医药三大关键领域中小企业贷款担保实现"零保费"。上海市中小企业发展专项资金对"专精特新"企业信用贷款给予贴息,对融资租赁方式购置先进适用设备给予费用补贴,对1 000万元以下小微企业贷款相关的抵押登记、房地产评估等附加费用给予奖补,切实降低了中小企业融资成本。

调研发现,87.69%的民营企业对政府缓解融资贵融资难问题的政策评价持满意及非常满意的态度,其中非常满意占39.84%,相较于2019年的调研结果68.1%的满意度(非常满意占25.7%),有较大提升。

二、民营经济"27条政策"落实现存问题

民营经济"27条政策"落地落实情况总体成效显著,然而调研及访谈发现仍存在一些不足之处,具体包含以下七方面。

(1) 市场环境优化方面,仍存在政府主导、市场力度不足的问题。调研结果显示,11.9%的被调研企业在市场公平竞争方面有被设置障碍的感受。其中,参与政府投资项目建设、基础设施和公共事业建设、国有企业重大资产整合项目等方面企业反映更为集

中。因此,民营企业希望能在政府的扶持下,进一步破除"玻璃门""旋转门""弹簧门"等现象。

(2) 融资渠道拓展方面,中小微企业仍面临获得资金机会不平等、贷款审核时间较长等问题。银行对民营企业融资更为谨慎,审核门槛较高。43.0%的被调研企业希望银行降低或免除信贷抵押、质押品,42.3%的企业希望银行加快企业信贷需求受理和发放的速度。

(3) 人才政策改进方面,人才发展环境有待进一步优化,人才引进精准性有待不断提高。调研发现,46.4%的企业认为需进一步关注保障住房、就医、就学、落户等问题;35.4%的企业认为政府需要精准引进包括优秀企业家、技术人才在内的各类急需紧缺人才。企业首要期待政府优化人才发展环境,做好"筑巢引凤"工作,不仅要消除人才留沪的后顾之忧,而且要致力于引进培养多类型、高层次的专业人才。

(4) 权益保障机制建设方面,政府对公益性法律服务提供稍显不足,企业家人身和财产安全的保护力度仍然不够。具体体现在45.4%的企业认为需建立公益性法律服务组织,开展线上线下法律服务;36.0%的企业认为政府需保护企业家人身和财产安全,细化涉案企业和人员财产处置规则,严格规范涉案财产处置。此外,还有企业认为政府应对首次、轻微违法违规行为建立容错机制,推出市场轻微违法违规经营行为免罚清单。

(5) 税费补贴政策落实方面,减税降费的优惠政策仍待延续,增值税方面的补贴也需加强。疫情发生以来,企业切实享受到了相关税费优惠政策的支持,如位于思南公馆的西班牙餐厅 Las Taps 于二季度申报时享受税款延缓至2021年首个申报期内一并缴纳。调研显示,41.9%的企业最为需要的是在增值税市区留存部分的额度内,给予其一定补贴,38.0%的企业希望扩大全额退还增值税增量留抵税额的范围;36.9%的企业则期待能够延长延期缴纳税款的期限。

(6) 土地政策落地落实方面,存在企业符合条件却未能享受土地政策红利的现象。在企业看来,存在符合政策条件,达到审核标准,却未能享受政府颁布的相关土地政策带来红利的现象,导致经营成本的额外加重,着实不利于企业的长期发展。如今处于国内外特殊的经济形势下,企业的生存环境比以往更为复杂,一些优质重大项目的供地碍于土地审批流程无法保证其优先和快捷,更是容易导致企业错失商机。

(7) "一网通办""办好""愿办"深化方面,仍然存在"数据跑路"难、服务体验不佳、服务效率不高等问题。有企业表示,"一网通办"的相关操作界面不够友好,网上材料填写的设计不够人性化,且缺乏较清晰和可互动的人工指引。另有企业反映,办理标书过程中投标人身份证等材料需要反复复印和提交。此外,目前企业诉求处理的响应速度也较慢,12.9%的企业认为网站对问询回复的及时性不够;约10%的企业对当前市场主体退出相关的审查流程不太满意,企业"注销难"问题尚需进一步突破。

三、新形势下优化上海营商环境的政策建议

(一) 稳步推进公平市场环境建设

1. 建立统一市场体系

第一,全面实施市场准入负面清单,并在实践过程中不断优化升级;第二,在政府采购、政府投资、基础设施和公用事业建设工程等领域打破差异化隐性限制,以市场价格及绩效竞争机制给予所有企业同等准入机会,降低民营资本参与新兴产业投资建设、国有企业重大投资项目的门槛;第三,在获取金融机构支持方面,赋予民营企业更为公平的贷款机会,加强各类金融资金平台对民营企业发展的投资力度。加大政府采购的支持力度,提高市级部门年度采购项目预算总额中专门面向中小微民营企业的比例(目前不低于30%),在此可以借鉴一些兄弟城市的做法。如深圳市级部门年度采购项目预算中,专门面向民营中小微企业的比例不低于60%。江苏省省级部门年度采购预算总额中,专门面向中小微民营企业的比例力争不低于40%,2018年全省政府采购规模达1 483.57亿元,其中授予中小微企业的金额达1 251.13亿元,占采购规模的84.3%。

2. 完善市场退出机制

第一,在充分尊重市场主体的权利及其自治行为的基础上,依法构建并完善企业退出制度。第二,在符合法律法规的前提下简化破产或退出程序,对符合一定标准的企业通过合理的简易程序制度推动其有序、迅速退出市场。第三,尽可能地降低企业破产的制度性交易成本,节约后续资源投入,从经济角度缓解企业"注销难、退出慢"的问题。

3. 健全法治化营商环境

首先,采取座谈会、联席会等方式,进一步拓宽包括企业、商会在内的商事主体参与制定涉企重大立法和政策的渠道。其次,对民营企业的违法行为刚柔并济,一方面应对违法经营主体进行惩治,减少、杜绝欺诈消费者、不正当竞争等不良市场行为的发生;另一方面也要对首次、轻微违法违规行为建立容错机制,推出市场轻微违法违规经营行为免罚清单。

(二) 落实降低民企经营成本政策

1. 深化税制改革

第一,实施更大力度的研发费用加计扣除政策,在现有按照实际发生额的75%在税前加计扣除的基础上,进一步延续优惠政策,并探索适当增加扣除比例。第二,持续推行税种综合申报,实行纳税人线上"一表申请""一键报税",提升税收服务效率,降低企业纳税成本。

2. 降低各类收费负担

统筹兼顾企业承受能力和保障劳动者最低劳动报酬权益,完善最低工资标准调整机制,合理确定最低工资标准的调整幅度和频

率;调整并合理确定社保基数和缴费比例,如调整社保缴纳基数中工资总额的计算标准,将加班、年终奖、福利等类目不计入工资总额范畴,从而降低企业社保缴纳负担。

3. 整合相关减负政策

第一,打造降低民营企业经营成本政策云,整合政府各部门碎片化的政策与服务,让企业在政策法规、办事流程等项目查询上实现"一键式操作",争取实现企业"只跑一次、一次办成"。第二,定期对企业、商会等主体进行调研访谈,针对政策落实过程中涌现的问题收集相关改良措施建议,促进减负政策的有效、稳定与长久。

(三)推进"两网"建设整合优化

1. 加强数据共享,推进政企沟通

加速智能数字基础设施建设,强化政务公共数据共享。建立推进"一网通办"建设工作联席会议制度,更好地统一数据共享标准,明确主体责任、格式要求、类别范围,推动公共数据的互联互通,并做到数据同源、同步更新,更彻底地破除数据共享使用壁垒。同时,实现线上线下实时互动,使企业线上申请的填报数据能够自动填充、自动关联。通过政务服务的互联互通与信息共享,依托数据共享平台,综合提高服务能力。

2. 改善服务体验

第一,优化系统服务界面,完善智能化办理流程和标准化操作指引,增加"类导购"清单,为不同类型的企业和群众提供多种个性化定制的"服务锦囊",可以让用户进行选择。

第二,提高审批系统对线上操作的"容忍度",减少因系统不够智能、不够人性化等原因导致办理烦琐、耗时耗力现象。第三,畅通在线审批咨询及反馈响应渠道,对用户提供的建议与评价进行考察,对某些高质量的建议对策进行落实与执行。

3. 提高服务效率

第一,推行"同标准、无差别"的标准化审批服务,按照"一事项一标准、一子项一编码、一流程一规范"的要求,对"马上办、网上办、一次办"等事项逐项编制标准化的办事指南表和一次性告知书,最大限度实现"五减"。第二,聚焦办理量大、企业关注度高的重点领域,开展"集成套餐服务",对办"一件事"涉及的多个审批服务事项打包,为用户提供量身定制的套餐式、主题式集成服务,取消各类重复提交的证明材料,推行一表申请。第三,在符合简易注销条件的企业破产、社会投资低风险项目的在线申请和审核等方面,尝试"更多免于提交"和增加更多"零材料提交"。

(四)落实紧缺型人才引育政策

1. 重视国内外紧缺型人才的引育

第一,在引进国内人才方面,打破人才居住的地域限制,关注人才生活的配套服务体系建设,从住房保障、医疗保险等方面着手,为其提供更加便利的生活配套设施。第二,在引进海外人才方面,从专业性角度出发,拓宽格局,放眼全球。此外,在外籍人才出入境便利化、永久居留、人才落户子女入学等方面

加强政策创新。第三,秉持以人为本、人才至上的原则,针对人才需求灵活施策,确保高层次人才流动的畅通性。

2. 进一步完善市场化引进人才的机制

第一,鼓励民营企业通过市场化机制引进所需人才,通过"一站式"服务和限时办结等制度,帮助民营企业及时顺利地办理相关的人才引进手续。第二,针对民营企业引进人才的相关要求开辟绿色通道,特别是对其急需引进的紧缺、海外高层次、特殊杰出人才等,取消引进审批制,实行准入制或者登记备案制。第三,尝试赋予民营企业职称资格的自主认定权利,试行民营企业职称资格个人申报、社会评审、评聘分离、单位聘任的新型管理模式。

3. 营造更具吸引力的城市发展综合环境

优质的城市综合环境已成为该城市能否吸引高端人才集聚的重要因素。因此,一方面要不断优化人才的引进便捷度,为人才的后续发展提供各种平台支撑;另一方面也要从生态环境、文化氛围、公共服务质量等方面着手,为紧缺型人才多样化、高标准的生活需求提供充足的保障。

(五)完善创新政策支持体系

1. 完善金融政策支持体系

第一,持续推进"政会银企"四方合作机制,加大对中小民营企业特别是初创期企业的扶持力度,吸引并带动社会资本参与中小企业创新发展。第二,优化完善上海市小微企业信贷风险补偿政策和信贷业务奖励政策,继续做好"银税互动"计划,鼓励银行业金融机构提高中长期贷款比例。第三,落实高新技术产业科技研发的奖励政策,对该类企业在金融信贷方面的请求给予支持。

2. 构建知识产权保护与信用体系建设相结合的产权保护机制

第一,建立健全知识产权保护与失信惩戒等方面的法律法规,实现有法可依,违法必究。第二,建立知识产权专家库,通过线上线下双渠道并向运行的方式为民营企业提供知识产权、证据保全等方面的法律服务。第三,依托信用信息共享平台,对在知识产权领域失信行为,采取分类限制、强化监管等方式进行联合惩戒。例如,广东省出台实施全国首部涵盖知识产权全类别的地方性法规《深圳经济特区知识产权保护条例》,并且利用互联网技术,完善行政执法与刑事司法衔接信息共享平台,推动实现侵权犯罪案件网上移送、网上受理、网上监督。同时,广东省还建立了由律师、公证员、法学专家等组成的知识产权专家库,为民营企业提供知识产权、证据保全等法律服务。

3. 积极推进科技成果产业化转化体系的建立

第一,鼓励民营企业成立产业技术创新联盟,支持联盟牵头承担计划项目,突破关键共性技术,服务和支持行业创新发展,促进技术成果转化交易体系建设。第二,建立市、区领导对接服务企业制度,确定专职机构和专职人员成为企业的"服务管家",并量身定制企业"综合服务包"。第三,建立企业成果市场价值评估机制,对科技成果转化后的市场价值进行评估,并根据评估结果给予不同程度的奖励优惠。

(六)加强营造亲清型政商关系

1. 建立常态化政企交流机制

一方面,从政府的角度来说,把各部门分片联系帮扶企业作为一种制度,把了解企业问题和诉求作为一项常态化工作,定期召开政企座谈会、经济分析会,通过各类企业中的党建指导员、项目专管员、人大代表、政协委员、工会代表等信息渠道,分级分层了解信息。另一方面,从民营企业负责人的角度来说,也要主动同有关部门多交流,继续用好市长热线、网络问政等沟通渠道,推动企业关心的热点难点问题得到较好解决,把存在的问题摆在明处,共同努力,协商化解。

2. 推进权力清单、负面清单和责任清单制度建设

政商交往应"要交集不要交易",双方分别在限定领域内发挥自身效用,推动政企关系从人情化向法治化的现代转型。一方面,从政府的角度来说,要把公权力和影响力放在阳光下运行,亲而有界,亲而有度,简言之,就是让"官"的权力在阳光下运行;另一方面,从民营企业的角度来说,要在法治框架内规范有序地开展经济活动,主动维护市场公平合理秩序,简言之,就是让"商"的经营在有约束力的法规中运作。

(供稿单位:上海市工商业联合会,主要完成人:徐惠明、张捍、朱秀慧、王晓灵)

专题报告五

以强化上海"四大功能"为抓手，促进民营企业高质量发展

一、上海民营企业高质量发展的前期基础

长期以来，民营企业一直是推动我国经济不可或缺的重要力量。大力发展民营经济，促进多种所有制经济共同发展是我国的一项长期政策。民营企业也是上海经济社会发展的重要主体，是上海加快"五个中心"建设和形成全球卓越城市的重要力量。特别是近五年来，上海民营企业在生物医药、数字经济、服务贸易等领域茁壮成长，为上海经济注入新的活力，成为贡献税收与提供就业岗位的重要主体。特别是在全国上下众志成城抗击新冠肺炎疫情之际，上海民营企业捐款捐物、生产抗疫物资，展现民营经济人士的责任担当。

（一）总体发展贡献增加，市场活力明显改善

从前期来看，民营企业在优化上海经济结构中凸显了四方面的重要作用。

一是"活力关键"。在"十三五"时期，上海大力推动民营经济发展，积极破除制约民营经济发展的制度性障碍，取得显著效果。2018年以来，上海平均每个工作日新注册企业1332家，其中96.4%是民营企业，活跃度达到80%。2019年，在中美贸易胶着时期，上海民营企业外贸进出口逆势上扬9.7%个百分点。

二是"纳税关键"。民营企业是我国税收收入的主要来源之一。上海民营企业创造了上海1/4的生产总值、1/5的进出口总额、1/3的税收收入。2019年前三季度，上海民营经济税收收入占全市比重为35.98%。

三是"就业关键"。民营企业提供了大量的就业岗位，民营经济是推动市场化进程的重要力量。在上海，民营经济已经成为创造就业岗位的重要渠道。上海每年新增就业岗位60万个左右，民营企业新增就业人数占全市的比重超过七成。

四是"创新关键"。上海科技企业中，民营企业数量占比超过九成，全市近半数的专利授权由民营企业获得。2019年，上海新产业、新业态、新模式中互联网业务收入增长30%以上。上海自贸区内集结了越来越多细分领域的平台企业，成为上海开放枢纽门户的"毛细血管"。

(二) 产业结构日益优化，企业创新能力提高

以2019年上海民营百强企业为例，2019年上海民营百强企业的人均营业收入、人均净利润、人均资产总额、人均纳税等四个关键指标分别取得了15.95%、20.64%、6.86%、10.70%的上升。民营百强企业中提供研发费用数据的有77家，合计总额为388.6亿元，增长78.4亿元，增长率25.26%；研发费用占营业收入的比例是2.06%，较2018年增长0.09个百分点。前20名企业研发费用合计337.3亿元，占民营百强企业的比例达到86.81%，研发投入强度是平均水平的3倍（见表5-1）。韦尔股份、美团点评、欧普照明分别以3 957个、2 468个、2 114个分列专利百强企业的前三名。前20名企业合计专利数17 272个，占民营百强企业的比例达到87.22%，专利高度集中在这些企业（见表5-2）。

表5-1 上海民营百强前20名企业研发费用统计表

序号	企 业 名 称	2018年研发费用（万元）	2019年研发费用（万元）	当年研发费用增长额（万元）	当年研发费用增长率（%）	当年研发费用占营业收入比率（%）
1	携程计算机技术（上海）有限公司	962 000	1 067 000	105 000	10.91	29.91
2	美团点评	707 190	844 566	137 376	19.43	8.66
3	拼多多公司	111 606	387 036	275 430	246.79	12.84
4	复星国际有限公司	146 238	218 228	71 990	49.23	1.53
5	上海韦尔半导体股份有限公司	81 501	128 248	46 747	57.36	9.41
6	万丰锦源控股集团有限公司	124 686	126 165	1 479	1.19	4.02
7	盛跃网络科技（上海）有限公司	81 179	72 210	−8 969	−11.05	11.55
8	网宿科技股份有限公司	67 127	66 963	−164	−0.24	11.15
9	致达控股集团有限公司	51 675	57 920	6 245	12.09	3.19
10	上海龙旗科技股份有限公司	53 474	52 747	−727	−1.36	5.20
11	中通快递股份有限公司	22 903	51 460	28 557	124.69	2.33
12	中国万向控股有限公司	46 339	47 567	1 228	2.65	1.93
13	思源电气股份有限公司	35 346	38 706	3 360	9.51	6.07
14	正泰电气股份有限公司	31 295	37 028	5 733	18.32	3.99
15	欧普照明股份有限公司	31 674	32 116	442	1.40	3.84
16	奥盛集团有限公司	13 971	31 165	17 194	123.07	1.34
17	东方财富信息股份有限公司	25 033	30 541	5 508	22.00	7.22

续表

序号	企业名称	2018年研发费用（万元）	2019年研发费用（万元）	当年研发费用增长额（万元）	当年研发费用增长率（%）	当年研发费用占营业收入比率（%）
18	上海金发科技发展有限公司	28 684	29 083	399	1.39	3.77
19	上海苏宁易购销售有限公司	13 915	27 361	13 446	96.63	1.07
20	上海剑桥科技股份有限公司	13 115	27 282	14 167	108.02	9.17
	合　计	2 648 951	3 373 392	724 442	27.35	6.41

表 5-2　民营百强企业前 20 名企业专利统计表

序号	企业名称	专利数（个）	发明专利数（个）
1	上海韦尔半导体股份有限公司	3 957	3 826
2	美团点评	2 468	1 677
3	欧普照明股份有限公司	2 114	171
4	万丰锦源控股集团有限公司	1 653	194
5	上海金发科技发展有限公司	1 229	675
6	上海晨光文具股份有限公司	716	16
7	上工申贝(集团)股份有限公司	613	202
8	思源电气股份有限公司	576	197
9	上海新时达电气股份有限公司	528	187
10	上海东方泵业(集团)有限公司	475	11
11	奥盛集团有限公司	391	112
12	上海紫江企业集团股份有限公司	373	72
13	携程计算机技术(上海)有限公司	366	166
14	上海家化联合股份有限公司	334	65
15	网宿科技股份有限公司	324	279
16	正泰电气股份有限公司	256	28
17	上海荣泰健康科技股份有限公司	239	11
18	致达控股集团有限公司	230	7
19	上海凯泉泵业(集团)有限公司	220	10
20	上海保隆汽车科技股份有限公司	210	57

续表

序　号	企　业　名　称	专利数（个）	发明专利数（个）
	100强合计	19 802	8 645
	前5名合计	11 421	6 543
	前5名占比	57.68%	75.69%
	前20名合计	17 272	7 963
	前20名占比	87.22%	92.11%

数据来源：根据上海企业联合会《2019年上海百强企业榜》整理而成。

（三）电商平台企业集聚，形成百亿产业集群

2019年，上海民营百强企业的一个重要特征是有13家营收达到百亿级的新兴产业公司上榜，形成了一个百亿级的公司集群。这一集群中的新兴产业公司大多是行业或细分行业的龙头企业或头部企业，由互联网服务行业（7家）、快递行业（4家）、集成电路行业和生物医药行业（各1家）的13家公司组成。这13家公司2019年营业收入合计达到5 381.4亿元，平均每家公司4 134.0亿元，增长率达到33.28%；其中，电商平台公司表现突出，7家百亿级互联网服务业（电商平台公司）营业收入增速达到38.60%。美团（生活服务电商行业）已达到975亿元，离千亿级企业仅一步之遥；拼多多（拼团购物电商行业）也以超过100%的增长率高速成长，它们的电商细分行业龙头地位更加巩固。这两家公司的发展前景受到资本市场的高度关注，2019年市值迭创新高，均已超越电商巨头京东公司，成为引领上海电商平台公司快速成长的领头羊。

（四）制度环境日益优化，政策红利逐渐释放

在我们调研过程中，企业家普遍反映，近两年来，上海为民营企业高质量发展提供的政策环境明显更多、更优和更准了，特别是2018年上海在全国第一个推出了《关于全面提升民营经济活力大力促进民营经济健康发展的若干意见》，让民营企业吃了"定心丸"，而2019年疫情期间上海出台了一系列民营企业纾困政策，也让企业家倍感温暖。在一系列政策支持中，上海民营企业高质量发展态势初显。疫情期间，国家级和上海市级优化营商环境政策如表5-3所示。

表 5-3　疫情期间国家级和市级优化营商环境政策

序号	文　件　名	文号/发布时间	主　要　内　容
1	中共中央国务院关于新时代加快完善社会主义市场经济体制的意见	2020年5月11日	建立完善民营企业融资增信、直接融资支持体系；优化市场环境以化解民营企业之间债务问题；全面依法平等保护民营经济产权；完善营商环境评价体系
2	2020年政府工作报告	2020年5月22日	强调优化民营经济发展环境，保障民营企业平等获取生产要素和政策支持，清理与企业性质挂钩的不合理规定；建立民营企业平等参与的投融资环境
3	关于深化知识产权领域"放管服"改革营造良好营商环境的实施意见	国知发服字〔2020〕1号	促进知识产权领域职能转变，简政放权，创新监管方式，提高服务水平，持续优化营商环境
4	市场监管总局关于贯彻落实《优化营商环境条例》的意见	国市监注〔2019〕249号	深化商事制度改革，完善新型监管机制和制度体系
5	国家能源局综合司关于做好《优化营商环境条例》贯彻实施的通知	国能综通法改〔2020〕2号	此通知强调要贯彻落实《优化营商环境条例》；全面清理不符合《优化营商环境条例》的现行规定
6	交通运输部关于做好公路养护工程招标投标工作进一步推动优化营商环境政策落实的通知	交公路规〔2020〕4号	规范公路养护工程招标投标活动
7	2020年上海市深化"放管服"改革工作要点	沪府办〔2020〕26号	部署工程项目招投标营商环境专项整治
8	上海市全力防控疫情支持服务企业平稳健康发展的若干政策措施	沪府规〔2020〕3号	强调优化为企服务营商环境

二、疫情后强化上海"四大功能"中民营企业发展的新契机

2008年金融危机以来，新一轮科技革命和产业变革孕育兴起，带动了数字技术强势崛起，促进了产业深度融合，也极大地改变了城市经济发展的轨迹。同时，当下严峻复杂的国际疫情和世界经济"逆全球化"为民营企业发展带来了更大的不确定性，疫情后经济将面对内外部经济重组和洗牌过程，为上海民营企业"危"中取"机"创造了"弯道超车"的机会。因为智能制造、数字化转型有着巨大需求。

（一）创新将成为城市发展最重要的"动力源"

全球化与知识化对全球分工体系进行重塑，全球化分工从"全球生产网络"向"全球创新网络"升级，谁成为全球创新资源的集聚地和创新活动的策划与控制中心，谁就掌握了

转变增长方式、提升综合能级的战略支点。特别是2008年金融危机以来，全球经济持续进入下行通道，跨国公司加速布局全球研发，促使价值链创新增值成为保持国际引领、导向和控制地位的重要手段；全球城市网络的联系基础，也从商品、资本的流量枢纽向知识、信息和人才意义上的枢纽升级，全球城市正从传统上基于全球化对自由市场和流量经济的依托，转向创新溢出效应的争夺。

(二) 产业引领和门户开放将形成城市发展的"增长极"

第一，新技术的颠覆性使上海有机会在产业竞争中打破原有格局，在新的产业崛起中获得先发优势。先发优势对一个产业的发展而言至关重要，先发优势决定了新产业行业标准的制定，决定了新产业中多支产品的优先发展方向，决定了新产业的进入壁垒。新技术的颠覆性将为上海获取全球生产要素配置的先导权。

第二，新技术的全局性使上海有机会在产业间和产业链上下游获得全面的竞争优势。全面的竞争优势让上海在新的产业中将获得更多的市场规模，让上海获得更多的产业发展空间，让上海能在多条新产业间形成良性互动，让上海构筑更多的产业链和价值链。新技术的全局性将为上海获取全球生产要素配置的选择权。

第三，新技术的跨越性使上海有机会直接发展最新、最先进的产业，避免走不必要的产业老路。新技术的跨越性决定了上海的产业发展将实现"弯道超车"，决定了上海的产业发展可以站在世界的最前端，决定了上海的产业发展将引领世界产业进步的方向。新技术的跨越性将为上海获取全球生产要素配置的决定权。

(三) 城市将成为新一代技术企业集聚的"生发地"

在互联网引发的数字化生产和消费驱动下，城市经济圈正朝着"集中、高效、密集和多样性"方向努力，首位城市的地位和作用凸显，成为全球新技术、新产业和新商业模式的生发地。首位城市承载着都市经济圈内人才、技术、资金、创意、信息等各种生产要素的集聚、组合和竞争，从而形成两类主要的创新：一是跨越原来区域划分、产业分类的边界以及跨知识边界、跨政策边界的产业跨界融合创新。二是通过跨界与耦合来构建产业创新生态的产业共生网络创新。首位城市也往往作为全球创新"策源地"与"枢纽站"的角色。

(四) 在线新经济使上海经济发展重回"快车道"

大力发展在线新经济，是以科技创新引领经济结构转型、实现新旧动能转换的重大机遇，也是联动线上与线下、激发新经济效能的重要举措，是适应经济社会发展新形势的内在要求。2020年2月23日，习近平总书记在统筹推进新冠肺炎疫情防控和经济社会发展工作部署会议上明确指出，"疫情对产业发展既是挑战也是机遇"。线上经济具有跨界融合、开放共享、高成长低成本的特征。抢抓疫后经济转型升级的新机遇，大力发展线上经济新模式、新业态，是上海加快推动疫后经济恢复，尽快重回经济发展"快车道"的重要举措。

在线新经济与现代生产制造、商务金融、文娱消费、教育健康、物流交通等领域不断进行深度融合，形成满足人们精神需求的软产业和新业态，推动精神消费开始逐渐成为主流趋势。在这一趋势下，准确测度和跟踪居民精神消费发展水平，能够更好、更快地促进精神消费升级发展。同时，加快推动线上线下消费有机融合，促进传统线下业态数字化更新和转型升级，对经济高质量发展和人民高品质生活都具有重要的现实意义。

三、在抢占新机遇中上海民营企业还需要获得更多支持

（一）服务业纾困任务依然艰巨

受疫情影响，上海民营服务业发展趋缓。2020年上半年，上海市民营规模以上服务业企业实现营业收入6 308.53亿元，同比下降4.8%；民营服务业营业收入占全市服务业的比重为41.9%，而营业利润占比仅为20.5%，特别是住宿餐饮业受疫情冲击影响较大，限额以上住宿餐饮业实现营业额150.30亿元，同比下降40.5%。预期不少民企将会面临贷款、流动资金、经营费用及员工保障等问题，特别是处于全球供应链下游的中小微企业和民生消费类企业，受到的冲击最直接，其生产重启和持续经营的困难也越大，包括以下两方面：(1) 在进出口方面，受到部分经济体的疫情管控措施以及国际社会对疫情的预期等因素的持续影响，外贸服务业将持续受到影响；(2) 社区批发零售业、旅游业、住宿餐饮业等对疫情防控存在直接风险敞口的领域，也将在疫后面临线上零售的直接冲击。

（二）数字化生产下的企业升级

民营工业生产下降。2020年以来，受疫情及复杂多变的国内外环境影响，上海市民营工业运行总体呈现收缩态势。2020年上半年，规模以上工业总产值3 044.45亿元，同比下降7.8%，降幅高于全市平均1.5个百分点；民营工业总产值占全市工业比重为20.3%。33个工业行业中，29个行业产值同比萎缩，仅4个行业实现产值同比增长，较2019年同期减少8个。采购经理指数也反映民营制造业受疫情影响更大，2020年1—6月，民营制造业PMI均值为44.3，低于全市制造业平均水平4.8点。

疫后产业布局开始分散化，人的个性化需求、多样性需求、主观体验的需求和对文化的需求增加，带来新的贸易、技术和产业链供应链的方式。虽然产业链、价值链、供应链越来越短，越来越分散，越来越本地化，但是它嫁接的是人工智能、云计算、大数据，是智能化、自动化、数字化，因此短并不等于没有效率，而是更能满足新需求的痛点。如何在数字化时代提高中小微企业的数字化链接能

力，使其在新的产业体系中保持竞争力，亟待引起重视。

(三) 创新要素成为"卡脖子"环节

1. 产业人才的供给机制

在强化全球资源配置上，民营企业对全球人才集聚的需求更为迫切。当前，上海民营企业普遍遭遇人才"天花板"和"地平线"。一方面是高端人才招聘难、流失严重。具备较高专业素养和丰富海外工作经验，既掌握先进科学技术又熟悉国内外市场运作的海外高端应用技术型人才稀缺，全国其他省区市高端人才扶持政策吸引力更强。以深圳为例，符合条件的境外高端人才和紧缺人才，深圳市政府予以五年奖励性补贴，并免征个人所得税。另一方面，基础性人才供需不匹配。部分行业，尤其是装备制造行业，高校人才培养与市场需求不匹配，技术工人等基础性人才培养成本高，起薪低、流动性大，行业待遇无法整体提升，形成恶性循环。

2. 创新成果的转化方式

在强化科技创新策源功能上，创新成果转化、融资中的"空转"现象依然严重。在创新前端，2019年，上海专利申请量和授权量分别为17.36万件和10.06万件，但高校专利转化率只有15%（斯坦福、剑桥大学达到70%），民营企业创新发展与产业转移升级技术瓶颈制约问题十分突出。

3. 资本市场的有效投资

科技成果转化也是资本化的过程，当前高新科技企业投融资两条主要路径中，反映银行借款难的企业超过四成，对融资渠道的多样性和金融中介专业水平的满意率都不到五成。作为新生事物，科创板暴露出一些发展中的问题与短板。比如目前采取上交所、证监会双重审核，审核边界不清，不适应的监管模式需要改革；审核门槛过高，目前科创评价指引相关标准很难把握；科创板存在规模小，对企业吸引力小、投资少的现状；资金流动性有待继续增加。上海人工智能四家重要科技企业，没有一家在科创板上市。

随着四大功能建设的推进，民营企业两方面资金需求将进一步扩大：一是企业项目性流动贷款需求增加，尤其是对从事项目型高端装备制造业的民营企业而言，订单金额一般普遍较高、订单完成周期通常超过一年以上，加上普遍存在的以货款充当质量保证担保的商业习惯，从组织订单项下的采购、生产开始，到最后收回全部订单项下的货款，周期短则1~2年，长则3~5年，企业很难完全利用自有资金完成整个过程的资金垫付，必须使用贷款。二是企业结构性调整的投入资金需求增加。许多非公企业正迅速调整产品结构和市场结构，致力于国内新产品的开发。

(四) 更开放包容的营商环境

在强化高端产业引领功能上，当前新兴产业的行业标准缺失，对上海民营企业更好发挥产业引领功能影响较大。复宏汉霖、上海电动工具研究所、爱景节能科技、奥盛集团等上海战略性新兴产业民营企业代表均提出，部分新兴产业由于技术更新迭代快，标准制定、更新慢，存在旧标准衡量检测新技术、新产品情况，归口不明确的新兴产业、新技术，制定技术标准的难度更大。

在强化开放枢纽门户功能上，随着外资企业负面清单的落地，上海民营企业也希望获得更加平等和开放的市场准入和监管环境。例如，企业反映在公用事业和基础设施领域中，如邮政、通信、广电、电力和金融等，国有企业更容易取得准入许可。近年来，上海在持续加速金融业开放的一系列先行先试政策中，外资银行和金融机构的限制被逐步取消，但内资民营机构的同类监管反而更加趋紧。

四、以强化上海"四大功能"为抓手，促进民营企业高质量发展的思路建议

（一）遵循市场开放原则，以强化要素流动打造上海整体优势

这要求完善政府大数据综合平台服务为民营企业提供精准服务，加快政府部门大数据信息平台建设与共享，建立有效的中小微企业政策推送和辅导机制。

1. 政策贯通

创造平等透明的市场准入环境。贯彻"平等准入、公平待遇"的原则，加快消除制约民营经济发展的制度性障碍，建立公开透明的市场准入标准，不对民营资本单独设置附加条件，鼓励和引导民营资本进入法律法规未明确禁止准入的行业和领域，为民营资本营造更广阔的市场空间。鼓励和引导民营资本进入社会事业领域；鼓励和引导民营资本进入基础设施建设领域；鼓励和引导民营资本进入市政公用事业领域。

2. 优势打通

民营经济的发展直接影响到城市效率、城市动力、创新精神和城市品格。这要求融入新发展规划、开放新基建市场、拓展新服务领域。上海国有经济和民营经济都有优势，互补性很强。应考虑把深化国资国企改革、支持民营企业发展统筹考虑，鼓励独角兽创新企业战略合作联动发展，在国资国企"混改"中增设"民营资本参与率"这一重要考核指标。既帮助民营企业纾困解难，又推动国有资本进出新兴产业的领域。鼓励大企业形成自己的产品标准体系，对供应链上的中小企业进行规范和指导。同时，在"新基建"等新投资领域更多借助PPP等创新机制，形成政府体外资金的拉动、放大的"乘数效应"，吸引国内外社会资本、广大企业的资金力量，形成伙伴关系来共同建设。

3. 内外连通

继续深化民营企业上海总部经济发展，立足长三角、服务全国，成为其全球配置资源的重要平台，推动国际行业协会国际组织机构落户运行，形成上海参与全球资源配置的新渠道、新抓手，促进上海在技术、业务和管理等方面不仅与国际保持同步发展，甚至具

有协调影响国际相关新型领域制度标准、资源配置的话语权。

（二）补齐要素短板，为民营企业高质量发展提供核心支撑

1. 支持民营企业进一步增加科技研发投入

一是扩大企业所得税中研发经费加计扣除范围，如企业职工教育经费、购买专利产品费用等；在所得税征收中，计提部分风险准备金、技术开发准备金。二是设立民营科技银行以及完善天使投资、风险投资等商业孵化机制，引导更多社会资本进入创新领域。

2. 优化人才供给体系

一是完善"千人计划"等人才政策，创新全球人才集聚方式，通过离岸创业、自然人流动等方式，打造上海人才高峰计划。二是抓紧按照"企业标准"完善企业人才落户政策，多渠道解决企业所需核心技术人才落户难的问题。三是参照珠三角九市的做法，对来沪工作的境外高端人才和紧缺人才，按实际税率15%实行个人所得税税负差额补贴。四是建立和完善对科技创新型小微企业在公租房、人才公寓上的定向配租政策。五是把职务内发明激励真正落到实处，把科技创新的重点前移到应用端，建立以企业创新为需求导向的创新链生产。

3. 加大民营企业融资服务力度

加大对民营企业的财政支持力度，将支持企业发展的各项专项资金适度向中小企业倾斜。拓宽民营企业融资渠道，推进和健全中小企业信用担保体系，为民营企业技术创新和产业升级提供有效的金融服务。

（三）用好三大平台，在上海"四大功能"建设中释放发展红利

在上海发挥国内国际双循环中的战略链接功能中，进博会、自贸区长三角示范区无疑对强化上海"四大功能"的支撑作用最强。要更加重视上海民营企业在这三大平台中深度参与和作用，支持民营企业积极参与国家"三项任务、一大平台"建设。

一是支持民营企业积极参与上海自由贸易试验区新片区建设、上海证券交易所科创板注册制、实施长江三角洲区域一体化发展国家战略等三项新的重大任务和进口商品博览会。吸引民企参与重大规划、重大项目、重大工程、重大活动。鼓励民营企业参与国家重大的科技攻关和技术改造。

二是在自贸区新片区、长三角示范区搭建民营企业总部集群。在自贸区新片区、长三角示范区建立民营企业总部集聚区。加大招商引资力度，促进民营企业总部和行业龙头企业集聚。对新引进的中国500强民营企业给予支持。加强扶持创新型总部发展。推动组建民营企业产业发展联盟，搭建民营总部服务平台。建立产业联动发展机制，形成产业链上下游企业协作配套。

三是在上海自贸试验区内建立全球化并购中心，支持民营企业参与全球化创新资源并购。同时，通过专项资金、优惠贷款、外汇便利等，鼓励企业以资本手段实施海外企业

并购和建立海外研发实验室。对民营企业将海外先进技术再创新和产业化给予支持。此外,搭建各类平台,如国际产学研合作论坛或跨国技术转移大会,推进企业技术需求与海外科技资源对接。

(四)利用全球产业链重塑机会,优化上海民营企业的产业布局

新冠肺炎疫情的暴发与扩散成为影响全球经济的最大不利因素,疫情对中国外贸的产业链、供应链、国际市场份额、海外投资等方面产生较大影响。全球产业链的断链不仅使上海实现"稳"外贸任务更加艰巨,而且使上海复工复产变得更加复杂,更为重要的是,上海担负着长三角及国内诸多重点产业全球供应链的关键零配件和核心环节供给任务。因此,如何预判大势、提前布局,夯实供应链、护好外贸"基本盘",同时利用全球产业链重塑机会,引导企业"危"中寻"机"、追求高质量发展,对上海提出了要求。

1. 引导民营企业总部和研发功能总部集聚上海

一是搭建平台、完善政策,吸引外省(区、市)民营企业将研发功能总部落户上海,在沪设立具有独立法人地位的研发中心。二是在上海市孵化的细分行业隐形龙头、专精特新企业在产业化转移过程中,引导其将研发总部留在上海,并享受总部相关政策。

2. 加大推动民营高科技企业初创、成长、发展的支持力度

一是实施龙头骨干高科技企业培育计划,培育具有国际竞争力的大型高科技民营企业。二是实施创新型高成长企业培育计划,培育一批上市企业、领军骨干企业。三是实施民营企业自主创新能力提升计划,鼓励和支持民营企业建设高水平研发机构。

3. 积极引导民营企业转变发展方式

支持民营企业参与培育集成电路、人工智能、生物医药、航空航天、智能制造、数字经济等新兴产业集群。支持民营企业参与推动汽车、精品钢材、精细化工等产业提质升级。支持民营企业参与推动人工智能、大数据、工业互联网等新技术与制造业深度融合,加快传统产业转型升级。

4. 积极引导民营企业转变发展方式

支持民营企业参与新兴服务业、高端服务业、精细服务业、特色服务业的发展。服务业发展重心,包括研发、设计、信息服务、物流、咨询等在内的生产性服务业,还包括医疗卫生、教育、文化、体育、娱乐等在内的社会和个人服务业。这两个重心分别对应了制造业升级与居民消费结构升级。这些行业具有较高的知识密集度。

(五)筹谋未来发展,引导上海民营企业率先引爆市场的"燃点"

以在线新经济发展高地为例,在线问诊、远程医疗成为新的爆发点,在线教育、数字娱乐重回风口,生鲜电商需求旺盛,远程办公业务大幅增长。2020年第一季度商品类网络购物交易额逆势同比增长19.1%,在线视频平台哔哩哔哩营收达23.2亿元,同比增长近7

成;在线音频平台喜马拉雅有声阅读人数同比增长63%,总收听时长增长近1倍;上海本地即时零售和配送平台达达集团净收入为10.99亿元,同比增长108.9%;生鲜电商平台盒马鲜生日均活跃人数为658.1万人,同比增长104.8%。可以说,在线新经济产业正式进入发展风口期。

针对中国新产业、新业态蓬勃兴起,在企业创新的同时,实施对新经济事中事后创新监管非常重要,为此建议:(1)大力推进企业年报公示制度,实行公示信息抽查制度和经营异常名录制度。抽查结果和经营异常名录均通过企业信用信息公示系统向社会公示。(2)建立健全企业信用自律机制和信用风险防范机制,建立守信激励、失信惩戒制度,积极培育和发展信用服务机构,加强信用服务市场监管,营造公开透明、接轨国际的诚信商业商务氛围。(3)健全综合执法体系。继续探索资源整合、多方联动的路径,破除行政条块分割、条条分割,完善市场监督、劳动就业、知识产权等综合执法,建立监管信息共享、监管资源整合、监管执法联动、监管措施协同的工作机制。

(六)加大新生代民营企业家培养力度,加强高层次创新创业人才的外引内育

一方面,提高新生代企业家战略定位,从知识结构、专业技能、心理素质等多方面,展开针对性、持续的交流培训,来提升其个人素养。建议由工商联牵头,制定新生代民营企业家战略培训计划,帮助企业家顺应历史潮流,提高外部环境洞察力,在复杂多样且快速多变的产业发展环境中抓住发展契机,带领企业发现新市场、新产品和新需求。

另一方面,提升新生代企业家政治素养。习近平总书记指出,一切非公有制经济人士和其他新的社会阶层人士,要发扬劳动创造精神和创业精神,回馈社会、造福人民,做合格的中国特色社会主义事业的建设者。随着在线新经济越来越深植社会生活的方方面面,新型企业家的健康成长愈发重要。一是加大新生代企业家群体的组织覆盖,强化政治引领;二是引导企业树立品牌和责任意识,树立崇尚学习、崇尚创新、崇尚公益的社会形象;三是对企业加强诚信教育,帮助企业建立完善的企业信用管理制度,并凭借信用系统帮助企业提升融资能力、拓宽融资渠道,更好地实现创新发展。

(供稿单位:上海市工商业联合会,主要完成人:徐惠明、张捍、汤蕴懿、朱海燕、张虎祥、杨文靖)

专题报告六

第十四次全国民营企业抽样调查分析报告（上海地区）

一、研究背景与方法

改革开放四十多年来，民营经济不断发展壮大，已经成为我国经济持续健康发展的重要力量、技术创新的重要主体、国家税收的重要来源，但受世界经济低迷、国际经贸摩擦的影响，民营经济的发展正承受巨大的压力。而新冠肺炎疫情的暴发，又使民营经济遭受严重的冲击，产业链和供应链循环受阻、贸易投资萎缩、商品市场低迷、金融风险集聚，特别是中小微企业举步维艰，亟须政策支持。而精准施政有赖于扎实的调研，因此在统筹疫情防控和社会经济发展、做好"六稳""六保"工作的背景下，课题组对上海市民营企业和企业家进行了深入调研和数据分析。希望助力上海市民营经济健康发展，"在危机中育新机、于变局中开新局"。

课题组重点关注的内容包括：企业的经营状况、上海营商环境建设的成就与不足、企业技术升级与地区间的比较、年轻一代企业家群体与上海民营企业代际传承、民营经济人士的思想状况、基层工商联建设的挑战。

课题组采取定量与定性的混合研究路径，使用多种资料收集与分析的手段。所用数据来自中共中央统战部、全国工商业联合会、国家市场监督管理总局、中国社会科学院、中国民营经济研究会联合开展的"第十四次全国民营企业抽样调查"，2019年度采用网上填答的方式，截至本报告撰写时在全国范围内已收集样本13 551个，其中上海地区的样本数是458。同时，课题组组织座谈会4次，开展焦点小组访谈；依据"划分类型、选取典型"的原则，对近20位具有代表性的民营企业家进行个案深访、企业走访，其他被访对象包括基层干部、区工商联负责人、行业协会负责人等。此外，课题组运用文本分析法，搜集与课题相关的政策文件、规章制度，对文本的内容展开分析。

二、上海调查样本结构

（一）企业特征

"第十四次全国民营企业抽样调查"在上海地区共收集样本458份，以小型企业和中型企业为主，分别是211家和143家，占比

46.1%和31.2%,微型企业62家,大型企业42家(见表6-1)。

表6-1 企业规模

企业规模	频次	百分比
微型	62	13.5%
小型	211	46.1%
中型	143	31.2%
大型	42	9.2%
总计	458	

根据企业的主营业务,这458家民营企业所属的行业主要集中在制造业(33.3%)、商业(27.8%),商业具体包括:批发和零售、住宿和餐饮、租赁和商业服务、居民服务和修理业、交通运输和仓储等。由于金融企业只有4家,合并到商业企业中探讨(见表6-2)。

表6-2 企业主营业务所属行业

行业	频次	百分比
制造业	147	33.3%
商业	123	27.8%
建筑业	61	13.8%
信息服务	41	9.3%
农林牧渔	22	5.0%
房地产	17	3.8%
其他	31	7.0%
总计	442	

高新技术企业有156家,占34.1%,超过了三分之一;一半多的高新技术企业属于制造业。战略新兴企业有87家,占总数的19%,其中58家是制造企业。上海制造业曾在全国居于领先地位,近年来在产值规模和投资总量上存在下滑趋势。提升上海制造业的竞争优势,关键是依靠技术创新驱动制造业的转型升级。根据本次调查的结果,高新技术企业和战略新兴企业在制造业中的分布展现了比较乐观的态势(见表6-3和表6-4)。

表6-3 高新技术企业分析

高新技术企业	频次	百分比
是	156	34.1%
否	284	62.0%
不知道	18	3.9%
总计	458	

表6-4 战略新兴产业分析

战略新兴企业	频次	百分比
是	87	19.0%
否	345	75.3%
不知道	26	5.7%
总计	458	

被访企业成立的时间并不算长,44.8%的企业是在2000—2009年成立的,1990—1999年和2010年之后成立的企业分别占26.4%和25.3%。成立30年以上的企业只有16家,仅占3.5%(见表6-5)。

表6-5 企业成立时间

时间	频次	百分比
1990年以前	16	3.5%
1990—1999年	120	26.4%

续表

时　间	频　次	百分比
2000—2009年	204	44.8%
2010—2020年	115	25.3%
总计	455	

(二) 被访者特征

被访的民营经济人士以中青年为主,年龄结构反映了该群体逐步完成了新老更替。30~40岁的被访者比例最高,占到35.6%,其次是41~50岁,占到31.3%。60岁以上和30岁以下的被访者,比例只占6.3%和5.2%。中青年为主的企业家群体,学历高、创意多、冲劲足,有利于企业的转型升级和民营经济的持续健康发展(见表6-6)。

表6-6 被访者年龄分布

年　龄	频　次	百分比
30岁以下	23	5.2%
30~40岁	159	35.6%
41~50岁	140	31.3%
51~60岁	97	21.7%
60岁以上	28	6.3%
总计	447	

被访者的受教育程度普遍较高,大专及以上学历占到92.9%,其中拥有研究生学历的占13.8%,高中及以下学历的被访者仅占7.2%。而教育程度与企业是否为高新技术企业是相关的,若被访者的教育程度是高中及以下,企业属于高新技术企业的比例只有27.3%,而被访者的教育程度若是研究生,企业属于高新技术企业的比例高达47.6%(见表6-7和表6-8)。

表6-7 受教育程度

受教育程度	频　次	百分比
高中及以下	33	7.2%
大专	139	30.4%
本科	223	48.7%
研究生	63	13.8%
总计	458	100.0%

表6-8 被访者教育程度与高新技术企业

受教育程度	是否为高新技术企业		
	是	否	不知道
高中及以下	27.3%	69.7%	3.0%
大专	28.8%	65.5%	5.8%
本科	34.5%	61.9%	3.6%
研究生	47.6%	50.8%	1.6%

三、被调查企业的经营状况

(一) 被访企业主营业务的收入状况

2020年,房地产企业主营业务收入的中位数是25 710.7万元,高于制造业企业的8 239.5万元和从事农林牧渔企业的7 106.5万元,且房地产主营业务收入值最小值为364.21万元,在各行各业中独树一帜。从事信息服务业主营业务收入的中位数是589万元,排在末位,商业企业是1 920万元,建筑业企业是4 304万元(见表6-9)。

表6-9　上海被调查企业主营业务收入

主营业务所属行业	2020年主营业务收入中位数（万元）
农林牧渔	7 106.5
制造业	8 239.5
建筑业	4 304
商业	1 920
信息服务	589
房地产	25 710.7
其他	2 238

随着企业规模的扩大，2020年主营业务收入相应提高。统计结果显示，微型企业、小型企业、中型企业和大型企业的主营业务收入的中位数分别为200万元、2 000万元、9 949万元、42 804万元（见表6-10）。

表6-10　不同规模被调查企业的主营业务收入

企业规模	2020年主营业务收入中位数（万元）
微型企业	200
小型企业	2 000
中型企业	9 949
大型企业	42 804

1. 不同行业企业的营业收入变化

2020年前三季度企业营收同比有所下降的企业比例略微高于上涨的企业比例，大部分企业营收同比是持平的，在疫情期间比较难得。从企业营收同比来看，有7%的被访企业认为，2020年前三季度的营收同比下降了30%以上，有22.4%的企业营收同比下降30%以内，合计29.4%；2020年前三季度营收同比增长30%以内的比例是21.0%，营收同比增长超过30%的比例是6.3%，2020年营收增长的企业比例合计27.3%，2020年前三季度营收持平的企业比例是43.2%。被访企业在遭受新冠肺炎疫情与宏观经济下行的双重压力下，约70%的企业能够保持营收同比持平甚至增长，得益于我国有效控制了新冠肺炎疫情并迅速组织复产复工，2020年下半年国内消费报复性反弹、外贸订单持续上涨，弥补了企业上半年因疫情产生的损失。

从事房地产、信息服务行业的被访企业前三季度营收同比有所增长，商业和农林牧渔营收则有所下降。29.4%的房地产企业认为前三季度营收同比有所增长，涨幅在30%以内；14.6%的信息服务业营收同比增长30%以内，且有8.8%的制造业民企增长超过30%；24.4%从事商业的民企同比营收下降在30%以内，8.1%下降超过30%；31.8%从事农林牧渔的企业营收下降，幅度在30%以内；有25.9%从事制造业的民企同比营收增长，25.2%同比营收下降，幅度皆在30%以内；各有8.8%的制造业企业认为营收增长和下降的程度超过了30%。可见，从事制造业的被调查企业在经营状况上明显分化成了上中下三层（见表6-11）。

2. 不同规模企业的营业收入变化

中型企业和大型企业的营业收入同比增长的比例明显高于小微型企业，大型企业的增长比例最为突出。正所谓"大而不倒"，规

表6-11 上海不同行业被调查企业2020年前三季度营收同比

行 业	下降30%以上	下降30%以内	持 平	增长30%以内	增长30%以上
农林牧渔	0	31.8%	68.2%	13.6%	13.6%
制造业	8.8%	25.2%	31.3%	25.9%	8.8%
建筑业	6.6%	19.7%	45.9%	21.3%	6.6%
商业	8.1%	24.4%	48.8%	15.5%	3.3%
信息服务	4.9%	12.2%	58.5%	14.6%	9.8%
房地产	0	11.8%	58.8%	29.4%	0
其他	6.5%	19.4%	45.2%	29.0%	0

模较大的企业抗风险能力更强，或者得到扶持的力度会更大。具体来说，大型企业2020年前三季度营收同比"增长30%以内"和"30%以上"的比例分别为40.5%和9.5%，中型企业的增长比例分别为24.5%和8.4%，而小微型企业的增长比例仅有11.3%和22.8%，且没有能够增长30%以上的微型企业。

小微型企业的营收同比下降的比例略高于中、大型企业，微型企业的下降比例居于首位。具体来说，微型企业营收同比"下降30%以内"和"30%以上"的比例分别为27.4%和4.8%，小型企业的下降比例分别为23.2%和9.0%，而中大型企业的下降比例为28.7%和14.3%。可见，小微企业具有天生的脆弱性，抗风险能力较低，而且大多从事商业、服务业，受疫情冲击较大（见表6-12）。

表6-12 上海不同规模被调查企业2020年前三季度营收同比

企业规模	下降30%以上	下降30%以下	持 平	增长30%以内	增长30%以上
微型	4.8%	27.4%	56.5%	11.3%	0
小型	9.0%	23.2%	45.0%	16.6%	6.2%
中型	6.3%	22.4%	38.5%	24.5%	8.4%
大型	2.4%	11.9%	35.7%	40.5%	9.5%

（二）被访企业的经营成本的变化

各行各业的民营企业认为，2020年前三个季度的综合成本同比有所增加。具体而言，28.1%的被访企业认为综合成本同比增长30%以内，5.4%认为企业综合成本增长超过30%，认为综合成本同比增长的比例合计达到33.5%。

1. 不同行业企业的经营成本变化

从事房地产、农林牧渔以及商业的企业，综合成本增长相对较多。58.8%的房地产企业、31.8%的农林牧渔企业以及30.9%的商业企业认为2020年前三季度综合成本增长在30%以内（见表6-13）。

表6-13　上海不同行业被调查企业2020年前三季度综合成本同比

行　　业	下降30%以上	下降30%以内	持平	增长30%以内	增长30%以上
农林牧渔	0	9.1%	54.6%	31.8%	4.6%
制造业	3.4%	15.0%	49.0%	26.5%	6.1%
建筑业	3.3%	11.5%	59.0%	19.7%	6.6%
商业	4.1%	10.6%	49.6%	30.9%	4.9%
信息服务	0	9.8%	63.4%	19.5%	7.3%
房地产	0	0	41.2%	58.8%	0
其他	6.5%	6.5%	51.6%	32.3%	3.2%

进一步分析不同类型成本，统计发现"人力成本"上涨幅度最大。49.8%的被访者认为人力成本有所上涨，5.4%认为上涨过快，合计达到55.2%。与之相比，认为物流成本上涨的比例是45.9%，认为能源成本上涨的比例是33%（见表6-14）。

表6-14　不同类型成本变化

成本类型	明显降低	有所降低	没有变化	有所上涨	上涨过快
人力成本	1.6%	12.0%	31.2%	49.8%	5.4%
物流成本	0.7%	4.5%	48.9%	43.0%	2.9%
能源成本	1.1%	12.2%	53.6%	30.3%	2.7%

尤其是从事农林牧渔、制造业、商业的企业，相较于其他行业，被访者认为人力成本的上涨幅度更大。统计结果显示，从事农林牧渔的企业中，合计有63.7%的被访者认为人力成本"有所上涨"和"上涨过快"，从事商业和制造业的企业该比例分别是56.9%和55.7%。由于适龄劳动人口数量下降、受教育程度普遍提高、物价上涨和福利费用增加等原因，人力成本的上升已经成为普遍趋势，使制造业、商业中劳动密集型的企业承受较大的成本压力（见表6-15）。

对从事制造业和农林牧渔的企业而言，物流成本的上升更为明显。54.4%的制造业认为物流成本有所上升，4.1%认为上涨过快；50%从事农林牧渔的民企认为物流成本有所上涨（见表6-16）。

表6-15 上海不同行业被调查企业对人力成本变化的评价

行业	明显降低	有所降低	没有变化	有所上涨	上涨过快
农林牧渔	4.6%	13.6%	18.2%	45.5%	18.2%
制造业	2.7%	12.2%	29.3%	50.3%	5.4%
建筑业	0	11.5%	34.4%	49.2%	4.9%
商业	1.6%	11.4%	30.1%	51.2%	5.7%
信息服务	0	12.2%	36.6%	46.3%	4.9%
房地产	0	11.8%	35.3%	52.9%	0
其他	0	12.9%	38.7%	48.4%	0

表6-16 上海不同行业被调查企业对物流成本变化的评价

行业	明显降低	有所降低	没有变化	有所上涨	上涨过快
农林牧渔	4.6%	4.6%	36.4%	50.0%	4.6%
制造业	0.7%	6.8%	34.0%	54.4%	4.1%
建筑业	0	6.6%	59.0%	31.2%	3.3%
商业	0	1.6%	53.7%	42.3%	2.4%
信息服务	0	4.9%	63.4%	31.7%	0
房地产	5.9%	0	70.6%	29.4%	0
其他	0	3.2%	61.3%	32.3%	3.2%

2. 不同规模企业的经营成本状况

企业规模越大,综合成本增长的比例越高。微型企业2020年前三季度综合成本同比增长30%以上和30%以内的比例分别是1.6%和12.9%,总计14.5%;而大型企业前三季度综合成本同比增长30%以上和30%以内的比例分别是4.8%和45.2%,合计50%(见表6-17)。

表6-17 不同规模企业前三季度综合成本同比

企业规模	增长30%以上	增长30%以内	持平	下降30%以下	下降30%以上
微型	1.6%	12.9%	66.1%	16.1%	3.2%
小型	5.7%	27.0%	52.6%	10.0%	4.7%

续表

企业规模	增长30%以上	增长30%以内	持平	下降30%以下	下降30%以上
中型	7.0%	30.1%	49.7%	12.6%	0.7%
大型	4.8%	45.2%	40.5%	7.1%	2.4%

不论企业规模大小，普遍认为人力成本"有所上涨"，而且企业规模越大，认为成本"有所上涨"的比例越高；几乎没有企业认为人力成本明显降低。具体来说，微型企业认为人力成本"有所上涨"的占比48.4%，小型企业是46.9%，中型企业是50.3%，大型企业是64.3%（见表6-18）。

表6-18 上海不同规模被调查企业对人力成本变化趋势的评价

企业规模	上涨过快	有所上涨	没有变化	有所降低	明显降低
微型	9.7%	48.4%	35.5%	6.5%	0
小型	6.2%	46.9%	30.3%	14.7%	1.9%
中型	2.1%	50.3%	32.9%	11.9%	2.8%
大型	4.8%	64.3%	21.4%	9.5%	0

各种规模的企业都认为物流成本明显上涨。具体而言，微型企业认为"有所上涨"的比例是46.8%，小型企业认为"有所上涨"的比例是41.2%；中型企业认为"有所上涨"的比例是39.9%，大型企业该比例达到了50%。一些被访企业表示，物流行业是劳动密集型，受人力成本上升的影响较大，加之场地租金、能源价格上涨等因素，导致物流成本持续上升。2020年下半年海外订单剧增，海运等物流费用大涨（见表6-19）。

表6-19 上海不同规模被调查企业对物流成本变化趋势的评价

企业规模	上涨过快	有所上涨	没有变化	有所降低	明显降低
微型	4.8%	46.8%	46.8%	1.6%	0
小型	3.8%	41.2%	48.8%	5.7%	0.5%
中型	0.7%	39.9%	53.8%	4.2%	1.4%
大型	2.4%	50.0%	40.5%	7.1%	0

微型企业和大型企业认为能源成本上涨的比例稍高，但总体而言能源成本的上涨不如人力成本和物流成本的上涨。微型企业认为"有所上涨"的有35.5%，小型企业为

28.9%,中型企业为27.3%,大型企业为38.1%。可见,企业经营的能源成本相对更为稳定,受到外界环境影响相对较小(见表6-20)。

表6-20 上海不同规模被调查企业对能源成本变化趋势的评价

企业规模	上涨过快	有所上涨	没有变化	有所降低	明显降低
微型	4.8%	35.5%	53.2%	6.5%	0
小型	2.8%	28.9%	53.6%	13.3%	1.4%
中型	1.4%	27.3%	55.9%	14.1%	1.4%
大型	2.4%	38.1%	45.2%	14.3%	0

(三) 企业的负债率变化

1. 不同行业企业的负债率

从事信息服务与房地产行业的民营企业负债率相对较高,从事建筑业、商业的民营企业负债率相对较低。有34.2%主营业务是信息服务的民营企业负债率在50%～80%;29.4%从事房地产的民营企业负债率在50%～80%,17.7%负债率超过80%。而47.2%商业民企和44.3%从事建筑业的民营企业负债率控制在0～20%的低水平。此外,农林牧渔和制造业的负债率控制也较好,在0～20%、20%～50%的负债率之间各有36.4%的农林牧渔企业。37.4%的制造业民企负债率在20%～50%,33.3%的制造业负债率在0～20%。可见,信息服务和房地产企业需要加强风险管控。

表6-21 上海不同行业被调查企业负债率

行 业	0～20%	20%～50%	50%～80%	80%以上
农林牧渔	36.4%	36.4%	18.2%	9.1%
制造业	33.3%	37.4%	23.8%	5.4%
建筑业	44.3%	31.2%	21.3%	3.3%
商业	47.2%	27.6%	17.9%	7.3%
信息服务	36.6%	24.4%	34.2%	4.9%
房地产	41.2%	11.8%	29.4%	17.7%
其他	41.9%	32.3%	22.6%	3.2%

2. 不同规模企业的负债率

企业规模越大负债率越高,小微型企业的整体负债率较低,且超高负债率(80%以上)的企业比例更小。具体来说,微型企业中负债率在 0~20% 区间的占比约 56.5%，20%~50% 区间的占比约 21.0%，而在 80% 以上的仅有 4.8%；在小型企业中，负债率在 0~20% 区间的占比约 41.7%，20%~50% 区间的占比约 29.4%，而在 80% 以上的仅有 5.7%。中型企业在 20%~50% 区间的负债率占比最高（37.8%），0~20% 区间为 32.9%；大型企业在 0~20% 与 20%~50% 区间的负债率大小相当，分别为 35.7% 和 38.1%（见表 6-22）。

表 6-22　上海不同规模被调查企业的负债率

企业规模	80%以上	50%~80%	20%~50%	0~20%
微型	4.8%	17.7%	21.0%	56.5%
小型	5.7%	23.2%	29.4%	41.7%
中型	6.3%	23.1%	37.8%	32.9%
大型	7.1%	19.0%	38.1%	35.7%

小微企业负债率低，侧面反映出小微企业融资难。由于抵押物少、征信成本高，小微企业难以从金融机构获得融资，金融机构不敢放贷。小微企业只能通过社会借贷，这无形中推高了融资的成本，使经营艰难的小微企业雪上加霜。

（四）企业的产品订单量的变化

1. 不同行业企业的订单量变化

2020 年前三季度被调查企业的主要产品订单量，下降的比例多于上涨的比例。订单量下降 30% 以上的企业，比例是 5.9%，下降 30% 以内的比例是 22.4%，合计是 28.3%；与之相比，订单量增长 30% 以上的企业，比例是 5%，增长 30% 以内的比例是 16.5%，合计是 21.5%。

进一步分析不同行业企业的订单量变化，信息服务业和房地产行业订单量同比波动较小，从事制造业和农林牧渔的民企订单量同比波动较大。26.5% 的制造业民企订单量下降 30% 以内，5.4% 下降超过 30%，只有 19.7% 的被访企业订单量增长在 30% 以内，8.2% 的民企订单量增长超过 30%。从事农林牧渔的民企中，27.3% 的订单量有所下降，22.7% 有所上升，但涨幅皆在 30% 以内（见表 6-23）。

表 6-23　上海不同行业被调查企业 2020 年前三季度主要产品订单量同比

行　　业	下降 30%以上	下降 30%以内	持　平	增长 30%以内	增长 30%以上
农林牧渔	0	27.3%	50.0%	22.7%	0
制造业	5.4%	26.5%	40.1%	19.7%	8.2%

续表

行　　业	下降30%以上	下降30%以内	持　平	增长30%以内	增长30%以上
建筑业	9.8%	14.8%	57.4%	13.1%	4.9%
商业	5.7%	22.0%	53.7%	15.5%	3.3%
信息服务	4.9%	17.1%	63.4%	9.8%	4.9%
房地产	5.9%	17.7%	64.7%	11.8%	0
其他	6.5%	25.8%	45.2%	19.4%	3.2%

2. 不同规模企业的订单量变化

从主要产品订单量（现有服务订单量）来看：小微企业产品订单量同比能够"持平"的比重略高于中型和大型企业，其中微型企业比例最高。具体来说，微型企业订单量同比持平比重达到61.3%，小型和大型企业维持在50%左右，中型企业为47.6%。

企业主要产品订单量同比增长的比例随着企业规模增大而增大，大型企业的增长比例居于首位。具体来说，大型企业订单量同比的增长比例为35.7%，中型企业的增长比例为26.6%，小微型企业的增长比例分别为19.0%和6.5%，且没有能够增长30%以上的微型企业。

除大型企业外，其余三类规模企业的订单量同比下降的比例基本相当。具体来说，小微型企业综合成本同比的下降比例分别为32.3%和30.8%，中型企业的下降比例为25.9%，而大型企业的下降比例仅约14.3%。可见，虽然微型企业在主要产品订单量方面持平的比例最高，但该类企业能够使订单量增长的能力最弱，而中大型企业获得订单同比增长的能力显然更强（见表6-24）。

表6-24　上海不同规模被调查企业2020年前三季度主要产品订单量同比

企业规模	下降30%以上	下降30%以内	持　平	增长30%以内	增长30%以上
微型	8.1%	24.2%	61.3%	6.5%	0
小型	5.7%	25.1%	50.2%	14.7%	4.3%
中型	5.6%	20.3%	47.6%	20.3%	6.3%
大型	2.4%	11.9%	50.0%	23.8%	11.9%

（五）企业工资支付情况

被调查企业工资支付方面，95%的企业都能按时足额支付工资。其中，制造业、房地产的企业较少有工资支付的困难，尤其是房地产企业,按时足额支付工资的比例是100%。建筑业则有较高比例的工资支付问题,各有4.9%的建筑业民企无法支付工资或需先按比例发放而后补发(见表6-25)。

表6-25 上海不同行业被调查企业工资支付情况

行业	经与职工协商,先期按比例发放工资,后期根据企业经营状况补发	因经营困难,暂时无法按时足额支付工资	能够按时足额支付
农林牧渔	9.1%	0	90.9%
制造业	1.4%	1.4%	97.3%
建筑业	4.9%	4.9%	90.2%
商业	1.6%	2.4%	95.9%
信息服务	2.4%	2.4%	95.1%
房地产	0	0	100%
其他	0	6.5%	93.6%

大型企业能够100%按时足额支付员工工资,小微型和中型企业的按时支付比例基本达到95%以上。具体来说,各规模企业(从小到大)能按时支付工资的比例分别为95.2%、95.3%、94.4%和100%。在"经与职工协商,先期按比例发放工资,后期根据企业经营状况补发"的企业中,微型企业占比最高(4.8%),其次为中型企业(2.8%);而"因经营困难,暂时无法按时足额支付工资"的只有小型企业(3.3%)和中型企业(2.8%),如表6-26所示。

表6-26 上海不同规模被调查企业的工资支付情况

企业规模	经与职工协商,先期按比例发放工资,后期根据企业经营状况补发	因经营困难,暂时无法按时足额支付工资	能够按时足额支付
微型	4.8%	0	95.2%
小型	1.4%	3.3%	95.3%
中型	2.8%	2.8%	94.4%
大型	0	0	100%

(六)企业经营压力的来源

现金流、收回应收款项、社保成本、纳税、支付员工工资构成了上海被调查企业的前五大压力来源(见表6-27)。

表 6-27 上海被调查企业压力来源与压力大小（平均值）

压力来源	压力得分的平均值
现金流	3.39
纳税	3.10
社保成本	3.28
水电物业费	2.99
收回应收款项	3.35
还贷	2.82
核心零部件	2.60
国外人才和技术支持	2.39
交付海外订单	2.13
支付员工工资	3.01
获取新的国内订单	2.90
获取新的海外订单	2.36
员工安全	2.84
物流运输	2.63

续表

压力来源	压力得分的平均值
原材料供应不稳定	2.70
环保压力	2.84

注：从 1～5 打分，分数越大压力越大。

1. 不同行业企业的压力来源

从事房地产的民企压力感最大，从事信息服务业的民企压力感最小。从事房地产行业的民营企业对前五大压力来源评价的平均值在各行业中均列第一，此外，相较于其他行业，房地产对水电物流费和还贷也感到较大压力。从事农林牧渔的民企对现金流、收回应收款项、支付员工工资和还贷感到较大压力。从事制造业的民营企业对收回应收款项、获取国内新订单、员工安全和环保感到较大压力。从事建筑业的民营企业对现金流、纳税、获取国内新订单感到较大压力。从事商业的民营企业则对社保成本、水电物流费感到较大压力（见表 6-28 和表 6-29）。

表 6-28 上海不同行业被调查企业压力感的平均值

行业	现金流	回收款项	社保成本	纳税	支付工资	水电物流费	获取国内新订单	员工安全	环保压力	还贷压力
农林牧渔	3.77	3.41	3.05	2.77	3.10	3.05	2.77	2.68	2.55	3.18
制造业	3.33	3.43	3.31	3.13	3.04	3.31	3.22	3.03	3.30	2.83
建筑业	3.39	3.25	3.26	3.16	2.98	3.26	3.11	2.90	2.84	2.70
商业	3.38	3.28	3.32	2.99	2.97	3.32	2.68	2.72	2.63	2.75
信息服务	3.17	3.10	3.00	2.88	2.73	3.00	2.22	2.41	2.12	2.59
房地产	3.88	4.18	3.59	3.82	3.24	3.59	2.47	2.53	2.29	3.71
其他	3.38	3.32	3.39	3.38	3.23	3.39	3.03	3.19	2.97	2.81

注：从 1～5 打分，分数越大压力越大。

表 6-29 上海不同行业被调查企业压力感的平均值排序

行 业	现金流	回收款项	社保成本	纳税	支付工资	水电物业费	获取国内新订单	员工安全	环保压力	还贷压力
农林牧渔	2	3	6	7	3	6	4	5	5	2
制造业	6	2	4	4	4	4	1	2	1	3
建筑业	3	6	5	3	5	5	2	3	3	6
商业	4	5	3	5	6	3	5	4	4	5
信息服务	7	7	7	6	7	7	7	7	7	7
房地产	1	1	1	1	1	1	6	6	6	1
其他	4	4	2	2	2	2	3	1	2	4

2. 不同规模企业的压力来源

通过对各项压力感指标均值统计,可以发现现金流、纳税、社保成本、水费电费物业费等、收回应收款项以及支付员工工资这几项指标是各规模企业的主要压力来源。具体来说,"现金流"在各规模企业的压力来源中均排在前两位,压力得分基本在 3.3 分以上,微型企业得分高达 3.47 分(最高);除微型企业之外,"收回应收款项"在其余三类规模企业的压力来源中也排在前两位,压力得分均高于 3.3 分,大型企业得分高达 3.48(最高)。同时,"纳税""社保成本""水费电费物业等""支付员工工资"等主要压力来源的平均得分也都明显高于 3 分。此外,"国外人才和技术支持""交付海外订单""获取新的海外订单"等指标的得分相对较低,大多得分不超过 2.5 分,以此推断可能并不是现阶段各规模企业的主要压力来源。

对微型企业来说,排在前五位的压力感来源是:社保成本(3.58)、现金流(3.47)、支付员工工资(3.40)、纳税(3.32)和水费电费物业费等(3.31)。

对小型企业来说,排在前五位的压力感来源是:收回应收款项(3.32)、现金流(3.29)、社保成本(3.19)、支付员工工资(3.01)和水费电费物业费等(2.95)。

对中型企业来说,排在前五位的压力感来源是:现金流(3.45)、收回应收款项(3.38)、社保成本(3.31)、纳税(3.27)和还贷(2.94)。

对大型企业来说,排在前五位的压力感来源是:收回应收款项(3.48)、现金流(3.31)、社保成本(3.14)、水费电费物业费等(3.05)和纳税(3.00),如表 6-30 所示。

表 6-30　上海被调查企业的各项压力感指标的平均值

压 力 来 源	微型企业	小型企业	中型企业	大型企业
现金流	3.47	3.29	3.45	3.31
纳税	3.32	2.94	3.27	3.00
社保成本	3.58	3.19	3.31	3.14
水费、电费、物业费等	3.31	2.95	2.87	3.05
收回应收款项	3.27	3.32	3.38	3.48
还贷	3.02	2.64	2.94	2.81
核心零部件	2.92	2.51	2.52	2.71
国外人才和技术支持	2.73	2.37	2.18	2.74
交付海外订单	2.65	2.03	2.01	2.31
支付员工工资	3.40	3.01	2.88	2.57
获取新的国内订单	3.16	2.83	2.83	3.00
获取新的海外订单	2.69	2.30	2.20	2.64
员工安全	3.21	2.83	2.66	2.74
物流运输	3.02	2.60	2.48	2.60
原材料供应不稳定	3.06	2.64	2.57	2.69
环保压力	3.11	2.86	2.71	2.69

注：从1～5打分，分数越大压力越大。

四、上海营商环境建设的成绩与不足

（一）民营企业家对上海营商环境的评价

营商环境建设的目的是为市场主体创造良好的外部发展环境，落脚点和最佳评判标准就是市场主体的满意度，而且在影响企业决策方面，营商环境感知的作用更加直接、更为重要。因此，本次调查询问了被访者对政务环境、融资环境、执法方式等方面的评价。

被访者对上海整体营商环境的改善持肯定态度，企业规模越大，认为营商环境得到改善的比例越高。71.6%的被访者认为上海整体营商环境得到改善。进一步考察不同规模企业的被访者，微型企业的被访者有64.5%认为整体营商环境得到改善，小型、中型、大型民营企业的被访者该比例依次是70.1%、74.8%、78.6%，随着企业规模的扩大，呈现明显的上升趋势。在访谈过程中，部分企业家也表示基层政府在服务企业的过程中存在"抓大放小"、注意力分配不均的问题，大型民营企业因为在财税、就业等方面的贡献更大,得到了基层政府和工作人员更多的关注,更多享受到营商环境不断优化的红利(见表6-31)。

表6-31 不同规模企业对上海总体营商环境评价

企业规模	没体验	没改善	一般	改善
微型	1.6%	1.6%	32.3%	64.5%
小型	2.8%	4.7%	22.3%	70.1%
中型	2.8%	7.0%	15.4%	74.8%
大型	2.4%	4.8%	14.3%	78.6%

制造业企业对营商环境的评价优于商业企业,原因在于规模差异。78.9%的制造业企业被访者认为营商环境整体改善,而商业企业的被访者该比例是70.7%,差距比较明显。原因在于企业规模的差异,被调查的商业企业中72.4%是小微企业,大型企业只占4.1%,而制造业企业中小微企业占比53.7%,大型企业达到12.9%。因此,为小微企业的发展营造更加友善的市场环境,激发底层市场的活力,是下一阶段营商环境优化的重点,对改善民生、保持社会稳定具有重要的意义(见表6-32)。

表6-32 制造业与商业企业对营商环境的整体评价

行业	没体验	没改善	一般	改善
制造业企业	4.8%	3.4%	12.9%	78.9%
商业企业	3.3%	3.3%	22.8%	70.7%

(二)政务环境改善显著

上海政务环境优化、行政效率提升得到被访者肯定。上海提出"无事不扰,有求必应"的"店小二精神",以"一网通办"为标志的政务环境建设极大提升了政府部门的行政效率,降低了企业家办事的时间、金钱、心理等制度遵从成本。调查结果显示,高达83.4%的被访者认为"行政审批手续更加方便、简捷",78.4%认为"政府官员勤政、积极服务企业",认为"政府部门不担当、不作为"得到改善的比例也达到了72.1%(见表6-33)。

(三)融资环境有待提高

与政务环境相比,上海的融资环境仍有提升空间。被访者认为"企业从国有银行贷款的难易程度"有所改善的比例是54.4%,虽然超过半数,但是与政务环境相比,相差20~30个百分点;而认为"企业从民间渠道筹资的难易程度"得到改善的比例不足半数,仅有44.3%(见表6-34)。

表6-33 对政务环境的评价

政务环境	没体验	没改善	一般	改善
行政审批手续更加方便、简捷	2.0%	2.4%	12.2%	83.4%
政府官员勤政、积极服务企业	2.8%	2.2%	16.6%	78.4%
政府部门不担当、不作为	5.9%	4.4%	17.7%	72.1%

表6-34 对融资难度的评价

融资环境	没体验	没改善	一般	改善
企业从国有银行贷款的难易程度	9.2%	10.0%	26.4%	54.4%
企业从民间渠道筹资的难易程度	17.3%	9.0%	29.5%	44.3%

解决融资难、融资贵的问题，仍是营商环境优化的重中之重。企业家在访谈中表示，商业银行认为小微民企抵押物少、征信成本高、借贷风险高，提出比较苛刻的条件，而通过典当融资、民间借贷等方式解决资金问题，无形中推高了企业融资的成本。其实，金融的底层逻辑始终是"信用"，未来可以利用数字信息技术降低征信成本，以企业间网络关系为基础降低借贷风险，帮助广大民营企业突破融资瓶颈，激发市场活力和潜能。

（四）法治环境建设的重点在于"知识产权"

上海对企业家人身和财产的保护受到肯定，执法方法明显改善。13.8%的被访者非常同意"这两年民营企业家人身和财产保护有了很大改善"，60.3%表示同意，合计高达74.1%。这说明上海的法治环境建设卓有成效，在上海企业家的人身安全有所保障，合法财产不受侵犯、合法经营不受干扰。执法工作法治化、规范化、透明化，缺乏稳定和连续性的运动式执法得到改善。在调查中，有64.4%的被访者表示"运动式执法"有所改善（见表6-35和表6-36）。

表6-35 对人身和财产保护的评价

法治环境	非常同意	同意	不好说	不同意	非常不同意
这两年民营企业家人身和财产保护有了很大改善	13.8%	60.3%	24.7%	0.9%	0.4%

表6-36 对运动式执法的评价

法治环境	没体验	没改善	一般	改善
运动式执法	7.6%	5.2%	22.7%	64.4%

对知识产权的保护是未来法治环境优化的重点,将有力支撑上海科技创新中心建设。问卷调查中,请被访者选择三项"制约企业家创新信心"的因素,认为"知识产权保护不到位,创新为他人做嫁衣"的比例达到了27.1%,共计124位被访者认为"知识产权保护不到位"是重要原因。作为参照,在逆全球化趋势明显、我国高新技术领域频频遭受技术打压甚至扼喉封锁的背景下,只有41位被访者将"国外的技术封锁加剧"作为制约企业家创新信心的重要影响因素,比例仅有9%。所以,推动市场主体的技术创新,需要降低技术创新的外部性,这与知识产权保护密切相关,是未来法治环境优化的重点。只有包括民营企业在内的各市场主体积极投身于技术创新与转型升级,才能够夯实上海科技创新中心建设的微观基础(见表6-37)。

表6-37 制约企业家创新信心的因素

因 素	支持者数量	比 例
知识产权保护不到位,创新为他人做嫁衣	124	27.1%
国外的技术封锁加剧	41	9.0%

(五)营商环境评价的地区间比较:上海不如浙江

被访者对营商环境的整体评价,上海与北京相差无几,强于江苏,明显优于广东,但与浙江相比存在差距。上海的被访者认为营商环境有所改善的比例是71.6%,北京是71.4%,江苏是67.8%,广东仅有59.5%,而浙江达到了77.7%。进一步分析被访者对行政审批手续便捷程度、政府官员积极服务企业、运动式执法、国有银行和民间渠道融资的难易程度、政府部门不担当等,统计结果显示,被访者对各个方面的主观评价,上海都不如浙江。尤其是"从国有银行贷款的难易程度",上海与浙江的差距最明显,上海有54.4%的被访者认为有所改善,而浙江这一比例为66.1%,两者相差11.7%(见表6-38和表6-39)。

表6-38 不同地区被访者对整体营商环境的评价

企业所属省、区、市	没体验	没改善	一 般	改 善
上海市	2.6%	5.0%	20.7%	71.6%
北京市	3.1%	5.0%	20.5%	71.4%
广东省	4.6%	11.2%	24.7%	59.5%
江苏省	2.3%	6.1%	23.8%	67.8%
浙江省	1.3%	3.4%	17.6%	77.7%

表 6-39 从国有银行贷款的难易程度

企业所属省、区、市	没体验	没改善	一般	改善
上海市	9.2%	10.0%	26.4%	54.4%
北京市	9.9%	9.3%	24.8%	55.9%
广东省	10.4%	16.6%	25.0%	48.0%
江苏省	5.1%	9.5%	22.5%	62.9%
浙江省	3.9%	7.4%	22.6%	66.1%

（六）营商环境仍需优化之处

为了深入了解上海营商环境建设的不足之处，明晰未来营商环境优化的着力点，课题组除了对现有数据进行统计分析，还对企业家展开了个案深访、焦点小组访谈，了解他们的所思所想以及政策诉求。

1. 不同市场主体地位不平等，政府注意力分配不均

在企业融资、市场准入等方面，存在显性与隐性的所有制歧视，使民营企业面对不公平的竞争局面。例如，由于全球经济形势下滑与新冠肺炎疫情冲击，众多小微民企在生死线上挣扎，急需资金纾困解难，商业银行认为小微民企抵押物少、征信成本高、借贷风险高，提出极其苛刻的条件，形成普遍的"市场歧视"。许多小微民企无法从银行直接融资，只能通过典当融资、民间借贷等方式解决资金的燃眉之急，无形中推高了企业融资的成本。

不同市场主体的地位差异，还体现在政府服务的享有上。基层政府部门对关键性资源的分配以及对企业的服务并非阳光普照，而是具有"偏爱主义"的特征和高度的"选择性"，时常采取"抓大放小"的策略，大型民营企业对地区经济发展、财政税收、扩大就业的贡献更大，因此享有更多的政策机会，得到地方政府更多的优待。

2. 政策精准性、协调性、知晓度不够，影响政策的落地成效

营商环境的优化是个系统工程，是法治环境、政务环境、税务环境、市场环境等"软环境"的全面优化，涉及多个政府部门的提质增效。"一网通办"大大节约了企业办事的成本，但部门间协调、政策一致性仍有提升空间。被访企业家表示企业的某一事项牵涉多个部门，这些部门也不愿意为此商讨和协调，企业只能一家家反复上门。另有企业家反映，一些政策不够清晰化、标准化，甚至同一个部门不同的窗口、同一个窗口不同的办事人员对政策的理解都没有统一；政策文本有较大的阐释空间，办事人员有较大的自由裁量权。

政策信息传递的管道多元，缺少信息整合的平台。被访的企业家表示，国家、市、区都有一些惠企政策,但政策的实施主体往往分散在各个职能部门,类似"有多个终端,但缺少信息同步共享的平台",给企业了解这些信息造成了障碍,难以真正享受政策的红利。

3. 基层服务与顶层设计存在差异

营商环境的优化和体制机制的改革令人称道,但部分基层办事人员的服务与之相比却有较大差距。当前营商环境作为国家和地区的重要软实力和核心竞争力受到从中央到地方各级领导的高度重视,各种优化营商环境的机制和举措陆续推出。但是制度的设计与制度的执行之间仍存在缝隙,优化营商环境的顶层目标与基层行动者的认知和利益并不一致。

问题的本质是如何通过有效的激励和约束机制,使营商环境优化的顶层设计与基层工作人员的认知和利益相一致,而不是事不关己高高挂起。这些基层的工作人员直接面对广大的企业,他们的态度和效率与企业家对营商环境优化的主观体验密切相关,应该引起高度重视。

4. 政策供给不足,懒政、怠政现象仍然存在

部分职能部门与民营企业之间的关系是"疏而不亲""清而不亲"。企业对参与政府组织的咨商和培训缺乏热情,政府对企业投诉的响应度也不高。多位企业家在访谈中表示,新型的业态缺少对应的法律法规,即便有政策也不适应实际情况。

被访企业家建议,创造新型业态的监管和服务模式,允许"政策留白"。在遇到政策缺失或灰色地带,企业家希望地方政府能给予一定的"空间"或提供容错机制,但各个部门往往抱着"多一事不如少一事"的态度,给企业运营造成很大不便。

(七)政策建议:打造一流营商环境"软实力"

1. 抓大不放小,选择性扶持与普遍性制度供给相结合

不断优化营商环境,化解政府扶持之手的"特惠性"与"普惠性"之间的矛盾,让各种类型和规模的市场主体平等享有政府的服务,分享营商环境优化的红利,一个可行的路径是将选择性扶持与普遍性的制度供给相结合,落脚点是提升各类市场主体的制度获得感。

一方面,基层政府利用掌握的要素资源和政策资源,重点服务好头部企业、龙头企业、纳税大户,对优秀企业家重点考察和政治吸纳,产生"火车头效应""示范效应",从而带动总体经济的快速发展。另一方面,以制度的普惠性来克服"选择性扶持"的局限,让各类市场主体都能享有政府的服务。由于制度作为一种非物质形态的公共品契合了营商环境建设对普惠性、公平性的内在要求。因此,将制度建设作为营商环境优化的核心,在法治环境、政务环境、税务环境上下功夫,使不同类型的市场主体均享有政府的服务。

2. 制度协调、组织联动、信息整合,打造营商环境优化"一盘棋"

营商环境优化需要通盘考虑、整体推进。

以疫情期间政府纾困解难政策为例,成效的多寡依赖财政、社保、金融等多个部门之间协调程度以及体制、机制、政策之间的配合程度。只有全盘统筹、整体推进,打出一套组合拳,才能真正为经营困难的民营企业编织出更加完善的支持网络。从长远来看,营商环境的优化涉及众多的单位和部门,需要打造相关的平台来统筹协调。同时,要让企业家更多地参与,充分发挥行业协会、企业家协会等社会组织的作用,设立制度化渠道吸纳各种意见。要进一步重视政策宣传、政策解读、政策推广工作,建立健全统一的、汇集各部门营商环境政策的宣传发布平台,充分利用新媒体、互联网等渠道加强政策宣传,提高企业对政策的知晓度。用企业家听得懂的、简明扼要的语言,宣传好政策的核心观点,给政策"划重点",让企业家用最短的时间获取最有效的政策信息,打通政策服务的"最后一公里"。

3. 合理激励、有效约束,打通营商环境优化的"毛细血管"

制度的完美设计需要实践层面的扎实执行,需要广大基层工作者的深入贯彻。在营商环境优化的推进过程中,我们将基层工作人员对中央精神和制度设计的偏离比喻为"毛细血管的堵塞"。问题的症结在于上级与下级、组织与个人的目标与利益的不一致,实质是委托—代理难题。解决的路径是通过有效的激励和约束使基层工作者个人的利益与组织优化营商环境的目标相一致,使其在营商环境优化中的表现与个人的政治利益(晋升)、经济利益(薪酬)、声望名誉(评比)挂钩。全国各地已有的做法包括:将营商环境优化作为部门巡视的重要内容;成立营商环境优化的管理和协调机构;将营商环境优化的成效作为个人业绩考核以及干部晋升的考核指标;设立营商环境建设投诉与举报热线等。

4. 无事不扰、有求必应,政策留白与风险防控相结合

完善基层安商、稳商的激励机制,强化干部依法行政意识、主动服务意识,把"店小二"服务品牌落到实际行动之中。加强街道基层工作人员的激励机制建设,不断提高做好安商稳商工作的积极性。真正建立完善"无事不扰,有求必应"的服务机制。尊重企业成长发展规律和经营运行机制,尽量减少行政行为对企业运营的干扰。

创造新型业态的监管和服务模式,允许"政策留白"。市场模式的创新远远快于政府监管体系的改革,要给新生事物进行"政策留白",为新型业态设置风险控制的红线,在红线内部可以让市场主体去尝试、去试点,"放开才能搞活"。

五、企业技术升级与地区间比较

(一)企业转型升级的迫切性与重要性

人类发展正值百年未有之大变局,上海乃至全国的企业转型升级都面临国内与国际多方面的机遇与挑战,可以从两个方面来理

解当前企业转型升级的必要性与迫切性。

1. 中美博弈与全球产业链竞争

随着新一代信息技术的迅速发展,信息技术与制造业融合发展成为新一轮技术革命的重要特征。为了把握新一轮全球经济竞争的主导权,各国纷纷出台促进信息技术与制造业融合发展的产业政策,如"中国制造2025"、德国"工业4.0"计划、美国国家创新战略和"再工业化战略"等。中国企业要想在全球产业链竞争中占据优势地位,更需要加快企业的转型升级步伐,用现代信息技术武装传统制造业。

2. 国内产业分布区域再平衡

在建立"以内循环为主体,国内国际双循环"的新发展格局下,东部沿海地区企业的转型升级是实现内循环带动作用的关键。在此背景下,各区域需要发挥比较优势,实现产业布局在区域间的再平衡。比如,医药产业正在向东三省聚集;中部地区成为中高端产业迁移的重点区域[①],西部产业也在焕发新生机[②]。长三角拥有完备的产业链,目前重点发展轻工、技术型、新兴型产业。珠三角产业链优势集中在电子、通信、半导体等电子信息化产业。如果把产业分布和美国对比,长三角像是以纽约为中心的美国东北部大西洋沿岸城市群,珠三角粤港澳大湾区类似于美国西海岸旧金山大湾区。

(二) 数字化技术对企业转型升级的影响

1. 数字化技术与经济发展新方向

以人工智能、大数据、云计算(artificial intelligence, big data, cloud computing,简称为"ABC技术")等底层技术驱动引发的第四次工业革命浪潮,对生产、生活和生态正在产生全面而深刻的影响。据2019年《中国数字经济发展与就业白皮书》统计显示,我国数字经济总量由2015年的18.6万亿元,增加到2018年的31.3万亿元,占GDP的比重从27.1%提高到34.8%,年均增长率为18.9%,数字经济已成为推动我国经济增长的新引擎。当前,数字经济正日益融入国民经济各领域,为我国经济发展提供新动能,在促进产业转型升级方面的作用也日益凸显。为了把握新一轮科技革命带来的历史性机遇,传统产业面临着数字化转型的迫切要求。

在中共十九大提出建设"数字中国"和"智慧社会"的宏伟蓝图下,中国要推动数字技术与实体经济的深度融合,加快推进数字产业化和产业数字化。2020年11月25日,中共上海市第十一届委员会第十次全体会议

---

① 中部地区表现出产业结构同进同退的协同效应,钢铁、煤炭、化工、建材等传统资源型行业的占比整体下降,而汽车制造、电气部件与设备制造和电子元件整体上升。例如,湖北、湖南的装备制造业有着良好的发展基础,利于产业集聚;安徽部分地区作为家电生产的重点区域正按照智能化、健康化的理念突破核心技术,完善产业链结构,形成家电领域的集群效应;武汉、合肥和郑州等地都有大量汽车整车和零部件生产企业,逐步形成以汽车制造等产业的集聚趋势。

② 陕西利用其雄厚的制造业和国防科工资源,大力发展航空航天、金属和非金属、半导体产业,而传统的煤炭和工业机械产业明显下降。成都、重庆利用当地电子信息产业及电子元器件制造的优良环境,大力发展电子商务、大数据、云计算和物联网等产业。云贵川经济带地势多山,也有高原平原盆地,分布了中国重要的农业资源、能源原材料资源,近年来也利用自身资源优势发展中药、白酒等产业,加快第三产业布局。

审议通过了《中共上海市委关于制定上海市国民经济和社会发展第十四个五年规划和二〇三五年远景目标的建议》(以下简称《建议》)。《建议》指出,要加快数字化发展,加强数字社会、数字政府建设,提升公共服务、社会治理等数字化智能化水平。这是上海首次提出整体推进城市数字化转型,转型涵盖城市生产、生活、生态方方面面,包括经济数字化、生活数字化、治理数字化等领域,创造最具未来感的数字城市新体验。

2. 数字化如何促进企业转型升级

基于数字技术进行资源配置优化为导向的经济活动的高度协调和互动所塑造的新生产组织方式不断演化,对传统的商业模式形成冲击。数字化主要是通过以下三个主要机制促进企业发展:一是强化信息整合,降低创新的不确定性。建立厂商之间、消费者之间以及厂商与消费者之间针对要素或者商品的使用权的交易行为,打破时间与空间的物理约束。基于消费者数据对数字技术进行持续迭代升级的微创新模式在一定程度上降低了创新本身所面临的不确定性,逐渐成为技术创新的主流范式。二是降低信息、试错与创新成本。厂商在线即可完成技术性能的测试与完善,这个过程并不需要投入大量的人力、资本。虚拟化运作降低了信息成本和试错成本,实现了技术创新的范围经济。存在缺陷的技术方案能够及时被纠正,而缺乏可行性的技术方案也可以在短时间内进行重新设计。三是提升消费者价值,让消费者深度参与。区别于传统商业模式下消费者作为商品的被动接受者,ABC等数字技术的应用实现了消费者对生产过程的深度参与。消费者能够与产业中的各个部门建立直接联系,针对具体的价值诉求与厂商进行沟通,进而获得个性化的价值供给。

以下采用2020年第十四次全国民营企业调查数据,将在企业的数字化水平、高新技术、战略新兴产业的比重及企业在数字化过程中遇到的困难几个方面,对上海民营企业与北京、天津、江苏、浙江和广东等地的民企发展状况进行比较分析。图6-1结果显示,现阶段,在这6个地区中,数字化对企业功能的支持上基本相似,各地差异并不大。首先是帮助企业在办公、财务和人力等方面促进内部管理,其次是提升客户管理与个性化体验,满足客户多方面的需求。

(三)上海的优势与短板:数字化与转型升级的区域比较

基于历史、区位和制度等因素,上海企业所有制结构与其他地区存在明显差异。上海传统的优势企业主要体现在国有企业和外资企业,而在民营企业发展上,仍存在一定短板。

1. 上海高新技术产业、战略性新兴产业企业数量略低于江浙地区

高新技术产业和战略性新兴产业代表着未来经济发展的方向,一个地区高新技术产业和战略性新兴产业相关企业的数量能够体现出本地区在未来经济发展中的地位。上海

经济发展

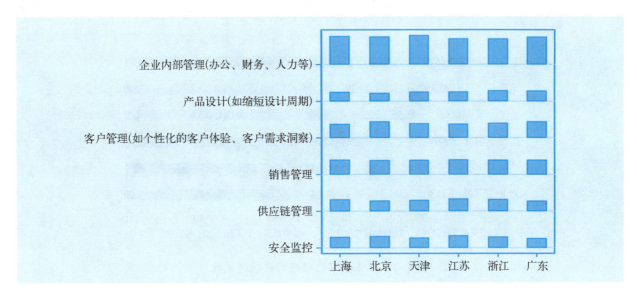

图6-1 数字化为企业商业活动提供支持的区域比较

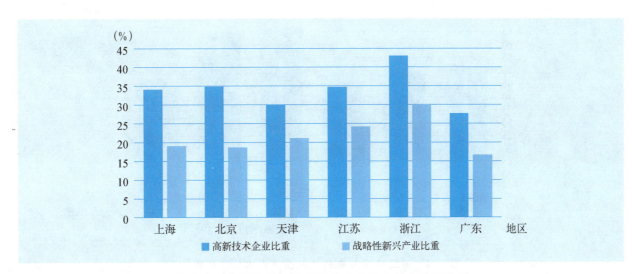

图6-2 高新技术与战略性新兴产业企业的区域比较

的高新技术民营企业数量与北京、江苏持平，略低于浙江，在战略性新兴产业企业数量上则不及江苏和浙江。但总体来说，现阶段差距并不大。因此，在高新技术和战略性新兴产业发展上，上海民企可能正处于一个关键的战略转折点，通过"外引内育"，使上海民营企业在航空航天、人工智能、生物医药、集成电路等高科技领域有更大的作为（见图6-2）。

2. 上海企业的数字化程度较高

上海民营企业的数字化程度较高，处于中高数字化程度的企业占比为51.7%，高于北京、江苏、天津和广东，但低于浙江的54.2%（见图6-3）。2003年，浙江在全国率先启动数字化建设，将数字经济作为一号工程来抓，杭州的数字经济创新能力全国领先，拥有阿里巴巴、海康威视等一批世界级企业。

图 6-3　企业数字化程度的区域间比较

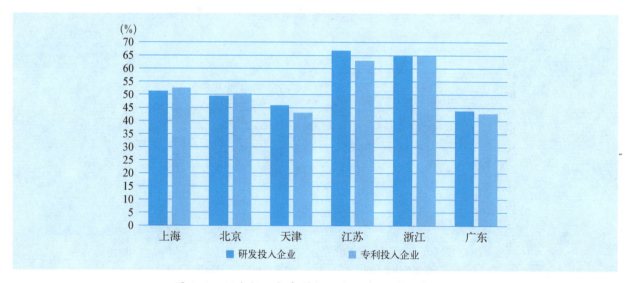

图 6-4　研发投入与专利投入企业占比的区域比较

浙江经验与成效,值得上海借鉴。

上海"十四五"规划建议中明确指出,"要发展数字经济,推进数字产业化和产业数字化,推动数字经济和实体经济深度融合,打造具有国际竞争力的数字产业集群"。可以说,上海民营企业在数字化方面具备了一定的基础,未来要努力培育具有引领作用的数字经济创新企业,以更加优厚的条件吸引高层次基础研发人才和创新应用人才。

3. 在研发和知识产权投入中,江浙一带企业占据明显优势

在现代高新技术产业中,技术研发和知识产权是在企业竞争中至关重要的因素,关系着企业在竞争中是否处于优势地位。图6-4显示,在现有民营企业中,在技术研发和知识产权方面,江浙一带有投入的企业比其他地区明显更多,这与江浙一带制造业比重高有一定关系,而上海与北京比重基本相当。

因此，上海民营企业若想在未来新兴产业竞争中占据优势，仍需在技术研发和知识产权方面加大投入。

4. "专业人才不足"是企业数字化建设中的主要困难

高新技术产业的竞争，说到底是人才的竞争。第四次工业革命产生了人工智能、大数据、云计算等技术，对这方面的人才的需求也急剧上升。图6-5显示，在各地企业数字化与智能化过程中，企业遇到的最突出的困难都是专业人才不足，其次是使用和维护成本较高，以及基础硬件较弱。虽然上海拥有众多重点高校和研究机构，但人才短缺的形势并不乐观。未来，上海在推动本地民企数字化发展中，要注重吸引高端人才入沪、留沪，在"抢人才"竞赛中发挥本地优势，在落户、住房、子女教育、医疗等方面提供更为优厚的条件和畅通的渠道，提升上海对高端人才的吸引力。

（四）政策建议

1. 坚持包容审慎原则，营造有利的制度环境

作为新兴的经济形态，数字经济表现出线上线下服务整合、数据跨区域共享、远程协作办公等诸多新特点，需要政府在监管方式上做出相应调整。特别是在产业发展初期，相关政府部门要秉持包容审慎的原则，给企业成长留足空间；鼓励、引导企业在技术研发、专利等方面加大资金投入，帮助传统产业突破发展瓶颈；打破各类抑制创新的桎梏，构建企业、社会、政府的多方协同、共同治理的监管格局，营造有利的制度政策供给环境。

2. 发挥人才高地优势，大力引育各类专业人才

在新一轮技术革命中，高新技术产业的竞争，说到底是人才的竞争。上海本地高校众多，优质教育资源丰富，在本轮科技革命中占据人才优势。上海要充分利用好这一

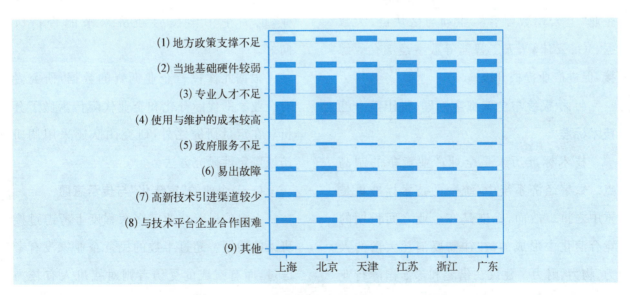

图6-5 企业在数字化智能化建设中遇到的困难

优势,在推动民营企业数字化转型发展中,一方面注重吸引外来专业人才,在"抢人才"竞赛中勇当排头兵,在落户、住房、子女教育等方面提供更为畅通的渠道,彰显特色优势,构筑海纳百川的人才"蓄水池";另一方面重视培养本地专业人才,在政策层面激励引导其在上海工作创业,并对上海民营企业和优质毕业生双向选择提供更为优惠的政策供给。

3. 打造工业互联网升级版,加快企业数字化实践

完善工业互联网平台体系,加大行业级、区域级、企业级平台培育力度,加快培育工业APP。加快传统产业数字化转型,大力培育工业互联网服务市场,形成产业数字化转型规模化服务能力,加强技术攻关,形成一批可复制可推广的传统产业数字化解决方案和标杆示范案例。提升企业数字化应用发展水平,引导民营企业主动加强数字化赋能,推动企业"上云用数赋智",主动与区块链、大数据、5G、云计算、人工智能等数字经济有效嫁接,促进产业提档升级。

4. 积极参与全球数字治理,推出统一的技术标准

技术标准历来是全球产业竞争的制高点。数字经济系统中,统一的技术标准更是重中之重。然而,标准是在企业之间长期的竞合演化中形成的,往往需要消耗大量的人力、物力、财力。建议在借鉴和参照国际行业通行标准的基础上,政府相关部门、监管机构、标准化研究机构、行业协会共同推出一系列强制性标准,并根据后续情况不断加以完善,下好数字化转型的"先手棋",打好创新升级的"主动仗"。同时,建议上海积极主导和主动参与全球数字治理体系的构建,以此推动国际数字技术领域呈现更多的"中国标准"。

六、年轻一代企业家群体与上海民营企业代际传承

民营企业的代际传承一直是企业成长和发展的关键议题。已有研究发现,中国民营企业的传承仍然以子承父业为主流继任模式,这一模式根植于中国制度与文化情境,也会带来一系列需要面对和处理的问题。上海的民营企业在地方经济发展中正扮演着越来越重要的角色,与此同时也面临着交接班和代际传承的压力,这不仅关乎企业的常青基业,也关乎中国民营经济未来能否持续向好。

根据此次民营企业调查的数据,研究者对企业家的代际分化和企业代际传承做了分析。在定量研究之外,研究团队还采用调研访谈等定性研究方法。

(一)企业的"家族化"与传承意愿

上海的民营企业家多大程度上考虑过接班人的问题?超过半数的民营企业家没有考虑过,而有三成的受访者则对接班人有较为成熟的考虑(见表6-40)。

表 6-40　是否考虑过接班人的问题

对接班人的考虑	企业数	所占比例
没有考虑过接班人问题	240	52.40%
偶尔考虑过接班人问题	60	13.10%
对接班人问题有深入的思考和打算	99	21.62%
已经形成关于接班人问题的周密安排	49	10.70%
有比较正式的书面形式的接班人计划	10	2.18%
合计	458	

在企业接班人的培养方式上，企业偏好的方式是什么？统计结果显示，企业家对接班人培养方式的偏好在"学院派"和"经验派"之间取得了某种平衡，并没有显示出对某一方面的偏好。近六成的受访者表示，希望接班人接受正规的学校教育；有近半数的受访者认为，在本企业不同岗位上的工作经验也十分重要。另外有三成的受访者认为要参加管理方面的培训或研讨，有四分之一的受访者认为在别的企业工作和累积经验也有帮助(见表6-41)。

表 6-41　企业接班人的培养方式选择

培养方式	全体样本	老一代企业家	年轻一代企业家
接受正规的学校教育	57.6%	59.4%	54.7%
在本企业不同岗位上工作	45.6%	46.9%	43.5%
在别的企业工作，积累经验	24.5%	24.8%	23.6%
参加管理方面的培训或研讨	34.9%	36.7%	31.1%

企业的传承问题与"家族化"特征密切相关，上海的民营企业中有更低比例认为自己是家族企业，也就是家族企业的认知度比较低。在458家上海民营企业中，有84家企业的受访者认为自己所属企业是家族企业，占18.34%；有334家认为自己不是家族企业，占比达72.93%。此次调查中，全国民营企业中，认为自己是家族企业的比例高达28.02%(见表6-42)。

是否认为自己的企业是家族企业，与接班人问题的规划之间是否有相关关系？调查表明，确实存在相关关系。在那些认为是家族企业的群体中，仅有三成表示没有考虑过接班人问题；而认为自己不是家族企业的这一比例高达近六成。认为自己是家族企业的企业主中，有半数都对接班人问题做了比较成熟的思考，甚至细致的安排，而认为自己不是家族企业的群体，这一比例仅为30%。

表6-42 对家族企业的认知

家族企业	上海		全国	
	企业数	比例	企业数	比例
是	84	18.34%	3 796	28.02%
否	334	72.93%	8 272	61.05%
不知道	40	8.73%	1 481	10.93%
合计	458		13 549	

如果要客观定义一个企业是不是家族企业，一般要从所有权和经营权两方面出发。所有权是看企业的资本或股份是否主要控制在一个或几个家族手中；而经营权则是看家族成员是否出任了企业的主要领导职务。调查数据显示，有89.08%的企业表示，董事长由企业主本人或家庭成员担任；有18.56%的企业表示，在董事会中有家族成员担任董事。这两个指标可以衡量实际经营权/决策权的"家族化"程度，董事长由本人或家庭成员担任的，或是董事会成员中有家族成员的，我们就把它看作是家族企业。

如果我们分析企业客观的"家族化"程度与接班安排之间的关联，可以发现经营权的"家族化"与否与企业接班安排之间存在关联。董事会没有家族成员的企业中，有43.53%的受访者表示"没有考虑过接班人问题"；而那些有家族成员在董事会的企业，这一比例则达到54.80%。而董事长是否由企业主本人担任，对接班人安排的影响并不大（见表6-43）。

表6-43 董事会构成与接班人安排

企业接班人计划	董事会没有家族成员		董事会有家族成员	
	企业数	比例	企业数	比例
没有考虑过接班人问题	97	54.80%	37	43.53%
偶尔考虑过接班人问题	25	14.12%	8	9.41%
对接班人问题有深入的思考和打算	35	19.77%	25	29.41%
已经形成关于接班人问题的周密安排	18	10.17%	11	12.94%
有比较正式的书面形式的接班人计划	2	1.13%	4	4.71%
合计	177		85	

（二）从"继承者"到"继创者"：青年企业家的角色转换

1. 行业选择的代际差异

上海的工业体系一直都比较发达，因此民营企业中有很大一部分是早年依托于全民所有制企业，承担外协、外委、外包加工的制造业企业；同时又有不少是在上海快速的城市化发展中兴起的服务业企业。那么，不同时代的民营企业家,在产业行业的选择上是否存在偏好和差异?

调查发现,两代企业家在行业的选择上有共性也有差异。共性在于,两代企业家都有超过三分之一从事了制造业生产,这种特征有着非常鲜明的上海特色。对老一代企业家来说,这种特征反映了上海工业发展的历史遗产。长久以来,上海的制造业体系都十分齐备完整,技术能级和技能储备都比较高。因此,从20世纪六七十年代开始,就有一大批市郊的乡镇小集体企业、村社工厂、里弄生产组,甚至是个体劳动者等,为国营大厂或大集体企业做加工来过活。这些类型的企业,有不少在改革过程中变成了民营企业。而对年轻一代企业家来说,这种特征则是上海工业再创辉煌的基石,即便是现在,上海在装备制造业、信息产业、生物医药行业等领域的地位仍然举足轻重,新建的民营企业也发挥了一定作用。

调查还发现,年轻一代企业家的企业主营业务涉及的行业相对分散,除常规行业之外,对科教文卫、农林牧渔等都有所涉及。而老一代成立的企业,一般更加趋向于集中在制造业、建筑业、租赁和商业服务等一些常规行业(见表6-44)。

表6-44 两代企业家的前九大主营业务比较

排 序	老一代企业主营业务	比 例	年轻一代企业主营业务	比 例
1	制造业	35.4%	制造业	38.4%
2	建筑业	17.5%	信息服务	14.6%
3	租赁、商业服务	12.9%	租赁、商业服务	14.6%
4	批发和零售	12.2%	批发和零售	9.9%
5	信息服务	8.0%	建筑业	9.9%
6	房地产	6.1%	农林牧渔	8.0%
7	住宿、餐饮	4.9%	科教文卫	7.3%
8	居民服务、修理业	3.4%	住宿、餐饮	4.0%
9	交通运输、仓储邮政	3.4%	房地产	4.0%

年轻一代企业家掌舵的企业,同时兼营多项业务的情况要多于老一代企业家。大约有72%的老一代企业家表示,自己的企业没有第二或第三主营业务;而年轻一代企业家的这一比例仅为63%。

过去,我们常常将年轻一代企业家看作是白手起家的"创业者"或者是子承父业的"继承者"。然而,在现实中,两者的身份界限正日益模糊。越来越多的年轻一代企业家并不是简单地追随或继承,而是审时度势,进行了大胆的突破与创新。有研究者将这一群体称为"继创者",这是很有说服力的,他们既承袭了老一代企业家的财富与企业家精神,也是创新创业的践行者。

在调研中,我们也发现,代与代之间在转型创新和经营理念上的差别,使一些企业出现了"内部反哺"的现象,即子代会在保留旧有产业大体不变的情况下不断拓新,既体现对父辈的尊重,又满足了自己的兴趣与诉求,之后再用新创产业的人力、技术与资金储备来"反哺"传统产业。

某商业管理公司的副总经理(年轻一代)在接受访谈时表示,"以前一直是父亲管理企业,我去读书。毕业回来后,他做他的老本行,我做衍生出来的新产业,比如文化地产。等到他退休了,他做的未必是朝阳行业,但他希望我一直做下去,那我可能就找别人做,做的方式一定不一样了"。

某金融服务有限公司的总经理(年轻一代)表示,他的策略是先把新的一块做起来,但是始终要面对的问题是,旧的一块产业怎么办,"等企业做到一定规模,这是绕不过去的"。他指的"旧的一块产业"就是父亲一直从事的禽类养殖,他接班后对企业风险做了评估,认为农业企业太容易遭遇不可控风险,于是尝试了多元化发展,在有一定基础后回过头成立农业科技公司,从事农业技术研究、健康食品交易平台等。

"回到原点、内部反哺"的思路在同时面临交接班和转型升级的家族企业中并不少见,这种做法有两个优势。从微观上看,它解决了传统行业升级过程中的"试错成本"无人埋单的麻烦。有些传统行业并不是无法升级,而是升级需要技术革新、设备更新、人员培养、市场拓展,这些都需要资金和人力投入,且有可能一无所获,企业内部反哺可以有效解决转型升级的成本分担。从宏观上看,它可以不完全偏废传统行业,能够兼顾各个层级的产业发展,或是在同一产业内部细分不同"缝隙市场",以满足不同目标群体的需求。

2. 年轻一代企业家的企业经营理念

组建企业"三会",所有权与经营权分离是建立现代企业制度的标志,但民营企业,尤其是家族企业,往往难以接受或寻觅到值得信赖的经营者,因此企业决策与日常管理大多还是由企业所有者负责,也不太愿意让别人来介入或监督企业的日常运营和重要决策。课题组前两年在广东开展的粤商调查就显示,老一代企业家建立现代企业制度的比例要远远低于年轻一代企业家。但此次调查并没有呈现这种代际分化。两代企业家在组建企业"三会"(即股东会、董事会和监事会)等方面并没有显著差异。

代际差异主要体现在党团、工会组织的成立比例上:老一代企业家掌舵的企业,半数都成立了党支部,还有五分之一成立了团支部;而年轻一代企业家掌舵的企业,这两个比例分别为 34.78% 和 11.18%。是否成立工会,老一代企业家成立的比例也要比年轻一代企业家高十多个百分点。

以往一些调查显示,老一代企业家在法务方面的制度往往不够完善,但此次调查则显示,两代企业家在成立法律(法务)部门上并没有显著差异。同样,也有研究者认为,年轻一代企业家因为不善于同政府部门打交道,与政府比较疏离,所以没有很强的动力成立专职与政府联系的部门,但此次调查显示,年轻一代企业家的这一意识并不输于老一代企业家(见表6-45)。

表6-45 企业组织架构的代际比较

企业是否成立以下机构	老一代企业家	年轻一代企业家
股东会	53.9%	52.8%
董事会	47.9%	39.1%
监事会	29.7%	29.2%
党支部	50.7%	34.8%
工会	65.4%	53.4%
职工代表大会	40.6%	36.0%
团支部	20.3%	11.2%
法律(法务)部门	20.3%	19.9%
专职处理与政府关系的部门	18.2%	18.6%
人力资源部门或专人	60.1%	56.5%

课题组的走访调研发现,在企业做重大决策方面,老一代企业家会更看重创业元老和家族成员的作用,而年轻一代企业家更看重的不是亲缘或年资,而是对公司实实在在的贡献。例如,某位年轻的总经理就表示,老一辈对待创业元老的态度和他们年轻一代有很大差异,父辈会更多看到历史,认为打江山的人不能请走,但这些"老臣"往往不能适应公司的新发展。年轻一代会放眼未来,更没有包袱,在与父辈充分沟通之后,会做出更果断的决定。另一位区级商会的副会长(年轻一代)也表示,他手头的生意很多,有一些股份很分散,为了降低风险;也有一些他只占很小股份,并不过问,只要保证不亏损;还有一些他控股,但交由职业经理人团队打点。他表示,父亲对此很不能理解,觉得产业必须要掌控在自己手里,心里才踏实。但他不那么认为,"这是我同父辈在根本理念上的差异。我相信,做企业,并不是必须把董事长和总经理都握在手里,即便我只是股东,企业也是属于我的,股东也可以任命总裁。有所为有所不为,我才可能去做真正感兴趣的、力所能及的事业"。

(三)营商环境评价与代际差异

此次调查询问受访的民营企业家,

2020年的整体营商环境有否改善,按照明显改善(5分)到完全没有改善(1分)进行选择,上海的均值为3.94分,与全国的平均值基本持平。在2018年的调查中,上海的均值为3.74分,全国平均值为3.62分,上海相比全国有明显优势;而此番调查显示,全国整体都在提升,其他地区的提升幅度更大。

表6-46　营商环境改善评价:上海与全国比较

改善评价	上海		全国	
	2020年	2018年	2020年	2018年
营商环境整体改善评价	3.94	3.74	3.95	3.62
简政放权评价	4.18	4.12	4.16	4.29
行政监管评价	3.98	3.99	3.99	4
资源供给评价	3.64	3.42	3.56	3.18

进一步细化指标,可以看到上海受访企业家在营商环境的简政放权、行政监管和资源供给三个方面中给予了简政放权4.18分的最高改善得分,这一特征和2018年调查的情况一致;与全国的情况也类似。从改善幅度的角度来看,行政监管的改善得分为3.98,与2018年相差无几;资源供给情况的改善幅度最大,上海的评价得分从3.42分增至3.64分,全国则从3.18分增至3.56分(见表6-46)。

表6-47　营商环境改善评价:比较上海的两代企业家

改善评价	老一代企业家	年轻一代企业家
营商环境整体改善评价	3.9	4
简政放权评价	4.2	4.15
行政监管评价	3.93	4.06
资源供给评价	3.61	3.68

比较上海的两代企业家在营商环境改善上的评价,总体评价上两代人相差无几,但在具体维度上,年轻一代企业家对行政监管和资源供给的改善评价要高于老一代企业家,包括贷款和融资的可及性,以及对行政部门服务企业、减少运动式执法等方面(见表6-47)。

如果企业在发展中遇到了困难和问题,首先会想到去找谁?无论是老一代企业家还是年轻一代企业家,都有四成以上表示会想到找政府。代际差异主要体现在,有更多的老一代企业家表示找工商联,而有更多的年轻企业家表示会找朋友。这个差异很有意思,研究者通常认为,老一代企业家会更多依赖初级社会关系解决企业的实际问题,而年轻人则会依赖次级社会关系。但调查显示,这种理解可能是片面的。有些体制内渠道可能更集中于成熟和资深的企业家群体,年轻企业家或初创型企业家可能更难触及,这也使后者会更依赖于自己的亲友关系网络,而不是体制内渠道。有新生代企业家就表示,"我以前不了解工商联,也不知道工商联能帮我干什么,觉得里面都是一些年纪较大的企业家,和我们年轻人的价值观不一定吻合,可能我父亲这一辈的和他们沟通更容易一些。最近一两年好一些,因为年轻的干部一批批地上来。一些年纪大的干部也能不断地与时俱进"(见表6-48)。

表6-48 企业遇到困难首先找谁:比较上海的两代企业家

	老一代企业家	年轻一代企业家
政府	46.2%	46.0%
司法机构	8.4%	7.5%
朋友	17.5%	22.4%
工商联	28.0%	24.2%

调查询问,一些地方政府通过派驻政府事务专员、邀请民营企业家参与座谈和议政来加强与民营企业的联系,受访企业家如何看待这些做法。数据显示,总体上,民营企业家还是很欢迎这些做法,并给予了较高的评价。从具体分项来看,老一代企业家的评价更高,而年轻企业家的疑虑相对更重一些(见表6-49)。

表6-49 对加强政企联系举措的评价:比较上海的两代企业家

举 措 评 价	老一代企业家	年轻一代企业家
能够更好地反映私营企业家群体的意见	4.15	4.07
有利于企业家整体的政治地位	3.99	3.92
会形成新的官商不分,有可能只为本企业谋好处	3	3.24
只是大企业的事情,与自己无关	2.97	2.96
政府派人进企业会让人很担忧	2.96	3.10

(四)对做好年轻一代企业家工作的政策建议

1. 以体制内商协会为抓手,做实吸纳机制

体制内的商协会已经成功吸纳了大量优秀上进的年轻企业家,成为他们学习政治规则和民主程序的重要场所。很多年轻企业家原先就是学校的骨干,组织能力、参与意识都很强。近些年来,他们对自身权利的保护和

争取的意识在增强;他们中的佼佼者更是开始渐渐从个人意识,上升到企业意识、社会意识、阶层意识。当前体制内商协会人员选拔主要以工商联推荐、等额选举的形式为主。这种方式虽然可以避免矛盾,但一些年轻人并不认可。一些地方试行了差额选举,虽然有着这样那样的问题,但长远来看有利于提高这些组织的凝聚力和领导层的权威。在当前工商联依然可以有效控制这些组织的情况下,应按部就班地推进和扩大基层商会领导人民主直选的进程。

2. 因地制宜设置工作重点,解决夹心层的组织吸纳困境

比如上海市金山区,制造业规模比较大,继承型的比重比较大。虽然新生代中党员比例不高(20%),但组织纳入度很高,比如青联占到了20%,工商联执委占70%。这些可能是因为父辈在体制内的比例较高,所以子女也就进入体制。但实际上他们当中很多人的思想认同并没有达到父辈的水平,所以关键是要在体制内培养。相反的是,在上海市杨浦区,大学学历比例很高,很多人在大学时就入党了。但因为出国多,有一个"去体制"的过程。回国之后,如何重新纳入体制内需要首先健全基层党组织。

在解决夹心层问题上,应该以平台建设为抓手,对大企业收紧,对小企业扩容,吸纳那些新兴的企业家群体进入体制内。要更多地吸纳这些领域具有代表性的商会的主要人士参政议政,而不是企业家个人。许多年轻

一代企业家希望能够拥有更多、更高级别的渠道参政议政,而在这方面年轻企业家所占的比例还较低。各级人大代表、政协委员、工商联执委里的非公经济人士依然以年长的企业家为主,而年轻企业家更多地通过青联、青年商会、青年创业者联合会这样的青年组织在体制内谋得一席之地。

3. 重视民营企业中存量的党团组织,培育真正的党团骨干

许多民营企业的党组织、团组织是父辈建立的。到了年轻一代,这些党团组织的管理如何"传承",也是摆在企业治理面前的一个难题。我们发现,一些民营企业的父辈是党员,也成立了党支部,但子代竟然不是党员。不仅如此,一些基层统战组织,还劝说这些年轻企业家不要加入中国共产党,而是加入民主党派。这就给这些企业中党团组织的未来发展留下隐患。除应该鼓励子代入党之外,可以借鉴一些地方的做法,培育或下派专职的党团骨干。

4. 警惕政治安排中的"头衔世袭"风险,保证吸纳的公平公正

2021年全国多地将迎来人大、政协换届。在非公经济人士担任人大、政协职务的比例不会上升甚至会下降的背景下,如何平衡各界代表人士考验有关部门的智慧。既要保留和吸收老一辈企业家中的代表人士,同时也要更多地吸收年轻一代企业家加入人大、政协,更要做到一代和二代之间的平衡。由于大多数二代与父辈之间的年龄差距在二十

岁左右,应该利用这段时间差,通过公平公正的程序,有序推进年轻一代企业家参政议政。

5. 引入以老带新的"师徒制",发挥精神传承的"催化剂"作用

年轻一代总体在思想上更加独立,在许多重大决策方面不会受到父辈的制约,父辈的精神也很难传承。上海市金山区启动的师徒带教的模式某种程度上做到了传承父辈精神与化解代际矛盾两手抓。区工商联在金山区内选了8位导师,每个导师带3个徒弟。师徒签订合同,每个月必须有一天互访。很多年轻人原先有些话都不愿意和父亲说,现在愿意和师傅说。师傅扮演了中间调解员的角色,师傅教授的也不仅仅是经商经验,也有人生和政治哲学。正如有人说的那样,"爸妈说的话不一定记得住,但领导和师傅说的话,我就记得住。比如做慈善和关心政治,都是在师傅的提醒下学会的"。在调研中我们发现也有不少青年商会组织采取了"私董会"的活动方式。事实上,"师徒制"的精神实质与当前兴起的"私董会"是一致的。

七、民营经济人士的思想状况

(一)制度信心

绝大部分民营经济人士认可我国的制度。如表6-50所示,同意的有39.3%,非常同意的有35.8%,共计75.1%;22.9%表示不好说,而非常不同意与不同意的仅有1.9%。我国有效地控制住新冠肺炎疫情,并迅速地复产复工,而西方国家疫情蔓延,形势依然严峻,在对比中彰显了我国制度的比较优势,极大提升了广大民营经济人士的制度自信。而对制度的自信,与稳定的投资预期和更长远的企业发展规划密切相关。

表6-50 从应对疫情看,我国的制度比西方制度更好

态 度	频 次	百分比
非常同意	164	35.8%
同意	180	39.3%
不好说	105	22.9%
不同意	7	1.5%
非常不同意	2	0.4%

加入民主党派的民营经济人士认同的比例最高,同意及非常同意的为95.8%;党员民营经济人士次之,同意的比例为83.7%,而未参加任何政党的最低,同意及非常同意所占比例为69%(见表6-51)。未参加任何政党的民营经济人士,其制度信心低于具有政治面貌的民营经济人士并不意外。然而值得注意的是,党员企业家的制度自信不如民主党派企业家,并且本次调查的全国样本也有类似的发现。党员企业家分为创业前入党的"老党员"以及创业后被党政治吸纳的"新党员",两者的政治认同存在差异,需要进行更加深入的分析,有的放矢地加强教育引导,提升政治认同感。

表6-51 从应对疫情看,我国的制度比西方制度更好(分政治面貌统计)

政治面貌	非常同意	同意	不好说	不同意	非常不同意
中共党员	40.8%	42.9%	16.3%	0	0
民主党派	62.5%	33.3%	4.2%	0	0
未参加	31%	38%	27.9%	2.4%	0.7%
总计	35.8%	39.3%	22.9%	1.5%	0.4%

(二)对反腐的态度

绝大部分民营经济人士认为需要更严厉地反腐。如表6-52所示,高达77.1%的民营经济人士认为需要更严厉地反腐,只有1.1%的不同意及非常不同意,两者差距极为明显。更加严厉的反腐在民营企业家群体中具有高度的共识。我们既要看到重拳反腐取得的阶段性成效,又要保持高度警醒,反腐倡廉任重道远,高压反腐要坚持不懈走向深入。

年龄越大的被访者,越支持更严厉地反腐败。如表6-53所示,56岁以上的民营经济人士有83.3%支持更严厉的反腐败,35岁以下的民营经济人士中有67%的支持更严厉的反腐败。这说明年龄较大的民营经济人士对腐败的容忍度更低。

表6-52 需要更严厉地反腐败

态 度	频 次	百分比
非常同意	141	30.8%
同意	212	46.3%
不好说	100	21.8%
不同意	3	0.7%
非常不同意	2	0.4%

表6-53 需要更严厉地反腐败(分年龄统计)

年龄组	非常同意	同意	不好说	不同意	非常不同意
35岁以下	24.7%	42.3%	33%	0	0
36～45岁	30.4%	47.5%	20.9%	1.3%	0
46～55岁	30%	49.2%	19.2%	0	1.7%
56岁以上	38.9%	44.4%	15.3%	1.4%	0

企业规模越大,民营经济人士越支持更加严厉地反腐。经营微型企业的民营经济人士支持更严厉反腐的比例是62.9%,小型企业、中型企业、大型企业的比例分别是77.7%、81.9%和78.6%,明显高于微型企业(见表6-54)。我们推测较大规模的民营企业在获得资源与政策扶持的同时,作为回报要承担额外的社会责任或者满足政治关键人的利益

诉求。虽然获得的经济利益时常多于政治投资，但企业家的内心深处还是渴望有一个清明的营商环境、清白的政商关系，不必游走在政商之间的灰色地带，支持更加严厉地反腐。

表6-54 需要更严厉地反腐败（分企业规模统计）

企业规模	非常同意	同意	不好说	不同意	非常不同意
微型	25.8%	37.1%	33.9%	1.6%	1.6%
小型	32.2%	45.5%	20.9%	0.9%	0.5%
中型	36.4%	45.5%	18.2%	0	0
大型	11.9%	66.7%	21.4%	0	0

（三）党对民营经济的领导

绝大部分民营经济人士支持党对民营经济的领导。如表6-55所示，71%的民营经济人士支持共产党对民营经济工作的领导，不同意及非常不同意的仅占3.2%。这说明绝大部分民营经济人士认可共产党的领导，认为共产党的领导有利于民营经济的发展。

中青年民营经济人士，支持党对民营经济工作领导的比例稍低一点。56岁以上的民营经济人士的支持比例为70.8%，55岁及以下年龄段的支持比例分别为75.8%、69.6%、64.9%（见表6-56）。党对民营经济的领导不仅是民营经济持续健康发展的根本保障，而且关乎民营经济发展能否助力国家战略的实现、广大民营企业家成为党长期执政的重要团结和依靠力量。年轻一代的民营企业家是未来民营经济的中流砥柱，对党加强民营经济领导的重要意义需要有更加充分的认识，才能守护民营经济的未来。

表6-55 共产党应该加强对民营经济工作的领导

态度	频次	百分比
非常同意	71	15.5%
同意	254	55.5%
不好说	118	25.8%
不同意	13	2.8%
非常不同意	2	0.4%

表6-56 共产党应该加强对民营经济工作的领导（分年龄统计）

年龄组	非常同意	同意	不好说	不同意	非常不同意
35岁以下	13.4%	51.5%	34%	1%	0
36～45岁	15.2%	54.4%	25.9%	4.4%	0
46～55岁	13.3%	62.5%	21.7%	0.8%	1.7%
56岁以上	20.8%	50%	23.6%	5.6%	0

从微型企业到中型企业,企业规模越大,民营经济人士越支持党加强对民营经济工作的领导。经营微型企业的民营经济人士支持比例是62.9%,小型企业和中型企业的比例分别是70.6%和76.2%,但是大型企业的民营经济人士支持比例相对较低,为66.7%(见表6-57)。

民营经济人士对"政府派人进企业"的态度总体并不积极,对过度的政治嵌入性表示担忧。非常同意及基本同意"政府派人进企业会让人很担忧"的比例合计为27.3%,不太好说的为41.1%,而不同意及非常不同意的为31.7%(见表6-58)。在民营企业内部建立党组织是政治嵌入的重要方式,政府派人进驻企业意味着更进一步的嵌入。这将激发民营企业家对企业自主性的关注,产生警惕甚至是忌惮的情绪。因此,政商合作的前提是双方都具有相对的自主性,政商之间具备比较清晰的边界,正确处理政商关系应该平衡好政治嵌入性与企业自主性之间的关系。

表6-57 共产党应该加强对民营经济工作的领导(分企业规模统计)

企业规模	非常同意	同 意	不好说	不同意	非常不同意
微型	14.5%	48.4%	32.3%	3.2%	1.6%
小型	17.5%	53.1%	26.1%	2.8%	0.5%
中型	12.6%	63.6%	21.7%	2.1%	0
大型	16.7%	50%	28.6%	4.8%	0

表6-58 政府派人进企业会让人很担忧

态 度	频 次	百分比
非常同意	29	7.4%
基本同意	78	19.9%
不太好说	161	41.1%
不同意	103	26.3%
非常不同意	21	5.4%

(四)政策建议

1. 加强年轻一代企业家培养引导,提升政治认同感

年轻一代企业家是未来民营经济的中流砥柱,从对本次调查数据分析可以发现,该群体的制度信心、对党领导民营经济的支持度等均不如老一代的企业家,反映了政治认同不够强烈、政治情感不够亲密。应该以该群体喜闻乐见的形式进行教育引导,使其充分认识到党的领导是中国市场化改革以及民营经济持续发展的根本保证。以更加丰富的制度化渠道,对年轻一代企业家进行政治吸纳,了解他们的诉求、倾听他们的心声,在政商之间形成一种被引导的合作关系,目标一致、理念相和、利益共融。

2. 政治嵌入性与企业自主性的平衡

政府派人进驻企业应该慎重,充分尊重

企业的意愿。过度的政治嵌入将激发民营企业家对企业自主性的关注,产生警惕甚至是忌惮的情绪。政商合作的前提是双方都具有相对的自主性,政商之间应该具备比较清晰的边界,健康的政商关系应该平衡好政治嵌入性与企业自主性之间的关系。

(供稿单位:上海市工商业联合会,主要完成人:徐惠明、张捍、孙明、朱妍、彭飞、项军)

专题报告七

上海民营经济"十四五"创新发展研究

一、引言

(一) 关于创新

1912年,著名美籍奥地利经济学家J.A.熊彼特(1883—1950)在其著作《经济发展理论》中,首次提出了创新理论(innovation theory)。他将创新视为现代经济增长的核心,并将其定义为"生产函数的变动"。此后他又在《资本主义的非稳定性》《社会主义、资本主义和民主主义》等著作中发展了这一理论。

按照熊彼特的观点和分析,所谓创新,是将一种关于生产要素和生产条件的"新组合"引入生产体系,即建立一种新的生产函数。这种新组合包括以下五个方面的内容:① 采用一种新的产品或一种产品的新特性;② 引入一种新的生产方法和新的工艺过程;③ 开辟一个新的市场;④ 开拓和利用原材料或半制成品的一个新的供应来源;⑤ 实现任何一种新的工业组织。企业家的职能就是实现创新,引进新组合。后来人们将他这一段话归纳为五个创新,依次对应产品创新、技术创新、市场创新、资源配置创新、组织创新,这里的"组织创新"也可以看成是部分的制度创新。

熊彼特在经济学领域对创新理论的研究,将创新和企业生产联系在一起,强调企业家的重要作用,建立了创新经济学理论的最初体系,为后人继续研究提供了理论基础。其追随者把熊彼特的创新经济学理论发展成为当代西方经济学的两个重要理论分支:以技术变革和技术推广为对象的技术创新经济学;以制度变革和制度形成为对象的制度创新经济学。

1992年,英国加的夫(Cardiff)大学库克教授提出区域创新体系(RIS)并进行比较深入的研究,发表了《区域创新体系:新欧洲的竞争规则》,并受到重视。区域创新体系研究得到重视的一个重要原因是美国硅谷崛起,硅谷的神奇让人们认识到区域在创新体系中扮演的重要角色。

区域创新体系由主体要素(包括区域内的企业、大学、科研机构、中介服务机构和地方政府)、功能要素(包括区域内的制度创新、技术创新、管理创新和服务创新)、环境要素(包括体制、机制、政府或法制调控、基础设施建设和保障条件等)三个部分构成,具有输出技术知识、物质产品和效益三种功能。其中，企业是系统的动力源，是其他主体行动的动力源泉；大学和科研机构是系统的知识库，为其他主体的行为选择提供理论指导和依据；中介组织是系统中建立其他主体间相互联系的桥梁或传声筒；政府则是系统的调控器，引导其他主体的行为方向(见图7-1)。各个主体通过相互依存相互支撑，发挥各自的作用才能完成系统整体目标。

创新是一个复杂的过程，其中交织着多种动力，创新行为的产生是外部动力和内部动力共同作用的结果。其中内部动力包括企业利润、创新瓶颈等因素；外部动力包括市场竞争、国家创新引导等因素。创新的整个过程都是在这些因素的合力作用下进行的，而且各种因素动力在不同的创新过程中表现出的动力大小也有所不同。在创新过程中，企业是技术推力、市场拉力以及其他创新环境影响力的"集中受力点"。

(二) 关于上海民营经济创新

"十三五"以来，上海民营经济发展取得了巨大成就。当前，上海市经济已由高速增长阶段转向高质量发展阶段。民营经济是推动社会主义市场经济发展的重要力量，是推进供给侧结构性改革、建设现代化经济体系的重要主体。激发民营企业活力，发挥民营企业在创新发展中的重要作用，是加快推进高质量发展的关键一环。

但上海民营经济在自身发展过程中也遇到了一系列问题。上海市民营经济和国资、外资相比，目前还处于比较薄弱的状态。整体而言，民营企业自身创新能力和核心竞争

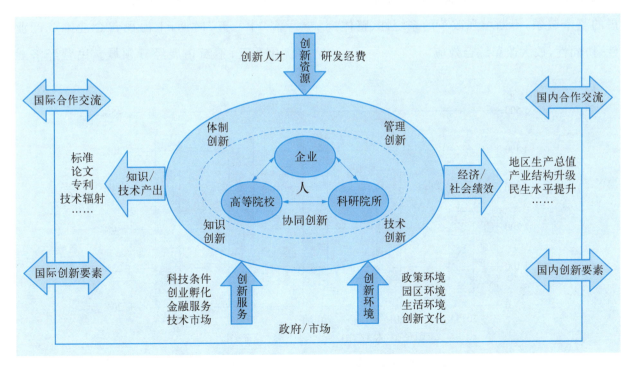

图7-1　区域创新体系示意图

力不足,尤其是缺乏具有强大创新能力和国际化的千亿级本土硬科技企业。

面对民营企业发展中的一系列问题,从政府供给和市场环境角度看也存在障碍,表现在:政府和市场的关系没有完全理顺,市场激励不足、要素流动不畅、微观经济活力不强等问题。其中一个根源性问题,就是要营造公平、透明、稳定的竞争环境,实际是一个改革的问题。

为此,要坚持两个"毫不动摇",探索开展综合性改革试点,建立起竞争中性的规则和体系,进一步营造公平竞争的发展环境。要把民营经济发展作为未来上海发展的重要战略任务加以推进,形成民营经济重点发展的政策导向。要充分利用上海科技、人才、文化、金融等综合优势,推动形成以创新为主要引领和支撑的民营经济发展模式。要抓住发展的整个链条,不断增强改革的系统性、整体性、协同性,放大改革综合效应。

二、"十三五"上海民营经济发展的成效和特点

(一)"十三五"上海民营经济发展的成效

1. 规模总量持续扩张

"十三五"时期,上海民营企业保持平稳持续增长。民营经济增加值由2015年的6 655.0亿元增加到2019年的11 170.0亿元。2019年民营经济增加值在全市生产总值中的比重为29.3%,为全市经济发展作出了重要贡献。上海民营企业完成税收收入,由2015年的2 664.80亿元(占全市税收收入的比重为27.0%),增加到2019年的4 868.78亿元(占全市税收收入的比重为37.1%)(见图7-2)。

2. 产业结构持续优化

"十三五"时期,上海民营企业围绕产业优化升级,不断拓展经营领域。民营经济三

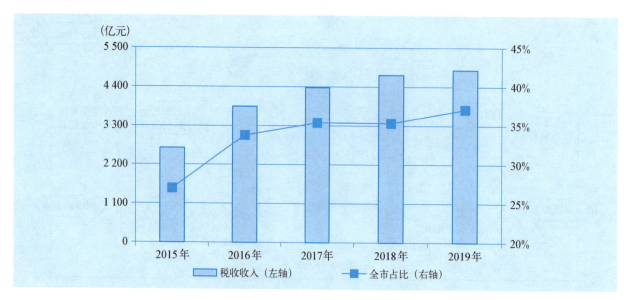

图7-2 上海民营企业税收收入及全市占比情况

图 7-3 上海民营经济的结构变动情况

次产业结构由2016年的1.38%(100.9亿元)、27.24%(1 992.3亿元)、71.38%(5 221.1亿元),变为2019年的0.99%(99.74亿元)、24.85%(2 500.95亿元)、74.16%(7 462.04亿元),在全市产业结构优化调整中发挥了重要作用(见图7-3)。民营企业在高新技术产业、高端服务业领域积极开拓进取,发展势头较好。

3. 企业持续做大做强

"十三五"时期,上海民营企业数量持续增长,规模不断扩大。2020上海民营企业百强榜显示:上海民营百强企业入围门槛已提高到23.1亿元。上海万科、复星国际以及上海钢联分别以营业收入2 233.2亿元、1 429.8亿元和1 225.7亿元位列百强榜前三。上海民营科技企业在高新技术产业发展中的作用日益突出,成为提升科技创新能力的重要力量。目前全市共有高新技术企业1.28万家,其中民营企业数量占比达到80%。

4. 开放水平持续提高

"十三五"时期,上海民营企业在扩大进出口规模、利用外资、"走出去"发展等方面取得新成就,民营企业成为上海外贸进出口快速增长的重要推动力量。2019年,上海民营企业实现进出口总额7 491.08亿美元(见图7-4),占全市进出口总额的比重为22.0%。其中,出口额占比为26.1%,进口额占比为19.3%。民营企业对外投资合作深入发展,外省、区、市一些规模大、知名度高的民营企业积极来沪投资和发展。

(二)"十三五"上海民营经济发展的特点

1. 促进经济增长的重要引擎

民营企业创造了上海29.3%的生产总值、22.0%的进出口总额、37.1%的税收收入。

2. 推动创新发展的重要主体

在上海科技企业中,民营企业数量占比超过九成,全市近半数的专利授权由民营企业获得。

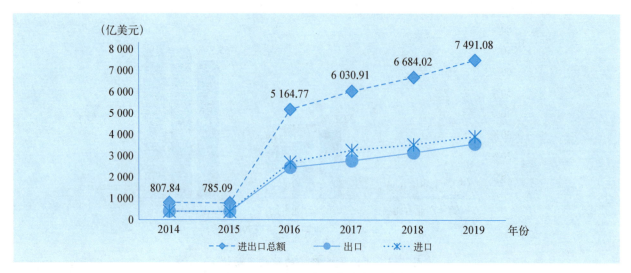

图 7-4 上海民营经济进出口情况

3. 创造就业岗位的重要渠道

上海每年新增就业岗位 60 万个左右,民营企业新增就业人数占全市的比重超过七成。

4. 增强市场活力的重要力量

2019 年,全市注册登记的新设民营市场主体 41.37 万户,新设民营市场主体户数占全市比重高达 95.9%。

三、"十四五"上海民营经济创新发展面临的机遇和挑战

党的十九届五中全会深入分析了我国发展环境面临的深刻复杂变化,认为当前和今后一个时期,我国发展仍然处于重要战略机遇期,但面临的国内外环境正在发生深刻复杂变化,机遇和挑战都有新的发展变化。

(一)"十四五"上海民营经济创新发展面临的机遇

1. 新一轮科技革命推动上海民营经济创新发展

"十四五"时期,新一轮科技革命和产业变革孕育突破,全球产业分工格局面临重构。上海正处于新旧动能转换的提升换挡期,淘汰传统低效产业、培育创新发展动能是经济提质增效的必经之路。新科技革命的兴起将对集成电路、生物医药、人工智能、智能制造等新兴重点产业的发展提供更广阔的空间和弯道超车的历史机遇,助力上海民营经济化压力为动力,以创新促转型,以科技促发展。

2. 高质量发展阶段推动上海民营经济创新发展

我国已进入高质量发展阶段,人均国内生产总值达到 1 万美元,城镇化率超过 60%,中等收入群体超过 4 亿人,人民对美好生活的要求不断提高。上海推动高质量发展具有较

好的经济实力支撑。从经济总量看，2019年上海国民经济生产总值（GDP）总量达到38 155.32亿元。2019年上海全市居民人均可支配收入69 442元，领跑全国。一方面，推动经济高质量发展，建设现代化经济体系，会打开巨大的发展空间。企业如果在创新发展、转型升级方面走在前面，就能抓住机遇，实现更大发展。另一方面，随着人民群众对生活水平需求的提升，需要更多高品质的产品和服务，带动消费升级、带动产业结构的升级，这将有力地促进民营经济的提升。

3. 从中央到上海市都高度重视民营经济创新发展

从中央到上海市都高度重视国民经济创新发展。《中共中央关于制定国民经济和社会发展第十四个五年规划和二〇三五年远景目标的建议》指出：坚持创新在我国现代化建设全局中的核心地位，把科技自立自强作为国家发展的战略支撑，深入实施科教兴国战略、人才强国战略、创新驱动发展战略，完善国家创新体系，加快建设科技强国。《中共上海市委关于制定上海市国民经济和社会发展第十四个五年规划和二〇三五年远景目标的建议》指出：坚持以全面强化"四大功能"为主攻方向，加快建设现代化经济体系，全面提升经济竞争力、创新力、抗风险能力，努力在推动经济高质量发展上走在全国前列。从中央到上海市都高度重视民营经济创新发展。习近平总书记在企业家座谈会上指出：创新是引领发展的第一动力。企业家要努力把企业打造成为强大的创新主体，在困境中实现凤凰涅槃、浴火重生。李强书记在促进民营经济发展大会上指出：上海一定会全力支持民营企业发展壮大，尤其要关注事关全市发展战略的关键领域，把更大力度扶持创新型企业发展作为上海发展民营经济的一个重要取向。这些都将为上海民营经济创新发展提供强有力的保障。

4. 新经济企业崛起推动上海民营经济创新发展

"十三五"时期，上海一批以互联网科技、生物医药、现代物流、金融投资等行业为特色的民营企业迅速崛起。从2020年"上海民营企业百强"构成看，在40家百亿级企业中，有近半数属于互联网科技、现代物流、生物医药、金融投资等新兴行业。一批新经济企业正成为区域经济发展的新亮点，如长宁的美团点评、携程、拼多多，宝山的上海钢联，青浦的圆通、德邦、申通、中通。可以说，以创新为特点的新经济是"十四五"时期上海民营企业做大做强的大势所趋，必由之路。

（二）"十四五"上海民营经济创新发展面临的挑战

1. 从企业发展实力和质量看，上海民营企业创新能力不足

（1）从发展质量看，上海民营企业在全国的竞争力不够强。从有影响力的民营企业实力看，上海规模大、实力强、品牌响的民营企业相对偏少，对全市经济发展的支撑作用不足。从产业结构来看，上海民营经济在战略

性新兴产业、现代服务业等领域尚未形成明显的竞争优势。根据全国工商联发布的2020年中国民营企业500强榜单,浙江、江苏、广东和山东四大经济强省分别拥有上榜企业96家、90家、58家和52家,4省合计共有296家企业,占据榜单的半壁江山,而上海只有16家(见表7-1和图7-5)。上述榜单中,广东企业多是高科技制造业,共有24家电子设备制造企业,华为则是全球最大的通信设备制造商;而上海民营高科技民营企业缺乏,尤其缺乏像华为那样具有强大创新能力和国际化视野的本土科技企业,成为制约上海市推动科技创新策源和高端产业引领的一大障碍。

表7-1 2019年民营企业500强营业收入和资产的分布情况

2019年排名	2018年排名	所在地	入围企业数量(家)	占500强比例	营业收入(亿元)	占500强比例	资产总额(亿元)	占500强比例
1	1	浙江省	96	19.20%	51 728.35	17.15%	39 477.64	10.68%
2	2	江苏省	90	18.00%	54 909.06	18.20%	35 710.99	9.66%
3	4	广东省	58	11.60%	56 492.67	18.72%	113 527.20	30.72%
4	3	山东省	52	10.40%	24 725.62	8.20%	17 795.41	4.81%
5	5	河北省	32	6.40%	18 372.54	6.09%	17 454.76	4.72%
6	6	福建省	21	4.20%	10 316.31	3.42%	18 041.70	4.88%
7	7	湖北省	19	3.80%	7 602.73	2.52%	7 628.08	2.06%
8	9	上海市	16	3.20%	8 790.70	2.91%	17 003.15	4.60%
9	11	河南省	15	3.00%	5 275.73	1.75%	8 133.09	2.20%
10	8	北京市	14	2.80%	17 737.70	5.88%	28 419.54	7.69%

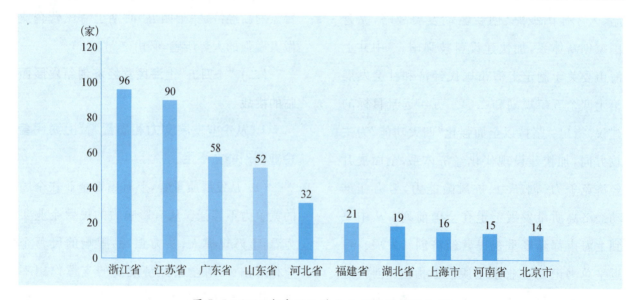

图7-5 2019年中国民营企业500强各省分布

(2) 从发展规模看,上海民营经济在全市经济中力量较弱。一方面,2019年,浙江民营经济占浙江省国内生产总值(GDP)比重高达65.4%,安徽为60.4%,江苏为55.4%,上海为29.3%(见表7-2和图7-6)。上海民营经济在全市经济中力量较弱。另一方面,上海历来是国有经济比较集中的城市,国有经济在垄断性和竞争性领域分布广泛。这在一定程度上使上海民营经济发展的空间受到挤压。

表7-2 2019年部分省、区、市民营经济产值及占地区GDP比重

序号	省、区、市	民营经济产值(亿元)	地区GDP占比
1	广东	57 730	54.1%
2	江苏	55 195	55.4%
3	浙江	40 778	65.4%
4	山东	36 102	50.8%
5	福建	29 888	70.5%
6	四川	26 244	56.3%
7	湖北	25 022	54.6%
8	湖南	24 407	61.4%
9	河北	24 046	68.5%
10	安徽	22 416	60.4%
11	江西	14 878	60.1%
12	广西	11 680	55.0%
13	内蒙古	11 480	66.7%
14	上海	11 170	29.3%
15	云南	10 962	47.2%
16	山西	8 257	48.5%

2. 从市场环境和政府供给看,上海民营企业创新活力不足

(1) 市场准入方面遇到"难点"。市场化改革不彻底,显性、隐性门槛挤压民间投资空间,民营企业在行业准入、政府监管等方面,难以获得与国企完全平等的竞争环境。在垄断性行业,民营经济面临较高的准入门槛,金融、电力、电信、军工、公共服务等领域的投资仍然受限。在项目招投标、政府采购等领域,民营企业实际难以获得和国有企业平等的市场主体地位。未来,放开市场准入,打破各种隐性壁垒,为民营经济发展创造公平竞争市场环境的改革任务仍然艰巨。

(2) 法治环境成为关注"焦点"。一是激励自主创新的知识产权保护环境有待完善。因仿冒问题带来的企业技术创新的市场风险大,阻碍企业自主创新的热情与动力。特别是在原始创新和发明专利方面,企业为此投入大量人力、财力与时间,一旦被他人仿冒,要么为侵权纠纷耗尽精力,要么任人仿冒,自己可能前功尽弃。知识产权保护风险现已成为民营企业专利进步特别是发明专利进步的一大制约因素。二是民营企业合法财产、合法经营保护有待完善。虽然根据无罪推定原则,任何人在被人民法院判决有罪之前都应被推定为无罪,而查封、扣押、冻结作为对权利人财产的一种未决处置,尤其是可能侵害到案外人的财产,理应慎之又慎。然而,司法实践中存在办案机关不规范甚至是超范围的查封、扣押、冻结涉案财物的现象,权利人缺

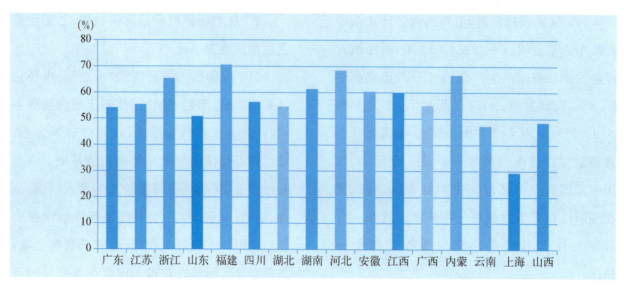

图 7-6 2019 年部分省、区、市民营经济产值占地区 GDP 比重

乏有效的防御和救济渠道,损失往往很难获得赔偿。

(3) 国企"混改"遇到"痛点"。在利益保障方面,民营资本相对实力弱、股权占比低,导致缺少话语权。在行业限制与市场准入条件方面,如电力、电信等重点行业和领域,民企难以涉足。在企业控股权方面,在国企绝对或相对控股的混合所有制企业中民营资本很难控股及拥有一定的决策权力。在退出机制健全方面,让国企民企有退出自由是广大民营资本关注的重要问题。

(4) 金融服务财税支持遭遇瓶颈。

一是融资难融资贵问题依然存在。融资难融资贵依然是民营经济高质量发展的一大瓶颈。以国有大银行主导的金融体系对民营企业普遍存在"重大轻小"的"规模偏好"和"重公轻私"的"所有制偏好",专门服务于民营企业的中小银行、民营银行等民营金融机构发展严重不足,多层次资本市场体系尚未健全,这使规模庞大的民间资本难以转化为民间投资,也使民营企业高质量发展缺乏金融支持。

二是个税税负成为吸引人才的障碍。上海推动民营经济创新发展,需要大量人才尤其是高端人才,而个人所得税税负目前已成为吸引人才、留住人才的一大障碍。目前工资薪金所得最高 45% 的税率在国际上属于较高税率档,高端人才个税负担相对较重。

3. 从国际形势和发展阶段看,民营企业面临动能转换压力

(1) 国际政经环境逆风逆水的挑战。改革开放以来特别是加入世贸组织后,我国加入国际大循环,市场和资源"两头在外",形成"世界工厂"的发展模式,对我国快速提升经济实力、改善人民生活发挥了重要作用。当今世界正经历百年未有之大变局。当前,新冠肺炎疫情全球大流行使大变局加速变化,

保护主义、单边主义抬头,世界经济低迷,全球产业链供应链因非经济因素而面临冲击,世界进入动荡变革期。上海作为我国改革开放的前沿窗口和对外依存度较高的国际大都市,首当其冲受到外部环境深刻变化带来的严峻冲击。在此情况下,必须把发展立足点放在国内,更多依靠国内市场实现经济发展,构建以国内大循环为主体、国内国际双循环相互促进的新发展格局,主动服务新发展格局,打造国内大循环的中心节点、国内国际双循环的战略链接。

(2) 经济发展阶段转换带来的挑战。"十四五"时期经济社会发展要以推动高质量发展为主题,这是党中央根据我国发展阶段、发展环境、发展条件变化作出的科学判断。当前,我国社会主要矛盾已经转化为人民日益增长的美好生活需要和不平衡不充分的发展之间的矛盾,发展中的矛盾和问题集中体现在发展质量上。上海正处于转变发展方式、优化经济结构、转换增长动力的攻关期,经济扩张速度会放缓,但消费结构全面升级,需求结构快速调整,对供给质量和水平提出了更高的要求,民营企业面临转型升级的压力。在内部压力方面,往往表现为企业核心科技创新能力及产品市场竞争力不强,高层次管理和科技人才缺乏等。在外部压力方面,表现为劳动力成本上升,税费负担重,能源、原材料及物流成本高等。可以说上海民营经济要实现高质量发展,创新发展就是华山一条路,舍此别无他途。

四、"十四五"上海民营经济创新发展的战略和目标

(一) 发展思路

以习近平新时代中国特色社会主义思想为指引,进一步营造公平竞争的发展环境,充分利用上海科技、人才、文化、金融等综合优势,全力支持民营企业发展壮大,把更大力度扶持创新型企业发展作为上海发展民营经济的重要取向,为"十四五"上海实现高质量发展提供新的经济增长极。

1. 着力公平竞争,为民营企业发展创造充足市场空间

上海民营经济和国企、外企相比,目前还处于比较薄弱的状态。要把民营经济发展作为未来上海发展的重要战略任务加以推进,形成民营经济重点发展的政策导向,补齐上海民营经济发展的"短板",打造上海民营经济发展的"高地"。要坚持竞争中性原则,建立起竞争中性的规则和体系,打破各种各样的"卷帘门""玻璃门""旋转门",在市场准入、审批许可、经营运行、招投标、军民融合等方面,为民营企业打造公平竞争环境,给民营企业发展创造充足市场空间。要深入推进国资国企改革,为民营经济发展创造基础和条件;深入推进混合所有制改革,促进国有资本与民营资本的融合发展。

2. 着力创新驱动,推动科技创新策源和高端产业引领

民营企业要充分利用上海科技、人才、文

化、金融等综合优势,加快形成以创新为主要引领和支撑的民营经济体系和发展模式。要支持民营企业加快科技创新,在基础研发、应用技术、成果转化等方面取得突破性发展,尤其是要在卡脖子技术上取得突破。要支持民营企业促进知识密集型、人力资本密集型等高级要素集聚,加快产业升级,发展高端制造业和高端服务业。要培育一批核心技术能力突出、集成创新能力强、引领产业发展、具有国际竞争力的千亿级科技民营企业。

3. 着力双循环发展,投身于打造中心节点和战略链接

积极推动上海市民营企业投身于加快构建以国内大循环为主体、国内国际大循环相互促进的新发展格局;投身于上海市加快打造国内大循环的中心节点、国内国际大循环的战略链接的工作中去。要鼓励民营企业积极参与"国内大循环"系统建设,推动民营企业融入优势互补的区域经济大格局,形成内部分工和专业化分工模式;推动打通堵点断点,为全国产业链供应链稳定多做贡献。要鼓励民营企业积极参与"国际大循环"系统建设,推动企业融入全球创新网络,拓展"一带一路"国家业务;抢占产业制高点,代表国家参与全球产业竞合。

(二)发展目标

到2025年,力争使上海民营经济在经济总量、创新能力、企业能级、市场竞争和对外开放等方面实现重要突破。

1. 经济总量规模显著扩大

民营经济增幅保持高于全市经济增长水平,民营经济增加值占全市生产总值的比重争取达到35%左右。

2. 高端产业优势显著呈现

民营经济进一步向三大"先导性产业"、六大"新支柱产业",数字经济,以及具有"高、新、专"特性的现代服务业领域延伸拓展。

3. 企业创新能级显著提升

形成面广量大的民营高新技术企业"铺天盖地"、细分领域隐形冠军企业快速发展、具有世界影响力的千亿级本土创新龙头企业"顶天立地"的局面,培育更多企业进入全国500强,培育企业进入世界500强。

4. 市场竞争能力显著增强

上海民营企业对长三角和全国各地的辐射能力不断增强。民营企业进出口总额和对外投资规模不断扩大,国际竞争力进一步增强。

五、"十四五"时期推动上海民营经济创新发展的建议

要从政府层面与企业层面积极推动上海市民营经济的创新发展。

(一)体制创新,加强改革系统集成营造更加公平透明的竞争环境

1. 促进公平竞争

一是扩大民营资本市场准入范围。制定

和完善市场准入负面清单制度。进一步开放金融、基础设施、电信、电力、国防科技、公共服务等领域,确保对各类投资主体一视同仁。支持民间资本通过合作合资、收购兼并、公办民营等多种方式参与医疗、教育、养老等领域建设,在政策扶持、政府补贴、土地使用、职称晋升、人才等方面与国有企业或公立机构同等对待。建立向民间资本推介重点项目的常态化机制,持续推出对民间资本有吸引力的基础设施等项目。二是严格落实公平竞争审查制度。全面清理和坚决废止阻碍民营市场主体参与公平竞争的各项规定,政策制定机关不得出台排除、限制民营企业参与竞争的政策措施,依法查处并向社会公布滥用行政权力排除、限制竞争的典型案件。

2. 优化法治环境

一是加强知识产权保护,激发民营企业创新活力。加大对侵犯民营企业知识产权犯罪的打击力度,探索在现有法律法规框架下以知识产权的市场价值为参照确定损害赔偿额度。二是保护民营企业和民营企业家合法财产不受侵犯、合法经营不受干扰。严格司法政策和涉案财产处置程序,正确区分股东和公司财产、关联公司之间的财产,涉案人员个人和家庭成员财产。建议除依法须责令关闭的企业外,通常情况下可以为企业预留必要的流动资金和往来账户,不得查封、扣押、冻结与案件无关的财产,防止"有限责任无限化"。

(二) 机制创新,完善上海市民营经济创新发展顶层设计

1. 规划创新,把民营经济创新作为发展重点

上海提升城市能级和核心竞争力的关键在于创新创业的活力。民营企业天生具有改革的基因、创新的冲劲,在创新创业、就业贡献、税收收入贡献等方面,展现出巨大的活力。充分挖掘民营经济发展潜力,让一切创新源泉充分涌流,对推动"十四五"乃至2035年上海创新发展具有特别重要的现实意义。建议将推动民营经济创新作为上海"十四五"规划乃至2035年远景规划的重点内容。充分利用上海科技、人才、文化、金融等综合优势,加快形成以创新为主要引领和支撑的民营经济体系和发展模式。

2. 机构创新,设立上海市民营经济服务局(处)

目前上海管地方国企的有国资委,为外企服务的有市商务委,为央企服务的有市经信委下设的央企服务处。建议设立上海市民营经济服务局,或在上海市促进中小企业发展协调办公室(上海市重点企业服务办公室)基础上,加挂上海市民营经济服务处牌子。以此进一步彰显政府对服务民营经济的重视程度,同时也有利于整合服务职能,完善服务体系,更好地做好对上海民营经济的服务工作。

3. 考核创新,完善民营经济发展的考核制度

建议将民营经济发展任务纳入各级政府

目标管理,并单独进行考核。同时,强化考核应用,将考核结果纳入干部年度考核范畴,作为提拔、交流、任用的重要依据,把招商引资、民营经济发展与相关干部职工的晋升晋级直接挂钩。

(三)财金政策创新,发挥上海资本市场优势推动民营经济创新

1. 完善科创板大力推动民企创新

一是吸引更多的上海硬科技企业上市。要真正发挥科创板的示范效应、集聚效应和规模效应,需要更多顶尖"硬科技"企业纷至沓来。如上海人工智能"四小龙"的依图、商汤、云从、旷视,都还没有在科创板上市,建议加大支持和鼓励上市力度。二是降低审核门槛,完善审核机制。降低审核门槛,缩短审核周期。按照科创企业属性设计与之相适应、现阶段能努力的标准,加快上市审核节奏,大幅增加科创板上市公司数量,让更多具有成长潜力的科技型创新型企业得到资本支持。完善审核机制。一旦发现作假,严格执行退市制度。

2. 发行地方政府中小企业专项债

国家放宽或扩大地方债务规模。建议从放宽或扩大的地方债务里划出一部分来,专门用于支持中小企业发展。

3. 财政补贴减轻高端人才个税负担

2019年6月,广东省落实财政部、国家税务总局政策,对在粤港澳大湾区工作的境外高端人才和紧缺人才,其在珠三角九市缴纳的个人所得税已缴税额超过其按应纳税所得额的15%计算的税额部分,由珠三角九市人民政府给予财政补贴,该补贴免征个人所得税。建议上海借鉴上述政策,对高端人才、紧缺人才实施个人所得税补贴及返还。

(四)产业政策创新,助力民企投身新产业体系和数字化转型

1. 支持民营企业参与三大"先导产业"和六大"新支柱产业"

"十四五"时期,上海要大力发展集成电路、生物医药、人工智能等三大"先导产业",电子信息、汽车、高端装备、先进材料、生命健康、时尚消费等六大"新支柱产业"。上海民营企业在上述高新产业发展中"广阔天地,大有可为"。建议实施"民营经济新兴产业倍增发展计划",设立专门基金,优选和扶持一批重点项目、配套项目,从融资、土地、技术研发、市场销售等环节给予政策倾斜,促进全市民营经济中上述高新科技产业的比重逐年提高。

2. 支持民营企业在中国互联网经济发展"下半场"强势崛起

近年来在互联网行业,有一批爆发力很强的上海民营企业后起之秀悄然崛起,包括拼多多、B站、小红书、喜马拉雅、趣头条等。截至2019年底,上海互联网百强企业总数20家,居全国第二位;互联网产业营收2890亿元,居全国第二位;潜力独角兽26家,居全国第一位。建议"十四五"时期能有更多的帮扶政策。采取奖励、资助、贷款贴息、购买服务等方式,支持一批互联网新经济领域创新型头部

企业和领军企业。支持鼓励互联网新经济领域高成长性创新企业优先在科创板上市。

（五）企业政策创新，培育更多千亿级龙头企业和隐形冠军

1. 推动民营高新技术企业倍增发展

实施千亿级龙头企业培育计划。培育一批核心技术能力突出、集成创新能力强、引领产业发展、具有国际竞争力的创新型民营企业。实施科技企业上市培育计划。遴选一批高成长性民营企业列入培育库，会同相关部门对企业加大上市辅导，依靠市场力量，在产业细分领域培育一批"隐形冠军"和"瞪羚"企业。实施"小升高"计划。推动面广量大的民营科技企业加快成长为高新技术企业。

2. 参与实施重大科技项目

支持民企参与重大科技项目。支持和鼓励民营企业牵头或参与上海市重点研发计划、科技成果转化等科技项目，推荐有条件的民营企业参与国家科技重大专项、科技创新2030重大项目、重点研发计划等国家重大科技项目。支持民营企业在基础研究和公益性研究方面开展科研活动。发挥民企科技决策咨询作用。在科技发展规划制定、项目指南编制、政策调研中充分听取民营企业意见和建议，在项目评审、预算评估、结题验收等环节更多吸收民营企业专家参与。

3. 建设高水平的研发机构

支持民营企业建设新型研发组织。推动民营科技企业建设市级重点实验室、工程技术研究中心，加强行业共性技术问题的应用研究，通过项目资助、后补助、社会资本与政府合作等多种方式给予引导扶持或合作共建。支持龙头民企参建国家研发平台。推动行业龙头民营企业参与建设一批企业国家重点实验室等研发和创新平台，对外开放和共享创新资源，发挥行业引领示范作用。

（六）改革创新，推动民营企业和国有企业的"双向混改"

1. 加快出台"双向混改"的负面清单

建议参照其他领域的负面清单管理制度，尽快出台"混改"负面清单。明确哪些领域、哪些企业不参与"混改"，哪些领域的企业必须由国有资本绝对或相对控股，除清单所列明的领域以外，允许国资监管机构与国有企业自主决定是否启动"混改"、如何实施"混改"。

2. 完善和创新民企参与"混改"路径

一是在持股比例、经营权方面深入推进。建议在持股比例方面，允许民间资本成为"混改"企业大股东，可以进一步提高"混改"企业的股权转让比例。建议在经营权方面，探索实施"国有民营"机制，即国有资本继续保持对"混改"企业的控制权，但将"混改"企业的经营权委托给民间资本投资方。二是在职业经理人制度建设上深入推进。探索实行职业经理人制度，不再保留原有身份，畅通现有经营管理者与职业经理人的身份转换通道，实行市场化选聘、契约化管理，真正形成职业经理人机制。

3. 积极探索国资"反向混改"的机制

积极探索国有资本战略入股民营企业，

推动国有资本与优质民营资本的有机结合，形成混合所有制融合发展的新生态。这有利于借助民营企业优势使国有资产得到更好利用，保值增值，同时也有利于国有企业对民营企业的参与和扶持，培育经济新动能。典型案例如2020年8月上海国资入股民生证券，成为"反向混改"的有益探索。

（七）开放创新，积极打造畅通长三角经济循环的主力军

1. 吸引和集聚世界级民营龙头企业

好的企业，各地都是抢着要的。苏州市近年来生物医药产业发展很快，势头迅猛，当地政府抓招商引资的一些做法值得上海借鉴。积极发挥工商联、商会、行业组织作用，以商育商、以商聚商、以商招商。加强与上海市及各区"十四五"规划的对接，组织、引导民营企业家带着项目、资金、技术等，深入各重点产业园区考察和对接，吸引和集聚一大批重量级民营龙头企业尤其是世界级民营龙头企业，推动高端服务业、高科技产业项目落地、扎根，发展壮大（见表7-3）。

表7-3 "十四五"上海市优势产业布局情况

中心城区现代服务业集聚区	重点发展以金融服务、现代商贸、文化创意为代表的高端服务业
中环数字产业环产业集聚区	依托漕河泾、临空、长风、市北、五角场、张江、三林等新经济产业集聚区，重点发展以人工智能、大数据、工业互联网为代表的融合性数字产业
全市重点产业集聚区	依托临港、张江等全市重点产业集聚区，发展集成电路、人工智能、生物医药等三大"先导产业"，电子信息、汽车、高端装备、先进材料、生命健康、时尚消费等六大"新支柱产业"
各区的特色产业集聚区	浦东集成电路、宝山机器人、闵行新能源装备、嘉定智能传感器、金山节能环保、松江智能制造装备、青浦北斗导航、奉贤美丽健康等

2. 引导龙头企业布局长三角产业链

引导和支持行业龙头企业以市场化方式加快长三角区域产业链布局，形成一批特色鲜明、竞争力强的基地和产业集群。支持上海民营企业在江浙皖等地设立"飞地"孵化器，柔性引进高端创新人才。鼓励工商联、商会、行业组织、产学研联盟等开展多领域跨区域合作，发挥"市促进民营经济发展联席会议""长三角商会组织联席会议""加强政会银企合作"等平台和机制的作用，形成协同推进一体化发展合力。

（供稿单位：上海市工商业联合会，主要完成人：徐惠明、张捍、江健全、陆畅）

专题报告八

上海市促进民营经济发展情况调研报告

2018年12月以来，上海市上下深入贯彻落实"上海市促进民营经济发展大会"精神，特别是李强书记重要讲话要求，出台各项务实举措，不断优化营商环境。围绕统筹推进疫情防控和经济社会发展，贯彻落实中央、市委关于"六稳""六保"的重要部署，需要进一步解决民营企业困难、激发民营经济活力，形成全社会共同关注推动民营经济发展的良好氛围。现将该时期上海市民营经济发展情况、主要工作，以及当前民营经济发展中的问题和有关建议报告如下。

一、民营经济发展基本情况

（一）经济总量实现新跨越，结构调整取得新进展

2019年，上海市民营经济总量实现了新的跨越，民营经济增加值首次突破1万亿元大关，达到10 062.73亿元，同比增长5.5%（见表8-1）。近两年，民营经济增加值在全市生产总值中的比重保持在26.4%，在国民经济中的地位进一步巩固。民营经济第三产业增加值比重进一步提高，2019年第三产业增加值占民营经济增加值的比重达74.2%，高于2018年3.5个百分点，且高于全市平均1.4个百分点。

（二）三大需求"两增一降"，对外贸易逆势增长

从外贸看，2019年民营企业实现进出口总额7 491.08亿元，同比增长9.3%，快于全市平均9.2个百分点。民营进出口总额占全市比重为22.0%，较2018年提高1.9个百分点（见表8-2）。从消费看，2019年民营企业实现社会消费品零售额3 149.05亿元，同比增

表8-1 2018—2019年上海市民营经济增加值情况

指　　标	绝对值（亿元）		增　速（%）		占全市比重（%）	
	2019年	2018年	2019年	2018年	2019年	2018年
经济增加值	10 062.73	8 633.82	5.5	6.3	26.4	26.4
第一产业	99.74	96.02	−5.9	−5.8	96.0	92.0
第二产业	2 500.95	2 436.00	2.1	1.5	24.3	25.0
第三产业	7 462.04	6 101.80	6.8	8.4	26.9	26.7

表 8-2　2018—2019 年上海市民营经济"三大需求"主要指标

指　　标	绝对值（亿元）		增　速（%）		占全市比重（%）	
	2019 年	2018 年	2019 年	2018 年	2019 年	2018 年
进出口总额	7 491.08	6 684.02	9.3	13.8	22.0	20.1
出口	3 577.63	3 156.5	9.7	15.9	26.1	23.9
进口	3 913.45	3 527.52	8.9	11.9	19.3	17.6
社会消费品零售额	3 149.05	2 926.37	1.6	5.4	23.3	23.1
固定资产投资	—	—	−13.0	21.1	—	—
房地产开发投资	—	—	−16.6	21.9	—	—
工业投资	—	—	2.4	17	—	—

长 1.6%，低于全市平均 4.9 个百分点；占全社会消费品零售总额的比重为 23.3%，较 2018 年提高 0.2 个百分点。从投资看，受 2018 年较高基数及房地产投资快速下行影响，2019 年民营固定资产投资同比萎缩 13.0%，同期全社会固定资产投资总额同比增长 5.1%。其中，房地产投资同比萎缩 16.6%，工业投资小幅增长 2.4%。

（三）服务业引领发展，工业生产逐步回稳

2019 年，上海市民营经济实现服务业增加值 7 462.04 亿元，同比增长 6.8%，增速快于各产业平均水平 1.3 个百分点。民营服务业企业实现营业收入 7 253.53 亿元，同比增长 11.8%，占全市服务业比重 23.2%，较 2018 年提高 2.5 个百分点（见表 8-3）。

表 8-3　2018—2019 年上海市民营经济工业、服务业主要指标

指　　标	绝对值（亿元）		增　速（%）		占全市比重（%）	
	2019 年	2018 年	2019 年	2018 年	2019 年	2018 年
工业总产值	6 130.73	5 607.90	−0.1	1.6	17.8	16.1
工业主营业务收入	6 921.04	6 064.60	0.7	4.0	17.6	15.6
工业利润总额	470.74	394.30	6.2	4.5	16.2	11.8
服务业营业收入	7 253.53	5 710.19	11.8	15.1	23.2	20.7
服务业营业利润	258.09	242.61	−12.1	−13.0	8.5	9.8

面对复杂严峻的经济形势，民营工业生产呈现逐步回稳、效益提升态势。2019 年规模以上民营工业总产值占全市工业的比重为 17.8%，较 2018 年提高 1.7 个百分点。规模以上民营工业主营业务收入同比增长 0.7%（同期全市工业同比下降 2.3%），民营工业主

营业务收入占全市工业的比重为17.6%,较2018年提高2.0个百分点;规模以上民营工业利润总额470.74亿元,同比增长6.2%(同期全市工业同比下降13.9%),民营工业利润总额占全市工业的比重为16.2%,较2018年提高4.4个百分点。规模以上工业主营业务收入利润率为6.8%,较2018年提高0.3个百分点,与全市工业平均水平的差距进一步缩小。

(四)新设主体持续增长,百强企业活力旺盛

2019年,全市注册登记的新设民营市场主体共41.37万户,同比增长7.9%,占全市比重高达95.9%,与2018年持平,为全市经济发展注入了新的动能(见表8-4)。2019上海民营企业百强榜、2019上海企业百强榜显示,民营百强企业经营业绩增幅明显高于上海百强的平均增幅,民营企业发展活力旺盛。

表8-4 2018—2019年上海市新设民营市场主体数量

年度	新设民营市场主体数量(万户)	增速(%)	占全市比重(%)
2018年	38.33	12.7	95.9
2019年	41.37	7.9	95.9

(五)税收贡献持续提高

在全市落实减税降费的大背景下,2019年,上海市民营经济完成税收收入4 868.78亿元,同比增长2.9%(全市下降2.0%)。民营经济税收收入占全市税收收入的比重为37.1%,较2018年提高1.8个百分点,再创历史新高(见表8-5)。

表8-5 2018—2019年上海市民营经济税收收入

年度	税收收入(亿元)	增速(%)	占全市比重(%)
2018年	4 731.50	8.2	35.3
2019年	4 868.78	2.9	37.1

二、促进民企发展主要工作

(一)加大政策制度供给

一是持续出台各项综合政策。先后出台"民营经济27条"以及《上海市优化营商环境条例》《上海市全力防控疫情支持服务企业平稳健康发展的若干政策措施》《上海市关于加强新时代民营经济统战工作的实施办法》等文件,促进"两个健康"发展。二是细化有关举措。将"民营经济27条"具体分解成70项措施,相关市级部门围绕金融服务、高新技术企业、民企总部、法治环境等,出台17个配套政策、9个实施方案,虹口、长宁等11个区制定了相关政策意见。"28条政策措施"出台后,相关部门在3天内累计出台了33项政策细则,明确了实施主体、适用对象和政策口径。

(二)不断优化营商环境

一是做实"一网通办""企业服务云"。"一网通办"接入1 700多项服务事项,90%的事项实现"只跑一次、一次办成","双减半"总体实现,减时限达到59.8%、减材料达到50.5%。目前,企业开办、营业执照审批时间压缩到1个工作日,新办企业当天可以领用发票,6个行业15个项目类别环评审批可当日办结,社会投资项目平均审批时限压缩为31个工作日。"企业服务云"673家服务店铺提供服务产品近1.2万个,累计处理企业诉求近7.4万个。二是加强宣传对接平台。编印上海市惠企政策清单、涉企公共服务清单,建立政策辅导机制,举办"促进民营经济发展政策宣讲活动""半月坛"等公益讲座100多场。开展投融资、产业链对接、技术创新、市场拓展、法律服务等超过6 000次。

(三) 切实减轻企业经营负担

一是全面落实减税降费措施。贯彻小微企业税收优惠、减征"六税两费"等政策,2019年新增减税近千亿元;新冠肺炎疫情以来,落实小微企业增值税减免、运输服务等收入减免增值税政策,惠及企业近1.7万家。上海市基本养老保险单位缴费比例、失业和工伤保险费率降低,新冠肺炎疫情以来,推迟调整社保缴费基数3个月,减免2～6个月社保费,惠及中小企业59万家,减轻企业负担近600亿元;降低一般工商业电价、非居民天然气价,落实港口降费措施,减轻企业成本75.8亿元。二是实行房租减免。市属、区属国有企业已为4.7万家中小企业减免租金约28亿元;众创空间、科技孵化器为1万多家在孵创业组织减免租金2.5亿元;在沪央企为3 000多家中小企业减免租金2.3亿元。

(四) 加大金融纾困力度

一是落实"三个100亿元"。目前,"上市公司纾困基金"为4家企业纾困16亿元,"中小微企业政策性融资担保基金"规模增至85.8亿元,2019年1—4月,市中小微企业政策性担保基金担保贷款98.67亿元,同比增长超过50%,在保余额215亿元;"中小企业千家百亿信用融资计划"发放贷款150亿元。二是搭建各类银企对接平台。启动中小企业融资综合信用服务平台,40款金融产品上线。大数据普惠金融应用平台接入银行达到18家,"大数据+担保"模式服务2 300家中小企业,为超过15亿元贷款提供数据支撑。搭建"政会银企"四方合作机制等服务平台,首批82家行业协会商会参加,惠及72家企业,涉及金额13.5亿元。三是推动企业直接融资。2019年39家企业在国内外资本市场上市,累计募集资金476.8亿元,其中科创板上市公司13家,位居全国第一。

(五) 支持企业加快转型升级

一是大力培育科创企业。打造企业全生命周期服务链,已认定民企总部85家。全市累计注册科技型中小企业13 198家,高新技术企业10 079家,专精特新企业2 103家,科技小巨人177家,国家级专精特新"小巨人"17家,制造业单项冠军企业14家。打开规划产业区块外优质项目技改通道,51家民企获批开展"零增地"技改项目。二是优化人才生态环境。积极培养企业家和专业人才,进一步完善梯度化引才政策体系,向浦东新区下放人才落户审批权。畅通民营企业优秀人才职称申报通道。加大人才公寓保障力度,累计筹措公租房房源17.6万套、供应房源13.8万套。三是促进市场拓展。帮助企业妥善应对中美贸易摩擦,向3 390家中小企业赠送出口信用保单。完善政府采购政策,中小企业政府采购合同金额达到280.31亿元。2019年5月举办"五五购物节"系列活动,轻工、商贸、餐饮等行业中小企业普遍受益,"五一"期间文旅消费95亿元,同比增长30.1%。

(六)进一步构建新型政商关系

一是完善企业服务工作机制。建立市领导联系重点产业、重点企业制度,调研走访企业超过5 000家次。疫情期间市委还组织了6 000多名领导干部走访调研11.7万家企业。二是深化专项民主监督工作。市委委托各民主党派市委、无党派代表人士就"民营经济27条"开展专项民主监督。推出全国首份省级跨领域"市场轻微违法违规经营行为免罚清单",未予处罚案件435个,有效保护民企合法权益。

三、当前民企发展存在问题

(一)政策执行中仍存在落地落细问题

一是政策操作性有待提高,如疫情期间薪酬问题、房租减免等都要求自行协商,没有统一的标准和具体操作口径;二是重点行业、中小微企业的帮扶力度有待增强,如针对出口型企业的帮扶,低成本、少抵押的快速放贷等,切实提升企业感受度;三是实效性有待增强,如承租方为市属国企的3级、4级下属公司,免租需要层层上报审批,影响政策有效执行,政策评估和督查有待加强。

(二)各类要素获取仍存在不平衡问题

一是金融政策支持的力度不够。银行与企业信息不对称问题依然难以解决,银行和评估机构获得中小微企业全面信用信息的成本过高;政府基金撬动社会资金的杠杆作用不够,据测算上海中小微企业政策性融资担保基金的放大倍数仍有扩大空间;而现阶段小微企业流动资金贷款、对旅游等受疫情影响较大行业的信贷支持等相关金融支持政策落地难。二是土地政策约束日益凸显。调研中,多家民营企业表示受到土地制约因素的困扰。深圳工业用地容积率上限是上海的一倍,企业希望土地增容、土地二次开发等相关政策进一步细化落实。三是目前"市场发现、市场评价、市场认可"为导向的引才机制尚未真正建立,如先进制造业企业中不少低学历、高技能的人才,在落户加分中存在困难;此外,我国现行个人所得税税率最高45%。

(三)减税降费的需求仍很强烈

一是企业承担的税种较多,中央税3项,地方税12项,中央与地方共享税3项。且延期申报纳税的获得感也不及存量税收的返还。二是社保支出较高。上海"四险"费率达37.5%,与北京持平,高于广州、深圳;社保基数下限两次上调后,分别比北京、广州、深圳高45%、42%、124%,部分抵消了养老保险费率下降的减负效果。三是小微企业运营成本上升。疫情期间银联、网联交易渠道手续费率照旧,电信短信费用还上涨了30%多,这些成本刚性,在特殊时期进一步加重小微企业经营成本。

(四)公平竞争的环境有待完善

一是市场准入仍然存在隐性门槛,如项目招投标的评分标准设定明显偏向国有企业和外资企业,一些"新基建"项目资源集中在央企和国企手中。二是民企承担各类科技和产业化重大项目等,有待强化制度性安排。部分民营企业参与PPP项目、国家及上海市重大战略项目的门槛过高,且缺乏有效的信息获取渠道和对接机制。

(五)创新创业活力有待激发

一是目前上海科创投资产规模约为深创投的1/7,参与投资的科创板上市企业数约为深创投的1/2,天使投资、创新引导基金运作机制、效率均有待完善,也高于周边地区和主要发达国家。二是上海重点企业技改项目获专项补助最低标准为总投资2 000万元以上,仅可以覆盖全市50%技术改造企业,实施前补助在原规定中需总投资一亿元以上。很多中小企业因总体实力有限,开展技改项目往往采用分阶段开展的形式,每个阶段作为一个技改项目,单个项目金额较低,无法达到支持门槛,根据规定也不能以多阶段合并项目的方式申请资金支持。

(六)亲清政商关系还需改善

一是走访调研明显增多,虽然解决了一些实际问题,但对破解长期性、瓶颈性的难点、堵点尚显不够。特别是相关容错机制有待完善,缺乏简单行政违法情况下的首次免于处罚的机制以及未处罚前的相关警示机制,且对企业惩戒过严,信用修复较难。二是亲清政商关系、政企沟通等相关制度还不健全,缺乏指导性办法。

四、促进民企发展相关建议

(一)落实促进民企发展有关要求,坚定民营经济发展信心

结合"民营经济27条"中提出的"每年召开促进民营经济发展工作会议",适时召开全市促进民营经济发展大会或民营经济座谈会,全面总结2018年12月5日全市促进民营经济大会以来的成效,为贯彻习近平总书记考察上海提出的新要求,进一步汇聚力量、凝聚共识。

(二)优化涉企要素资源配置效率,支持民营企业加快发展

一是优化民营企业人才引育的政策环境。探索落户指标包干,人才落户名额下放至区及民营企业,参照珠三角九市的做法,对来沪工作的境外高端人才和紧缺人才,按实际税率15%实行个人所得税税负差额补贴。二是优化中小微企业融资环境。建议进一步提高市中小微企业政策性融资担保基金的放大倍数,推动信易贷等信用平台数据标准化,探索设立小微企业首贷中心、续贷中心。三是满足民营企业合理合法的用地需求。在部分郊区试点出台工业用地集约利用方面的政策细则，明确土地容积率调整适用的范围，推进落实存量优质企业增容扩产、免交增容土地价款等政策。

（三）加大财税激励政策扶持力度，促进民营企业做大做强

一是研究完善上海市更好落实国家各项减税政策的相关制度设计，结合最低工资涨幅，动态调整企业社保缴纳比例；进一步研究扩大增值税留抵退税的行业范围。国营企业、部门的规费收入在当前疫情特殊时期应酌情减收。二是坚持减税和补贴协同发力，全面落实提高民营企业研发费用加计扣除比例、股权激励递延纳税等税收优惠政策，鼓励民营企业建立企业研发准备金制度，加大企业研发经费投入后补助政策力度。三是在"一网通办""企业服务云"上完善减轻企业负担综合服务平台，实现查询、举报、处理三大功能，进一步提高服务实体经济的有效性。

（四）持续营造公平竞争市场环境，激发民营经济发展活力

一是落实招标投标相关法律法规，规范透明政府采购和招投标流程，不得以企业所有制性质、防止国有资产流失、保护公众安全等为由，对民营企业设置特殊条款。二是支持民间资本通过合作合资、收购兼并、公办民营等多种方式参与医疗、教育、养老、文化等领域建设，鼓励民营企业以PPP等方式参与基础设施项目建设。三是鼓励民营资本参与国企"混改"，借鉴自贸试验区负面清单创新模式，研究出台民营企业参与国企混改的正面清单。四是落实公平竞争审查制度，建立健全民营企业家参与重大涉企政策决策机制，及时清理和废止阻碍民营企业参与公平竞争的各项规定，涉及市场主体经济活动的政策措施都要进行公平竞争审查评估。

（五）积极引导民营企业创新创业，发挥民营经济重要作用

一是以"十四五"规划编制为引领，尽快发布上海"新基建"建设计划和应用场景计划，并以此为依托，加大人工智能、量子计算和5G等先进无线网络等的投入。依托龙头企业，加速推进工业互联网，率先实践工业4.0，引领产业链升级。二是研究出台一批实施细则，如探索建立民营骨干企业奖励政策、建立并购基金。三是支持民营工业技术研究平台发展，遴选若干重点行业领域的代表性民营工业技术研究平台，加大财政支持力度。

（六）多措并举构建亲清政商关系，保障民营企业合法权益

一是建立健全广覆盖、宽领域的政商沟通机制，拓宽政商沟通渠道，充分发挥商业协会、行会等桥梁组织的"纽带"作用，健全企业诉求的收集、处理、督办、反馈制度。二是依法审慎采取强制性措施，依法快速返还涉案财物，最大程度减少对民营企业正常生产经营活动造成的影响。特别是疫情期间慎用信用惩戒，协调法院畅通信用修复渠道。对特殊时期的劳动时间延长，劳动监察部门应从宽查处。三是对诚实守信、注重创新、积极履行社会责任的企业，实行优先办理、简化程序等"绿色通道"支持激励政策，倡导风清气正的企业风气。

（供稿单位：上海市工商业联合会、上海市民营经济研究会）

专题报告九

"双随机、一公开"监管常态化研究

从2015年《国务院办公厅关于推广随机抽查规范事中事后监管的通知》(国办发〔2015〕58号)中提出随机抽查规范事中事后监管,到2019年《国务院关于在市场监管领域全面推行部门联合"双随机、一公开"监管的意见》(国发〔2019〕5号)要求在市场监管领域全面推行部门联合"双随机、一公开"监管的意见,"双随机、一公开"历经四年的探索,取得了良好的效果。这背后是我国市场监管面对新任务、适应新时代,从思维观念、体制机制到方式方法全方位、系统性的变革。为总结经验、查找不足、促进改革走向深入,课题组走访调研了上海市部分区县市场监管局和市场监管所以及深圳市市场监管局和所,了解"双随机、一公开"实施推进情况及问题。在对问题的明确、研究和分析基础上,提出完善"双随机、一公开"事中事后监管机制,以科学有效地"管"促进更大力度地"放",营造良好营商环境,推动市场健康发展。

一、"双随机、一公开"监管的实施成效

从调研中看,"双随机、一公开"改变了以往以巡查为主的日常监管方式,降低监管成本同时提升了监管效能,明显减轻了企业的负担,增强企业第一责任人的意识,杜绝了任性执法,取得"一举多得"的成效。

(一)基本实现全覆盖,统一了行政检查方式

"双随机、一公开"始于2014年天津新港海关的实践探索,逐步在原工商等市场监管部门试点推广,从各地市场监管部门发布的信息看,目前已基本实现两个层面的"全覆盖":一是监管领域的全覆盖。到2019年年底,市场监管部门将首先完成"双随机"抽查全流程整合,在原有工商清单基础上,加上了食品、药品、知识产权、产品质量、特种设备等内容,涵盖了市场监管领域60%以上的检查事项;多个省、区、市还提前完成了市场监管领域行政检查"双随机"全覆盖,在教育、公安、生态环境、交通运输等部门开展了"双随机、一公开"抽查。二是日常监管的全覆盖。除特殊重点领域外,原则上所有行政检查基本实现了"双随机、一公开",取代了原有的巡察式全量检查,形成常态化管理机制。通过以上两方面的全覆盖,逐步形成了市场监管领域统一的行政检查方式,为形成"全国一张

网"铺垫了基础。

(二) 明确"一单两库一细则",增强了执法公开透明

"双随机、一公开"监管常态化倒逼各监管部门形成了"一单两库一细则"。依法明晰了"查什么""怎么查"、随机抽取明确了"谁被查""谁去查",方案、计划、结果等通过各种媒体渠道公布公开,接受社会监督,不仅减少了执法人员和监管对象产生"交集"的机会,也大大提升了执法检查的公正性和透明度,从运行机制上消除了"人情监管"和"任性监管"。

(三) 跨部门联合监管,减少了多头检查干扰

统一行政检查方式、明确检查事项清单、建立检查对象名录库和执法检查人员名录库,孕育了跨部门联合监管的可能性,可实现"进一次门、查多项事",最大限度地减少对企业经营的干扰,提高监管效能。以2018年上海各区为例,徐汇区市场监管局牵头召开联席会议工作例会,开展了6次重点领域跨部门"双随机"检查;普陀区市场监管局牵头协调跨部门随机抽查3次,抽查市场主体达3 251户次;虹口区全年共开展3次跨部门"双随机"、全区跨条线监管工作54次,占全年抽查比例14.5%。随着跨部门联合监管实践的逐步成熟,在减少对企业的多头检查干扰的同时,进一步提高了资源的整合性,锻造了综合执法力量。

二、"双随机、一公开"监管常态化面临的问题

通过调研,课题组认为随着"双随机、一公开"监管常态化推进,在实际操作过程中也逐渐凸显出问题,影响工作开展。

(一) 部分日常监管为"双随机"而"双随机"

课题组了解到,"双随机、一公开"实施以来,每年总局、市局和区局分别按照随机抽查事项清单,制定"双随机、一公开"监管的年度抽查计划,并以此为依据开展年度随机抽查工作,这意味着"双随机"监管任务数是基层年度日常监管的最低要求。除此以外,基层还会有专项检查、投诉举报、飞行检查、转办转交等检查任务。基层监管干部说,"'双随机'的检查对象在抽取时如果未剔除掉前期各类检查中检查过的企业,难免会有重复被检查的情况",造成为"随机"而"随机"的检查。另外,专项检查的对象,同时也是被随机抽取的检查对象,也避免不了重复检查。据介绍,以往采取巡查制,基层可以根据日常监管走访的情况灵活调配监管任务,尽量避免同一家企业短期内重复被检查;采取"双随机"以后,任务更明确了,但可灵活操作的空间就小了,出现任务重复的现象,在一定程度上浪费和消耗基层的监管资源。

(二) 对企业部分失信行为的惩戒措施不合理

以对企业年报的监管为例,对"双随机"

抽查中发现的"未按规定公示年报信息和企业即时信息,或公示信息弄虚作假、隐瞒真实情况,以及失联"等市场主体的异常行为,目前根据原国家工商总局制定的《企业经营异常名录管理暂行办法》和《企业公示信息抽查暂行办法》,仅作出"列入经营异常名录"的处理;经营异常行为主体在补报年份的年度报告并公示后,行政管理部门需在5个工作日内移出异常名录。但监管干部从随机抽取、工作部署、实地检查到对异常行为作出处罚往往需花费近3个月时间。监管干部说:"企业可能只需补报年报信息,就能申请移出异常名录,而我们不管是列入还是移出经营异常名录库,都需要经过烦琐的申请流程,这不是惩罚企业失信行为,反而为难基层监管干部,起不到震慑失信企业的作用。"

(三)多个监管系统不连通切换烦琐

除事中事后综合监管平台外,各专业条线还有各自的监管系统(比如"工商综合监管系统""四品一械业务管理系统"等)。据了解,基层所里最多的时候有13个监管信息平台,这些专业监管系统有移动端的,也有电脑端的,导致基层监管干部在多个监管系统之间切换操作。有基层监管干部说:"检查一家企业需要携带多套移动端检查设备;除此以外,还有需要现场先纸质记录,回到所里再自行录入电脑端监管系统的情况。"特别是"双随机"的检查,还要另外输入到事中事后综合监管平台的环节,其中有大量重复信息,费时耗力,也导致企业监管信息归集汇总不充分,

无法为企业准确画像。

(四)跨部门联合抽查不适用于所有市场主体

为实现"进一次门,查多项事",对同一市场主体的多个检查事项,原则上鼓励一次性完成,比如医院这类大型综合机构,涉及特种设备、医疗器械、消防、物价等多个检查事项,可集合多个部门的监管干部同时进场,以提高执法效能,减少市场主体接受检查的成本。但并非所有企业都欢迎类似的跨部门联合抽查,有企业将联合抽查形象地描述为"由'游击战'改为了'集团战'",企业为应对联合抽查需要抽调多个科室的专业人员陪同检查,一定程度影响正常的生产经营,相比较而言,有的企业反而更欢迎监管干部分批上门检查。

(五)企业对"双随机"监管工作认知还不全面

调研中,有监管干部反映,"有些企业没关注'双随机'公示信息,监管干部上门检查时被企业误认为是骗子",还有企业片面地认为"只要没有被随机抽到,就可以不被检查",因此拒绝除"双随机"以外的任何检查,给监管工作带来阻挠,监管干部在应对业务工作的同时,还要与企业沟通解释,影响监管工作的推进。

(六)基层监管干部任务重责任大仍然存在

任务重、责任大一直是基层监管干部反映最多的,同时也是市场监管体制改革过渡

阶段的突出问题。在前两年的调研中,课题组做过一组工作量测算,"在全勤满负荷情况下,某基层14名监管干部对区域内生产、流通和餐饮环节共1 414家企业实施监管共需175个工作日,处理食品投诉举报需58个工作日,仅履行食品日常监管就需要233个工作日,还不算各类食品专项整治和工商、质监、物价等监管职能"。三年后,课题组再次走访基层所,了解到基层所监管干部任务还未有实质性减少,基层人员一方面承受着"任务做不完、工作连轴转"的压力,另一方面面临着能力提升的压力,不同程度影响监管干部身体健康。据了解,有的基层所90%的监管干部被检查出甲状腺结节或囊肿,健康情况不容乐观。

三、对制约"双随机、一公开"监管常态化的原因分析

从调研的问题来看,"双随机、一公开"已在市场监管领域全面推广运用。正因为有了较多的运用和尝试,才体现出较明显的不适应性,这种不适应性表现出来的有老问题,也有新问题。同时,通过大量访谈、资料收集和分析,课题组认为这种不适应性并不是"双随机、一公开"制度本身带来的,而是制度运行与之配套的环境(包括观念、体制、方法、技术等)的不匹配、不协同、不融合而产生的。具体而言,课题组认为有以下几方面原因。

(一)基层任务"只增不减","双随机"反成专项

1. 条线监管和综合治理融合还不充分

上海市市场监管系统采取的是自下而上的改革。从2015年开始,各区县就陆续"三合一""四合一",直到2018年11月28日,随着上海市市场监管局的挂牌,才最终形成市、区县到所的系统性体制改革。改革后呈现两大特点:一是区县局由原各自系统市局的垂直管理变为地方政府管理,区县局要执行来自上级部门和本级政府的任务。因此,区县局和基层所除条线监管任务外,还要承接综治、拆违等块上综合性任务,综合治理就至少需要长期消耗1~2名监管干部。二是内设机关科室设置,除综合部门外,业务部门基本上是原三局的整体叠加,机构的整合还是停留在形式上的物理性整合,内部职能整合还未完全融合到位。这导致在市局整合后,综合性的任务重复下发虽得到极大改善,但业务性的任务重复下发还未有较大变化,各业务处室依然按条线下发任务清单。以2019年市场监管系统"双随机"监管工作计划为例,全年68项抽查计划,分别有17个牵头部门(单位),逐级下发到基层,而计划完成时间都集中在3、4季度(见图9-1)。在大部分基层所监管职数未增加的情况下,基层监管干部需直接承担来自条块的任务叠加,任务量相比以往更大更集中。

2. "双随机"中的基层缺少一定自主权

基层所是"全能"的,但又是"无能"的。

经 济 发 展

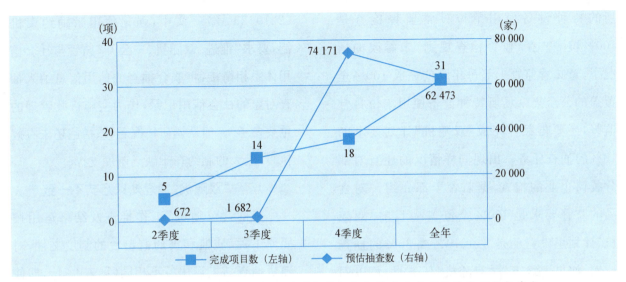

图 9-1　2019年市场监管系统"双随机"监管任务各季度完成项目数和预估抽查数

注：1.根据上海市市场监管局《2019年"双随机、一公开"监管工作计划》数据整理；2.分类按照计划中最晚完成时间算，如"在用计量器具监督检查"是计划5—11月完成，整个项目横跨3、4季度，为方便统计，归类在4季度完成的项目。

课题组了解到，大多数基层所是网格化管理，实施包干制，即1~2名监管干部负责部分街道的所有监管任务，更能明确监管职责。"双随机"实施后，以往网格化监管的格局被"随机抽取"打破，监管干部除要承担网格化管理的日常工作以外，还会被"双随机"任务分配到其他区域履行监管职能。理论上讲，这样的方式有利于消除"人情执法"和"任性监管"，但对比以往日常监管模式，监管干部可根据实际了解的情况灵活调节检查任务，"双随机"却是给了一个硬性指标，基层除了执行，无力改变，实际是给监管干部增加了任务数量。

3. 原日常监管任务未全部纳入"双随机"项目

以特种设备的检查为例，2019年度的双随机抽查计划里，"对特种设备使用单位开展监督检查"的抽查比例规定的是18%（见图9-2）。

但按照《特种设备现场安全监督检查规则》（以下简称《监督检查规则》）第七条、第八条要求，"学校、幼儿园以及医院、车站、客运码头、商场、体育场馆、展览馆、公园等公众聚集场所的特种设备使用单位"属于重点监督检查的特种设备使用单位，"每年日常监督检查次数不得少于1次"，也就是对公共聚集场

序号	任务名称	计划时间	牵头部门	协同部门	检查事项	检查对象	待抽查	抽查	预估抽查户数
40	对特种设备使用单位开展监督检查	全年	特种设备安全监察处		对特种设备使用单位的监督检查	特种设备使用单位	64204	18%	11613

图 9-2　《2019年"双随机、一公开"监管工作计划》中"特种设备使用单位开展监督检查"

所的特种设备使用单位日常监督检查是100%覆盖。在《监督检查规则》未修改的情况下,意味着监管干部每年既要完成100%全覆盖的公众集聚场所特种设备使用单位日常监督,还要再额外完成"双随机"计划要求的18%的抽查任务。出现同样情况的还有对部分餐饮企业的检查,据监管干部介绍,"对食品的监管要求是100%全覆盖①,目前'双随机'计划里设置的是3%、10%或30%的抽查比例,如果上级下发'双随机'任务早,可以同时完成,如果时间相隔比较久,就有可能产生重复检查"。

4. 有效引入专业力量的力度还不够

市场监管干部往"全科医生"转型是必然趋势,不仅是体制改革的需要,更是维护市场健康有序发展的需要。但"全科医生"替代不了"专科医生"。在特定领域的抽查,在满足执法检查人数要求的基础上,吸收检测机构、科研院所和专家学者等参与,通过听取专家咨询意见等方式辅助抽查,满足专业性抽查需要,同时也能减轻基层监管干部的监管任务压力。但目前,如何有效引入社会力量还鲜有成功经验和案例推广应用,大多数基层监管干部还是凭借自身经验判断,或在与专家的人情交往基础上获取专业性意见。

(二)公示信息和社会信用体系相分离,信用监管效果不佳

在《上海市人民政府贯彻〈国务院关于在市场监管领域全面推行部门联合"双随机、一公开"监管的意见〉的实施意见》(沪府规〔2019〕25号)一文中,强化信用激励约束机制,要求"推进'双随机、一公开'监管与社会信用体系相衔接,将联合抽查的信用信息纳入抽查对象的社会信用记录,作为实施行政管理的重要参考"。但从调研情况看,该措施还未有效执行,最大的制约在于缺乏制度支撑。

1. 对"双随机"抽查处理方式不一致

目前,"双随机"工作推进及结果运用按照原工商、质监和食药监出台的制度文件,对随机抽查结果运用各不相同(见表9-1),即使纳入到信用记录,也多为本系统内,还没有与"信用中国"等社会信用体系相衔接,起不了联合惩戒的效果。

2. 信用分级标准不一致

信用分级是信用监管的基础。原三局对信用分级的标准、针对的对象等不尽相同(见表9-2),但大致都是分为四大类:守信、基本守信、失信和严重失信。课题组在进一步调研中了解到,目前原工商的抽查业务已不再采用此信用分级,取而代之的是"企业经营异常名录"和"严重违法失信企业"两类。监管干部说,"没有信用评级,确定抽查比例频次就失去了依据"。随着市场监管改革的深入,原分条线的监管逐渐向综合监管过渡,应尽快统一谋划,研究明确影响市场主体信用分类的因素,在统一归集信用信息基础上开展信用分级。

---

① 根据《关于实施餐饮服务食品安全监督量化分级管理工作的指导意见》(国食药监食〔2012〕5号)中"监督频次"要求:动态等级评定为优秀的,原则上12个月内至少检查1次;评定为良好的,原则上6个月至少检查1次;评定为一般的,原则上4个月至少检查1次。

表9-1 原工商、质监和食药监对随机抽查结果运用对比

	原 工 商	原食药监	原 质 监
处理方式	通过登记的住所无法联系,未按规定公示应当公示的信息或者公示信息隐瞒真实情况弄虚作假的,列入经营异常名录,并公示	随机抽取的食品药品生产经营者、检查人员的名单以及检查结果应及时向社会公开。同时,将检查结果纳入企业的食品药品安全信用档案	随机抽查结果纳入检查对象社会信用记录。对发现违法行为,需要给予行政处罚的应当依法实施行政处罚,涉嫌犯罪的应当依法移送司法机关
	经查实市场主体确有违法违规行为但情节轻微、不予行政处罚的,提出整改要求,制发责令整改通知书,并公示		
	经查实市场主体确有违法违规行为,按照法律法规规章制定的程序实施行政处罚,并公示		
	经查实市场主体确有违法违规行为,但属于其他行政机关管辖或涉嫌犯罪的,应当依法移送其他具有管辖权的行政机关或司法机关处理		

注:根据《上海市工商行政管理局"双随机、一公开"监管实施办法》《关于进一步做好食品药品安全随机抽查加强事中事后监管工作的实施意见》《上海市质量技术监督局关于推行"双随机、一公开"强化事中事后监管的实施办法(暂行)》整理。

表9-2 原工商、食药监和质监信用分级分类

	原 工 商	原食药监	原 质 监
信用分级	1. 守信标准	1. 守信	1. 守信(A级)
	2. 警示标准	2. 基本守信	2. 基本守信(B级)
	3. 失信标准	3. 信用缺陷	3. 失信(C级)
	4. 严重失信标准	4. 失信	4. 严重失信(D级)

注:根据《关于对企业实行信用分类监管的意见》(工商企字〔2003〕第131号)、《上海市食品生产企业食品安全风险与信用分级监管办法》(沪食药监规〔2017〕5号)、《关于加强企业质量信用监管工作的意见》(国质检质〔2006〕464号)整理。

(三)技术应用迭代升级严重滞后于新制度实施

"双随机、一公开"之所以可行,很大程度上依赖于大数据带来的精准特性,比如当全面掌握每家企业的行政许可、监督检查、投诉举报、违法行为等一系列的数据时,就为企业的风险分类提供了数据基础,从而自动区分了随机抽查对象库的类别,可为监管干部提供精准出击的信号。而从基层实际情况看,完善建立数据监管的任务任重而道远。一是目前即使在同一系统内,数据壁垒依然存在。在调研中,监管干部就无奈说道:"大数据时

代,连自己系统内部的数据都看不全,有时候为了办案还要付费到'企查查'上查看。"二是大量监管数据仅停留在"录入"阶段,未被分析加工,形成"僵尸数据",无法为监管服务提供"数据红利",这也是导致同一家企业每年都有可能被随机抽取的原因之一。

(四)尽职免责尚未明确界定,基层呼吁细化标准

"双随机、一公开"监管制度的实施虽然明显减少了任意执法、过度执法的情况。但在目前还未完全实现以问题为导向的精准执法现状下,不确定性带来的监管风险使基层监管干部在监管过程中需承受巨大的精神压力,也产生部分监管干部"不敢"执法、或故意考不出专业执法证而"逃避"执法等问题。课题组翻阅了近四年关于随机抽查工作中对"责任"的条款描述,从2015年仅提出"对监管工作中失职渎职的依法依规严肃处理"[①],到2019年发文中[②]提到对随机抽查中存在的6类情形可以免除行政责任,对基层监管干部的保护和鼓励起到了积极正面的导向作用。但正如基层监管干部所说,"文件虽然对免责有所提及,却缺少具体的实施细则和执行方案;即使有细则了,纪检监察和检察机关是否认可"。由于这些法规配套建设还没有跟上改革的速度,基层监管干部还是会有较大的思想顾虑和包袱。

(五)检查事项未合并同类项,联合监管协同性还不够

近年来,各部门大力推行"联合监管",即"一次上门、全面体检",以减少对企业的不合理干扰。但"联合监管"目前多以物理方式堆叠检查事项,组织各部门同一天上门检查。虽然减少了对企业的检查次数,但检查内容和检查项目并未减少,"全面体检"一次仍然任务繁重。因此,如果没有从制度上厘清具体的检查事项内容,并进行合理的"化学融合",不仅不能发挥"双随机、一公开"的监管优势,反而有可能适得其反。

(六)"双随机、一公开"工作宣传普及还需加强

从调研来看,"双随机、一公开"工作的宣传普及还没有达到完全覆盖。一是还没有覆盖全部监管对象,特别是中小企业,由于平时极少关注新闻信息,对"双随机、一公开"的知晓和认知程度几乎为零;二是还没有覆盖所有制度内容,日常偏重对工作流程的告知,对企业需承担的主体责任以及对失信行为的具体惩戒措施的宣传较少,无法引起企业对"双随机"工作的重视;三是"一公开"的效果不理想,随机抽查的计划、名单以及结果在国家企业信用信息公示系统上进行公开公示,但这个平台本身不被所有企业熟知,其公示页面在主页面上体现也不明显,达不到公示公告的效果。

---

① 参见《国务院办公厅关于推广随机抽查规范事中事后监管的通知》(国办发〔2015〕58号)。

② 参见《关于推进"双随机、一公开"监管工作的通知》(国市监信〔2019〕38号)、《上海市人民政府贯彻〈国务院关于在市场监管领域全面推行部门联合"双随机、一公开"监管的意见〉的实施意见》。

四、对完善"双随机、一公开"监管机制的对策建议

"双随机、一公开"是放管结合的重要措施,更是倒逼市场监管改革的重要抓手。因此,解决"双随机、一公开"推进实施中的问题和困难,不应单打独斗,"头疼医头、脚痛医脚",要结合市场监管整体改革协同推进。课题组认为可以从以下五个方面着手。

(一)加快建设以信息共享为基础的"互联网＋监管"

1. 统一智慧监管工作平台

借助"互联网＋监管"新模式,在原事中事后综合监管平台和日常监管系统的基础上实现市场监管工作平台的整合。整合后的智慧监管平台应集合企业基础数据、监管数据、统筹工作任务等功能,应涵盖动态更新的"两库"和原三局的业务条线模块。智慧监管平台的建立旨在打破部门间的信息壁垒、机制障碍,以及各自为政的监管格局,促进多部门的联动响应、联合监管执法,有效解决监管职能交叉带来的多头执法、轮番检查、监管效能低、执法扰民等问题。

2. 制订数据标准与规范

信息化程度越高,对数据应用和共享的需求就会越强烈。但目前,原各局的数据标准还不统一成为影响数据应用的最大障碍,突出表现在:数据录入缺少规范,出现空字符、错误字符等情况,数据质量水平参差不齐;数据描述不一致,难以在不同系统直接实现互通,导致需要重复填写、重复录入等问题。因此要构建一体化的市场监管信息化体系,将市监政务数据、直属机构业务数据(标准、检验报告等)纳入体系管理,首先要统一全局系统对数据的理解和使用,制订上海市市场监管系统数据标准,统一规范数据的业务属性、业务规则、管理属性和技术属性等,为业务协同、资源共享和数据应用提供标准规范。

3. 研发运用新技术新方法

目前,上海市市场监管系统虽然已有移动信息化监管、风险预警等新技术、新方法的尝试和运用,但运用范围还不够广、运用领域还不够多、运用效果还不够明显,特别是原来各部门对新技术、新方法运用程度也不同步,无法在面上形成监管合力,新技术的作用发挥有限。建议进一步加强市场监管领域的技术战略储备,加快以信息化为基础的监管方式方法应用的研发与运用,比如在原工业产品生产、特种设备使用环节使用的移动信息化监管系统基础上,汇总整理各条线监管需求、监管清单和检查流程,以一体化监管思路和设计,推进移动信息化的建设和运用;在信息资源治理、整合基础上,充分利用大数据挖掘分析技术,自动筛选提取有效情报信息,实现安全风险预判,为监管决策提供可靠数据支撑。

(二)以开展信用评价为基础提升信用监管效能

1. 建立市场主体信用记录

通过数据归集、融合和处理等方式,从注

册登记、资质审核、日常监管、公共服务等各类业务事项办理过程中获取信用记录,建立市场主体的信用档案,做到可查可溯可核;同社会信用体系对接,形成更完整的市场主体信用记录。

2. 建立信用分类评价标准

加快推进信用分级分类监管机制和评价体系的建设。以信用信息平台数据为支撑,根据质量安全风险程度、企业信用行为等创建清单制的可量化的评价指标,建立统一的基础性的信用评价标准,设定信用等级分类细则。对信用较好、风险较低的市场主体,合力降低抽查比例和频次,减少对正常生产经营的影响;对信用风险一般的市场主体,按常规比例和频次抽查;对违法失信、风险较高的市场主体,适当提高抽查比例和频次,依法依规试行严管和惩戒。

3. 建立信用激励和约束政策

从法律法规层面明确失信行为和守信行为各个等级的惩罚和激励政策。对失信主体强调"一处失信,处处受限",通过联合惩戒等方式让失信主体寸步难行。对守信主体强调"时时守信,处处受益",从金融、信贷、财政扶持、行政许可优先等多方面给予主体激励和支持。在全社会形成守信受益、失信受限的诚信氛围。完善信用修复机制,按失信行为严重程度制定相应的自动修复年限,并增加信用修复渠道,信用主体可通过完成信用整改、长期坚持守信行为、积极参与慈善活动等进行信用修复。国家信用公示平台也应积极接收企业反馈,及时修复企业信用,保障企业应该享有的权益。

(三) 建立完善适应市场监管方式转变的制度保障体系

1. 修订相关法律法规

党的十九大报告中明确指出,建设法治政府,推进依法行政,严格规范公正文明执法。作为主管市场监管的行政执法部门,要进一步推进市场监管法治建设,促进市场向规范化法治化方向迈进。一是针对有明显冲突的规定要及早修订,统一监管规则和要求,减少无效监管,避免重复交叉任务。二是进一步明确随机抽查和其他专项或重点检查的关系,对不适宜列入随机抽查的事项,应按现有方式严格监管,不再列入"双随机"工作计划中。

2. 加快出台尽职免责清单

目前,甘肃省和浙江省已分别制定出台尽职免责具体细则[1],分别梳理了24个具体免责情形和3个从轻减轻追责情形。上海市市场监管系统可借鉴经验,联合纪检监察等部门从规章制度层面对执法行为提出具体明确、可操作的规范性要求;借助问卷调查等方式倾听基层的声音,汇总基层执法工作中的各类场景,制定相应细则规范;明确清单制定牵头部门、时间进度等。一方面消除监管干部的顾虑,提高工作积极性;另一方面也是用制度约束执法行为,提高监管质量,防止任意

---

[1] 参见《白银市市场监管部门行政执法尽职免责办法(试行)》(白市监法〔2019〕282号)、《浙江省市场监管局关于保障市场监管行政监管干部依法履职的若干规定》(浙市监法〔2019〕21号)。

执法,为更深层次地推进落实简政放权、放管结合、优化营商环境提供法律和制度保障。

(四) 着力加强上下联动和系统内外统筹协调

1. 明确牵头部门统筹规划

深入推进"双随机、一公开"是一项系统性工程,关键节点多、覆盖面广、协同性强,更需要强有力的组织体系和工作体系保障各项工作的全盘谋划、协调推进和有效落实。因此,一是建议进一步明确"双随机、一公开"牵头部门统筹规划工作任务,借助监管工作平台整合各条线随机抽查计划,避免重复下发检查任务,减轻基层工作量。二是梳理细化检查事项清单。在分类监管的基础上,省级市场监管单位应梳理、细化检查事项清单,确立清晰统一的检查比例和检查频次。联合监管应制定监管细则,梳理检查项目,确定适合进行跨部门联合监管的监督检查内容,并对检查项目做科学合理的"化学融合",减少联合监管的重复工作量,更避免物理性堆叠检查项目。不论是"多次上门"还是"一次上门",都要从企业的获得感、基层监管干部的感受度着手,以"放管服"改革、优化营商环境为前提,减轻企业负担,减轻监管干部负担,将改革往更深、更实处推进。

2. 充分发挥社会力量作用

一是在如电梯、医疗器械等专业性较强、技术性较强的领域,继续探索引入市场化专业监管力量,提高市场监管的专业化水平,降低基层监管干部的履职恐慌;二是在大数据、云计算等新技术领域,借鉴社会应用度较高的"企查查""天眼查"等平台理念和技术优势,尝试探索与社会优质大数据平台合作,增强用户体验;三是在信用监管领域,可扶持一批第三方信用服务机构参与信用监管,提供信用评价报告,降低行政部门人力和时间成本。

3. 实施有效的宣传引导

坚持以企业为中心的政策宣传观念,改变长期以来以政府文件方式"发各有关部门"的传统做法,切实解决好政策宣传、推送的及时性、精准性、有效性问题。一是在宣传内容上要更全面,告知企业如何做的同时,也要加大对企业主体责任的宣贯,避免企业因思想松懈、疏忽等原因导致的失信行为,影响企业诚信记录,也不利于提升监管质效;二是在宣传途径上更创新,借助多渠道的推送,确保公众及时接收信息。"一公开"信息更可以通过多种渠道的公布,提升影响力,增加威慑力,通过信息公开让企业重视市场监管,充分发挥市场行业自律,减少违法行为发生,维护市场稳定发展。

(供稿单位:上海市市场监督管理局)

专题报告十

经济结构转型升级　非公人才提质增量
——2019年上海市非公有制企业人才发展报告

改革开放以来，上海市非公有制经济得到长足发展，2019年非公经济增加值占上海市生产总值的比重达到52.0%[①]。国以人兴，政以才治，非公经济的迅速发展离不开人才的有力支撑，非公企业人才（以下简称"非公人才"）正日益成为推动城市能级和核心竞争力提升的积极力量。上海市委组织部、市人力资源和社会保障局、市统计局和国家统计局上海调查总队联合开展了上海市非公有制领域人才状况抽样调查。调查显示，2019年上海市非公人才提速增量，经营管理人才仍为非公人才主力，研究生学历占比突破一成，青年人才成为中坚力量，制造业人才呈现分化态势，科技及相关行业人才迅速聚集、人才区域布局进一步优化、不同区域人才错位发展；但同时存在非公人才离职流动现象较为普遍、非公企业选人用人标准值得商榷、人才评价标准与现实存在差异等情况，需引起关注。

一、非公人才发展现状

（一）人才总量持续增长，队伍结构进一步优化

1. 非公人才提速增量

调查显示，2019年上海市非公人才总量为359.68万人，比2018年增加9.24万人，增长2.6%，增速比2018年提高2.5个百分点，整体呈现出提速增长态势，三类人群比重均有所上升（见图10-1）。其中，政治身份为中共党员的有33.25万人，占非公人才总量的9.2%，占比较2018年提高0.5个百分点；女性148.68万人，占比41.3%，同比提高1.2个百分点；少数民族10.39万人，占比2.9%，同比提高1.0个百分点。

2. 经营管理人才仍为非公人才主力

在总部经济和现代服务业快速发展带动下，上海市经营管理人才集聚度相对较高，经营管理人才多年来一直占据非公人才主力地位。调查显示，2019年上海市非公人才中经

---
① 数据摘自《2019年上海市国民经济和社会发展统计公报》。

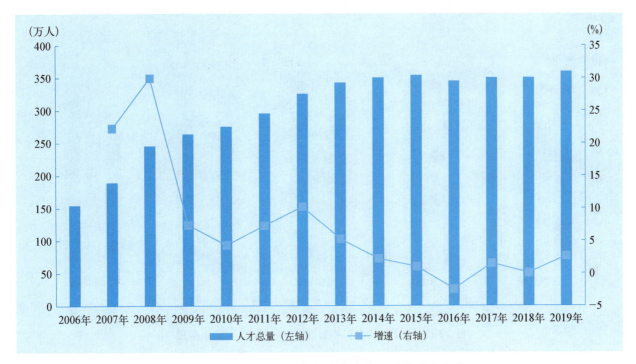

图 10-1　2006—2019 年上海市非公人才总量及增速

营管理人才为 200.78 万人,占非公人才总量的 55.8%,占比较 2018 年提高 1.9 个百分点。从增速看,经营管理人才已连续 3 年保持增长态势,2019 年增速更是达到 6.2%,比 2018 年提高 5.9 个百分点,特别是中高级经营管理人才,增长更为明显,增速均超过 8%。

3. 研究生学历占比突破一成

受我国进入高等教育普及化阶段,人均受教育程度普遍提升以及产业结构优化升级加快,对人才学历要求不断提高的双重影响,上海市非公人才学历水平进一步提升。调查显示,2019 年上海市非公人才中研究生及以上学历达到 39.31 万人,比 2018 年增加 4.95 万人,占非公人才总量的 10.9%,占比自 2006 年来首次突破一成(见图 10-2);非公人才平均受教育年限①也较 2018 年有所增长,达到 14.7 年。

4. 青年人才成为中坚力量

近年来,越来越多的青年加入非公人才队伍,青年非公人才发展突出,增速和比重均有所提高。调查显示,2019 年上海市非公人才中 35 岁及以下青年人才为 167.92 万人,比 2018 年增长 5.7%,增速较 2018 年提高 1.3 个百分点;青年人才数量占到非公人才总量的 46.7%,在 6 个年龄段中占比最高,青年人才已成为上海市非公人才中不可或缺的重要组成部分(见表 10-1)。

---

① 人才平均受教育年限=(初中及以下人才数×8+中专及高中人才数×12+大学专科人才数×15+大学本科人才数×16+研究生及以上人才数×18)/人才总数。

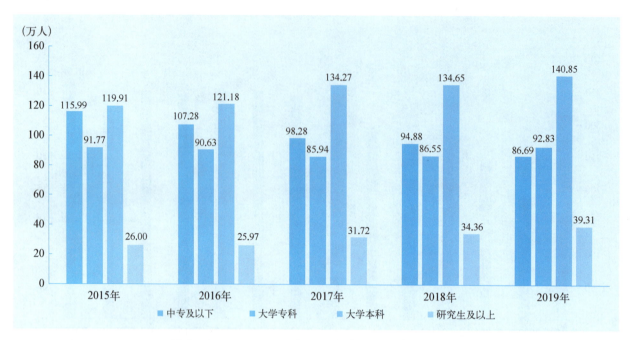

图 10-2　2015—2019 年上海市非公人才学历分布图

表 10-1　2018—2019 年上海市非公人才年龄分布情况

年龄分布	2018 年		2019 年	
	人数（万人）	占比（%）	人数（万人）	占比（%）
35 岁及以下	158.91	45.4	167.92	46.7
36~40 岁	70.16	20.0	70.24	19.5
41~45 岁	44.39	12.7	43.82	12.2
46~50 岁	31.35	8.9	30.63	8.5
51~54 岁	15.85	4.5	17.50	4.9
55 岁及以上	29.79	8.5	29.57	8.2

（二）行业人才差异化分布，区域人才错位发展

近几年，上海市经济结构进一步优化，新兴技术带动现代科技相关产业迅速发展，非公人才区域集聚、行业集聚特征显著，呈现出行业人才差异化分布、区域人才错位发展的格局。

1. **制造业人才呈现分化态势**

受产业结构不断调整影响，近年来上海市制造业非公人才整体呈现下降趋势。调查显示，2019 年上海市制造业非公人才为 88.25 万人，比 2018 年下降 5.6%；制造业人才占非公人才总量的 24.5%，比 2018 年下降 2.2 个百分点。尽管制造业非公人才总量有所下滑，但受产业转型升级带动影响，制造业人才发展呈现分化态势。2019 年上海市制造业非公人才中经营管理人才明显增长，数量比 2018 年增长 5.4%；而专业技术人才和技能人才则有所下降，降幅分别为 8.3% 和 18.6%。

2. **科技及相关行业人才迅速聚集**

在上海科创中心建设步伐不断加快带动下，科技人才凝聚力持续增强，科技及相关行业人才高地逐步形成。调查显示，2019 年科技及相关行业非公人才发展速度明显加快，租赁和商务服务业，信息传输、软件和信息技术服务业，科学研究和技术服务业非公人才增长速度均超过10%。具体来看，租赁和商务服务业非公人才比2018年增长14.7%，达到47.99万人；信息传输、软件和信息技术服务业增长16.1%，达到37.15万人；科学研究和技术服务业增长12.9%，达到26.34万人。

3. 人才区域布局进一步优化

调查显示，2019年浦东新区非公人才数量遥遥领先，高达90.04万人，占全市非公人才总量的四分之一；位列第二和第三的是闵行区和嘉定区，分别为31.01万人和29.32万人，两者占比均超过8%。受经济结构优化升级等因素影响，以服务业为主的中心城区非公人才也有较大发展，2019年中心城区非公人才合计达到121.82万人，比2018年增长6.4%，占全市非公人才总量的33.9%，占比较2018年提高1.2个百分点。

4. 各区非公人才错位发展

区位熵[①]是反映某一区域在某一领域地位和作用的重要指标，人才区位熵指标可以反映某行业在不同区域的人才聚集情况。从行业看，农、林、牧、渔业人才区位熵最高的是崇明区，为12.1，表明生态产业发展促使第一产业人才齐聚崇明区；交通运输、仓储和邮政业区位熵最高的是虹口区，为3.40，表明随着国际航运中心建设与发展，虹口区作为航运服务总部基地吸引了大批行业人才。

二、非公人才发展中值得关注的问题

1. 非公人才离职流动现象较为普遍

调查显示，2019年有68.3%的非公企业存在人员离职流动情况，员工平均流动率为31.1%。近几年，非公企业人员离职流动频繁，其原因主要有两点：一是受产业结构调整影响，人才跨界流动频繁；二是为追求更好的职业发展前景和薪资待遇，更多非公人才愿意尝试不同工作和岗位，一定程度上加剧了人才流动。

2. 非公企业选人用人标准值得商榷

伴随新兴行业的迅速发展以及前沿技术的日新月异，企业对人才的技能要求不断提升，企业更倾向于有工作经验和一定积累的从业人员。通过走访调研13家非公企业发现，有6家企业明确表示只通过社会招聘和同行推荐选录人才，另有2家企业表示虽然会举行校园招聘，但高级职位仍只对有工作经验者开放。之所以出现这种情况，主要是由于应届毕业生培养周期较长，培养成本相对较高，而社会招聘和同行推荐而来的从业人员能更快适应工作岗位，为企业带来效益。虽然应届毕业生在工作经验方面可能略有欠

---

① 区位熵指的是某区域某一指标占比与全市这一指标占比之间的比值，如某区金融业人才区位熵=某区金融业非公人才数占该区非公人才总量比重/全市金融业非公人才数占全市非公人才总量比重。

缺,但青年人具有的活力与潜力更大,非公企业选人用人标准值得商榷。

3. 人才评价标准与现实情况存在差异

国家职业标准是基于职业或工种进行设计开发的,但随着经济社会不断发展,企业实际需求相较于传统岗位设定要宽泛得多,这也使国家职业标准的共性要求与企业岗位设置的个性化需求之间存在衔接缺口。2019年上海市非公人才中有37.56万人取得国家评定的专业技术职称或职业资格证书,占比仅为10.4%。之所以出现这种情况,主要是由于较多非公企业倾向于根据自身发展特点及需求,在企业内部建立独立的人才筛选和评级机制,以国家职业标准评定持证上岗、持证评级的情况越来越少,这种情况在高新技术企业和新兴服务业企业方面表现较为突出。

三、关于非公人才发展的意见建议

1. 继续加大海外人才引进力度

调查显示,2019年上海市非公企业使用境外劳动力达到9.17万人,比2018年增长25.8%,其中78.7%为本科及以上学历。随着上海"五个中心"建设不断推进,国际化高端人才需求不断增强,继续实施更加积极、开放、灵活、有效的海外人才政策,充分发挥市场导向作用和用人单位主体作用,在全球范围内持续引进各类上海紧缺急需的海外人才,对上海市经济持续健康发展至关重要。

2. 继续完善人才引进后续政策

现阶段人才竞争已从单一的"价格"竞争、"政策"竞争,逐步演变为综合性的大环境竞争,各地人才优惠政策层出不穷,如通过对顶尖和领军人才给予工作经费资助、奖励津贴,对随迁父母发放医疗健康证、随迁配偶协调安排就业、随迁子女协调安排入学等措施,吸引人才落户工作。上海市应继续深化人才管理服务,鼓励在住房、医疗、户籍、子女入学等方面给予高层次人才更多扶持和倾斜,鼓励非公企业与高校、科研机构人才双向流动,使人才引得来、留得住、用得好。

3. 继续健全非公人才评价标准

目前,国家正在逐步完善人才评价标准,2019年人力资源和社会保障部、国家邮政局已联合颁布了《快递员国家职业技能标准》和《快件处理员国家职业技能标准》,明确了这两个岗位的职业技能等级,但现实中仍有较多新兴岗位无法进行人才分类评级。今后,在人才评价标准方面要进一步加大力度、加快步伐,通过广泛征询意见,加强人才职业、岗位、层次等方面的评级,进一步健全和完善人才评价标准,为非公人才的科学评价和等级评定提供参考。

(供稿单位:国家统计局上海调查总队,主要完成人:何琳,核稿人:于英霞)

专题报告十一

2019年徐汇区民营经济发展报告

一、2019年徐汇区民营经济发展指数

(一) 民营经济在徐汇区发展的背景概述

徐汇区高度重视民营经济发展,不断为民营经济营造更好发展环境。2018年,徐汇区政府制定出台了《关于大力支持民营企业发展壮大、为民营经济营造更好发展环境的实施意见》,在减轻民营企业负担,支持民营企业做大做强做优,增强企业核心竞争力,构建亲清新型政商关系等方面,实实在在地为徐汇民营经济"撑腰"。区委区政府主要领导与依图科技、星环科技等公司的17位民营企业家代表深入交流,倾听企业家在经营中的困难、问题和对徐汇民营经济发展环境的意见建议。

民营经济总量不断壮大,占徐汇区经济总量比重不断增长,结构持续优化。截至2019年,徐汇区有各类市场主体5.26万户,共有民营经济主体4.26万户,其中私营企业3.08万户,个体工商户1.18万户,民营经济占比约80%。民营经济合计注册资本达2090亿元。吸纳就业人数已经超过18.61万人,约占全区就业人数的35.0%,民营企业税收较2018年增长11.14%。民营企业税收主要来源于房地产、金融、科技、律师、商务和文化等,商务类企业、科技类和律师类税收贡献较其他类型民营企业高。全区503家高新技术企业中民营企业有371家,占全区的73.7%,18家独角兽及瞪羚企业全部为民营企业。2019年上海市民营企业百强排行榜中,徐汇区有5家企业上榜。民营经济已经成为徐汇区市场主体的重要力量、经济贡献的重要力量、科技创新的重要力量、对外交流的重要力量。

围绕"高质量发展、高品质生活、高标准管理"主线,徐汇区不断优化产业结构,民营企业涉及领域也在不断拓宽,涵盖人工智能、生物医药、信息技术、租赁和商务服务业等新兴产业领域。成功引进微软亚洲研究院(上海)、腾讯华东总部、网易上海总部、小米创新中心、商汤超算中心等一批标杆民营企业、平台和项目,极大提升了徐汇区民营企业竞争力和影响力。2018年,人工智能民营企业相关产业总产出210亿元,同比增长30%。智慧城市发展水平指数名列全市第一。

(二) 徐汇区民营经济发展指数概述

为了更好地描述徐汇区民营经济现状,

持续跟踪民营经济发展情况,构建企业成长生态视角,着眼于创新成熟度、营商环境满意度、人才需求度、经营成本、企业发展基本情况。课题组编制了徐汇区民营经济发展指数。

2019年徐汇区民营经济发展指数分"硬指标"和"软指标",2019年"硬指标"达到59.16分,2019年"软指标"达到42.61分,合计算出2019年徐汇区民营经济发展指数为101.77分。

"硬指标"数据显示:4年来,在经济贡献度方面,民营企业税收缴纳增长了109%;在社会责任方面,民营企业注册资本增长了159%、民营企业就业人数增长112%;在科技创新方面,每万人拥有专利数、科学技术奖获奖等方面呈现出翻倍增长。"硬指标"充分体现了民营经济在经济贡献、社会责任感、做大做强、科技创新等方面整体取得了较好的成绩(见表11-1和图11-1)。

表11-1 2019年徐汇区民营经济发展"硬指标"得分

一级指标	二级指标	2019年得分
基本情况	民营企业数量	2.10
	个体工商户数量	2.16
	企业税收	8.36
	个体工商就业人数	2.46
	民营企业就业人数	4.24
	民营企业外贸出口额(亿元)	5.32
	民营注册资本(亿元)	5.18
	个体注册资本(亿元)	3.15
企业创新	民营企业中上海市著名商标数	3.37
	当年民营企业新增小巨人数量(含培育)	3.33
	每万人拥有专利数	7.20
	民营企业中高新技术企业数量	4.29
	上海市科学技术奖获奖单位	8.00

从"软指标"来看,徐汇区民营企业总体处于优良状态,政府在民营企业营商环境的打造、企业经营成本、企业人才诉求等方面,都处于"优良"状态,特别是在搭建交流沟通平台以及减轻企业税负等方面,成绩凸显(见表11-2和图11-2)。

同时,从"软指标"也可以看出,近年来,区政府在努力改善、营造良好的营商环境,降低企业经营成本等方面虽然取得了良好的成绩,但是企业家的感受度不够,离预期还是有

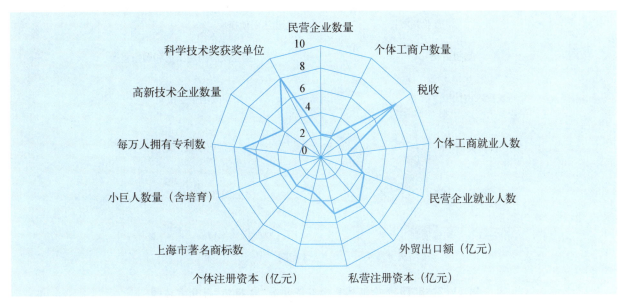

图 11-1　2019 年徐汇区民营经济发展"硬指标"得分雷达图

表 11-2　2019 年徐汇区民营经济发展"软指标"得分

一级指标	二级指标	2019年得分
营商环境	营商环境满意度	3.02
	企业注册便捷度	3.05
	企业政府沟通渠道和顺畅程度	3.05
	营改增企业税负	3.14
	行业准入、地位平等	2.26
	知识产权保护	3.46
	政府搭建平台	3.55
人才	人才招聘	2.28
	人才流失	2.39
经营成本	融资便利	2.54
	融资成本	3.39
	投资渠道	2.75
	研发投入占比	2.75
	房租占比	3.27
	营业额增长	1.72

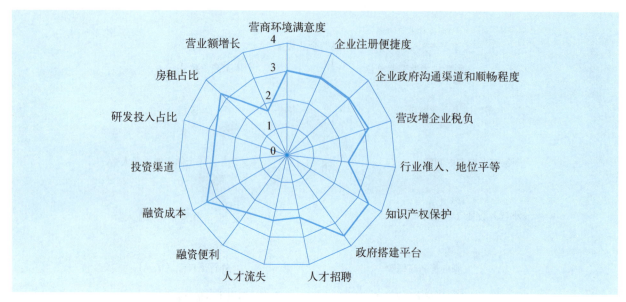

图 11-2　2019年徐汇区民营经济发展"软指标"得分雷达图

点距离,在一些核心指标,如何帮助企业做大做强、提升企业行业地位等方面还是存在着较大的改善空间。

二、徐汇区民营经济发展状况

(一) 企业社会责任意识不断增强

一方面,随着徐汇区民营企业经济实力的提升,社会责任意识逐渐增强,民营企业逐渐从关注企业自身发展转向关注自身发展与社会发展并重;另一方面,徐汇区民营企业在发展过程中,出于树立正面公众形象的需要,更加注重承担社会责任,参加扶贫、教育、医疗、捐赠等各类社会事业、公益事业,由此收获良好的社会评价。

在吸纳就业人员方面,2019年徐汇区民营经济从业人员达到186 122人,占全区从业人数的35%,2019年民营经济税收缴纳较2015年增长了109%,现有企业数中,民营企业占据了全区企业数的77%,一系列数据凸显了徐汇区民营经济的总量不断扩大,企业社会责任意识不断增强。

(二) 服务型民营企业占据主导地位

根据调查问卷显示,调查对象的企业所属行业以服务业为主,其中信息传输、软件和信息技术服务业占比为33.0%,其他服务业占比35.78%,工业企业占比12.84%。在企业成长阶段,10年以上,占到39.45%,其次是1~5年,占34.86%。

在企业规模方面,徐汇区民营企业以中小企业为主,其中1~20人企业占比33.03%,20~99人企业占比37.61%,100~299人企业占比9.17%,300人以上企业占比20.18%。

(三) 工商联成为民营经济发展的重要桥梁

工商联(总商会)是否为企业家,特别是青年企业家提供了较好的成长平台,64.22%

的调查对象认为其提供了较好的成长平台，27.52%认为一般，而8.26%则认为没有提供。六成多的调查对象选择了"提供了较好的成长平台"，说明工商联（总商会）对民营企业还是大力扶持的，工商联已经成为徐汇区民营经济发展的重要桥梁。

（四）营商环境打造取得了实效

调查对象对当前企业在经营中的营商环境满意程度较高，其中非常满意的占到27.5%，比较满意的占47.7%，占到了总数的四分之三以上，不满意的仅有1.8%。

【案例分析1】

某公司成立于2011年，注册资金1 000万元，是徐汇区一家发展迅速的初创企业。2018年，公司团队已有80人，营业额达8 000万元。公司旗下有4家子公司，并投资了某设备公司；拥有媒体资源、政府资源、公益资源、场地资源、明星资源等多种渠道；对接客户包括华为、上汽、大金、松下、佳能等国内外知名品牌。

公司总经理作为徐汇区工商联青年创业者商会副会长，一直将徐汇区工商联作为自己重要的交流和成长平台。2011年公司创立以来，先后多次得到了徐汇区工商联的支持和帮助，在徐汇区工商联的关心关怀下，2019年4月，总经理获得了"上海市青年五四奖章"称号。他声称，这份荣誉和徐汇区工商联多年来的支持密不可分，这些社会职务不仅是一个"身份"，更多的是一份"责任"。

大部分调查对象认为与以往相比，确实在办事环节和效率上比以往要好，其中认为非常便利的占30.3%，比较便利的占51.4%，占总人数的80%以上。

企业在经营过程中需要及时与政府相关部门沟通，比如工商、税务、消防、环保、安全等部门，也会通过人大、政协、企业联合会、市长热线、相关座谈会等渠道反映相关诉求。沟通是否顺畅对解决企业在经营过程中遇到的问题十分重要。大部分的调查对象认为企业与政府沟通相对比较通畅，其中认为非常通畅的占29.4%，比较通畅的占48.6%，占到了总数的四分之三以上。

"营改增"是否降低了企业税负，82.56%的调查对象认为"营改增"降低了企业的税负，有2.75%的调查对象认为没有降低反而增加了企业的税负。可见，大部分的调查对象都认为营改增帮助其降低了企业的税负，这说明营改增对帮助企业降税还是十分有效的。

（五）重视对技术的掌握和持续投入

对现在的企业来说，尤其是一些高新技术企业，研发投入占营业额的比例直接反映企业的创新力度与研发力度，是衡量企业是否能保持技术竞争力与产品力的重要指标，2018年，华为研发占比接近14%，可见研发投入的重要性。

调查对象的企业研发投入占营业额的比例，小于5%和8.5%～10%两者比重最大，分别为30.91%和32.73%，10%～15%的占

16.36%，大于15%的占20%。

企业掌握本行业核心技术，就意味着在技术层面企业不必受制于人甚至能够把握行业风向，尤其是对一些高新技术产业。只有科技实力真正提高到一定的水平，真正的领先于世界，才能不再受制于人，才能使我国经济真正做到健康、安全、平稳、快速地发展。

总体而言，大部分企业自身认为在一定程度上，或者在某些领域掌握核心技术或者在国内处于领先地位，反映了这些企业还是有竞争力的，我国的竞争力水平也在不断提高。

（六）人才成为企业生存与发展的关键

目前，各行各业中的人才招聘都存在着一定程度上的困难，而面对激烈的市场竞争，民营企业只有切实加强人才队伍建设，才能应对复杂多变的市场竞争，才能不断增强企业的核心竞争力，实现企业可持续发展。企业不仅要招得到人，更要留得住人。人才市场的开放使竞争愈加激烈，企业的竞争归根结底是人才的竞争。

受访企业中的极大一部分企业，都存在着一定程度上的"人才流失"问题，如何"把人才留住"，如何减少企业人才流失，尤其是留住核心人才，已然成为企业生存与发展的关键。

对所调查的民企来说，哪方面的人才更为缺乏，侧面反映当前人才市场哪方面更为紧俏，缺口更大。受访者中，有40.91%的人认为企业急需销售类人才，其次便是对研发类人才的需求，占比31.82%，可见面对行业竞争，如何将自身产品推广出去以及具有自身独特技术的核心竞争力，是民营企业关注的要点。

三、徐汇区民营经济进一步发展面临的瓶颈和挑战

根据习近平总书记在民营企业座谈会上的重要讲话精神，徐汇区认真落实中共上海市委、市政府出台的《关于全面提升民营经济活力大力促进民营经济健康发展的若干意见》，实施了一系列创新举措，在努力为民营企业在徐汇落地生根、健康发展、做大做强提供"环节最少、成本最低、机制最活、效率最高、服务最优"的营商环境等方面取得了积极的成效。与此同时，课题组认为，徐汇区在促进民营经济健康发展方面还面临一些挑战。

（一）企业规模空间扩增受限

伴随着徐汇区民营经济的发展，部分发展较快的企业规模迅速扩增，因此对生产空间、经营空间和人员办公空间等物理空间都有了更大的需求。徐汇地处中心城区，大量园区都处于满租状态，很难及时对企业空间方面的需求给予及时回应和满足，迫使区内优秀企业转到上海远郊或者其他省、区、市寻求发展空间。因此，徐汇区在区域发展层面也面临着企业流失的问题。根据上海市著名商标统计，2015年徐汇区有著名商标76个，2018年徐汇区著名商标63个，一定程度上反映了部分优质企业搬离了徐汇区。

【案例分析2】

某商业服装公司,拥有国际设计大师 Mark Cheung 为世界都市新贵量身定制的中国原创设计时尚品牌,自2001年诞生以来,深得世界时尚人士青睐,是上海市著名商标以及徐汇区纳税百强企业。

据公司首席文化官介绍,从诞生到2018年,18年时间虽然中途搬过几次家,但是始终有着"徐汇情结",没有离开过徐汇。公司目前因发展规模扩大,亟须扩大经营场地,徐汇区在场地供给方面已经严重不足,同时,徐汇区作为中心城区,独立购买办公场所的压力也很大。2019年被迫搬离徐汇区,寻找新的空间扩大发展。

【案例分析3】

2010年,上海交通大学三位毕业生开始创立某游戏公司,主要是原创动漫产品的推广、创作运营,涉及动画、漫画、音乐、小说、游戏、动漫周边产品。到2018年已经8个年头了,从原来宿舍里的"小作坊",发展到今天将近1 000名员工。

据公司联合创始人兼副总裁殷春波介绍,对发展到一定规模以后的科技型企业,在办公空间上遇到了一些问题。公司经历几次搬家以后,现在在宜山路桂林普天信息产业园,在园区租了14 000平方米的办公场地,整个园区也是满租,园区里有退租的基本上被我们包下来了,但是物理空间还是不够,影响了企业的发展。他们希望徐汇区能够对这种规模比较大、发展比较快的企业,在办公场地上出台一定的扶持政策。

(二)不同类型企业诉求与政策供给不对称

不同发展阶段的民营企业其诉求不尽相同。对初创阶段的民营企业,其需求多是来源于租金、税收等成本压力;对发展到一定规模的民营企业,其需求主要是希望获得企业提质增能、企业品牌塑造和提升企业市场化能力的资金和政策支持;对劳动密集型的企业,据调研反映更多的需求在于应对高生活成本、培训成本压力下技术人员的流失问题。目前围绕不同类型民营企业针对性的政策供给还相对不足。

基层行政服务人员由于直接与企业打交道,在很大程度上代表了政府的形象,他们既是优化营商环境的重要力量,本身也是营商环境的重要组成部分。但有时显得有点"跟不上节拍",削弱了政府在优化营商环境上的努力,影响了优化营商环境的效果。

【案例分析4】

某生物医药公司坐落在徐汇区漕河泾,是上海市高新技术企业。其发明的QFR(定量血流分数)产品是全球首创,通过无额外创伤的方法精准计算评估心血管血流功能,也是2017年国家特别审批的创新医疗器械。临床证明该技术能精确指导临床支架植入治疗，减少患者创伤，显著节约患者以及政府支出，提高医院效率，减少术中辐射。

医院通过临床和科研使用对技术有了充分的了解，需要申报上海市的新增医疗服务项目，解决患者收费的问题。而新的市医保局成立后，目前新的申报窗对政策不甚了解，热切期待能够尽快落实上海属地的创新医疗项目的收费标准。根据上海市委办公厅、市政府办公厅印发的《关于深化审评审批制度改革鼓励药品医疗器械创新的实施意见》（简称"鼓励药械创新32条"），QFR项目也符合优先绿色申报流程，对具体如何操作，希望相关部门能尽快落实针对上海本地企业的创新技术的新增医疗项目相关政策。

【案例分析5】

某民族餐饮公司是1998年成立的一家餐饮企业，成立至今已有20年的时间。徐汇区是公司的"大本营"和"根据地"，在徐汇区前后有5家店，目前有3家店，企业发展面临着成本高、房租高、人工成本高、利润低的"三高一低"情况。在员工培训上，企业2018年用于员工培训的有80多万元，大部分是和第三方合作。

在政府认可的有关证书方面，厨师也希望拿到等级证书，通过证书解决户口积分、小孩就学等问题。但是公司找不到对口的培训机构，这个通过什么方式，联系哪个部门可以解决相关问题。觉得相关部门应该再靠前一步，或者再往前走一步。

【案例分析6】

2017年9月某科技公司孵化成功，公司专注于人工智能医疗影像诊断，通过使用人工智能判别扫描的医学图像，对疾病进行初期筛查和诊断。

公司项目总监提到，目前，国家尚未出台医疗AI方面的行业标准，企业很难与国家食药监局平台直接进行对接，导致企业很多新产品目前推进止步不前。国家对医疗领域的管理非常谨慎，如何批准这类产品上市，以及未来如何应用到临床当中都需要进一步的探索，虽然医疗AI产品，国内产品已经走在了国际上第一梯队，但是医疗AI产品审批周期过长，企业往往在等待中被对手超越。

建议对一些成熟的医疗AI产品，在符合法律框架和政府行为规范的基础上，能否在徐汇区街道、社区中进行场景落地，允许社区医院先行先试。

（三）创新浓度溢出不够明显

徐汇区集聚了包括中科院下属各大研究所、复旦大学上海医学院、上海交通大学、上海中医药大学等十余家国内顶尖的专业研发机构和高等院校以及众多三甲医院。同时，多年以来已经汇聚了众多国内的知名企业和服务机构在此扎根并且取得了扎实发展，但是各大创新主体之间合作共赢的纽带关系网络还没有形成，因此依托区域的资源优势转化为经济优势的创新浓度溢出效应并不显著。

（四）创新金融生态体系有待健全

徐汇区民营经济的发展除创新资源的有效结合互动之外，相关的风投资源、成熟的资本市场运作则是初创企业存活和发展壮大的重要条件。区内企业反映，民营中小企业在发展过程中融资难、融资贵等问题仍然非常显著，同时针对民间投资仍然存在很多不合理的限制和隐形壁垒，存在短期融资多、中长期融资不足的问题，导致民营资本的合法权益得不到有效的保护。伴随着当前新产业、新业态和新模式的发展，产业链、创新链和资金链的支持体系有待加紧完善。

【案例分析7】

某生物医药公司是一家长期致力于研发创新性免疫治疗，特别是嵌合抗原受体修饰的T细胞（CAR-T）药物以治疗肿瘤的生物医药企业。公司总部位于上海徐汇，并在中美两地设有运营中心。公司在2019年春节前后一次性拿到国家药品审批中心三个临床实验的批件，其中有一个是全球首例做肝癌的，在实体瘤领域采用CAR-T细胞滞留的领域。

公司作为纯研发性企业，并没有像一般传统国内本土民营企业做一些销售业务，没有任何营收，没有收入也没有相应的利润，但是这个会直接影响到关于高新技术企业的评定，也会影响科创板上市的要求。因为没有营收，也没有产生相应的税收，这种情况在其他地方也有。

比如，在科创板上市条件里面有提到要求公司估值达到10亿元人民币，收入达到2亿元人民币，或者两年内累计5 000万元左右的净利润。这与公司目前纯研发型的定位又不相匹配。

四、徐汇区民营经济发展的对策建议

当前，全球正在经历新一轮大发展大变革大调整，处于百年未有之大变局。徐汇区作为上海的中心城区，有着极其丰富的科教资源、平台资源和已成规模的产业集聚，对全市经济发展具有重要意义和带动作用。

政府有关部门在推进民营经济发展时，要励精图治、久久为功，营造良好营商环境，要让民营企业及其企业家真正意义上享有地位平等、制度平等、机会平等，让民营企业和民营企业家成为"自己人"。

（一）把握重大战略机遇，参与长三角一体化建设

在当前长三角一体化上升为国家战略的大背景下，徐汇区有必要抓住机会、主动融

入、积极作为,重新谋划空间发展,引导民营经济积极参与到长三角一体化建设中去,要把徐汇区放在长三角一体化国家战略下进行时空布局。

在人才发展方面,利用徐汇区丰富的科教资源,积极与长三角其他省市共建高校和研究院所,以项目为抓手,积极推进前沿科技研究院所的合作创新联盟、大型科技仪器设备的共建共享联盟、科技创新公共服务平台的互联互通。依托行业领军企业,建立一批跨地区、跨行业的前沿科技创新研究机构,发挥领军企业在协调政产学研用、在协调各地区制造业创新中心建设中的组织协调作用。

对区内希望扩大规模,但又苦于土地供给有限的企业,建议与江苏、浙江、安徽等地合作,充分利用长三角其他地区的承载能力和上海资本、研发市场的优势,共同探索"飞地"经济。通过按比例投资,按比例税收分成等方式,达到互惠共赢。例如,徐汇区与昆山市在昆山按投入比例合资共建科技园区,在徐汇区空间受限发展的企业,优先推荐进入共建园区。园区中的企业产生的税收,按照两地投入比进行分成,有效地解决了发展空间不足的问题,确保徐汇区民营经济得到可持续的发展。

(二)加强基层行政服务人员队伍建设,精细化对接企业不同需求

针对企业不同发展阶段提供有利于其发展的环境条件。

第一,对初创阶段的民营企业。尤其是具有一定发展前景的科技型初创企业,通过提供低价的办公空间、租金补贴,或给予一定的税收优惠政策减轻企业成本压力。

在融资方面,初创期的企业融资需求主要是用来满足经营的资金需求。应采取"稳健融资策略",可适当增加银行借款,保持一定量资金的持有,同时保持较高水平的存贷投资。

第二,对发展到一定规模的民营企业。围绕不同行业特点和企业类型,做好和本区相关政策的宣传、普及工作。定期做好相关领域、企业发展情况与诉求的调查研究,形成向上反馈机制。通过资源信息共享和交流平台的搭建为企业创造更多研究开发、产业链共建和市场拓展等方面的渠道和机会,让企业家切实感受到徐汇区优质的营商文化以及企业入驻徐汇区带来的边际收益。

对发展扩张企业,可适当选择较多的融资方式,适当减少借债的比例,增加内部留存。保持较低水平的现金余额,对短期证券不投资。这样可以充分利用财务杠杆作用,提高权益收益率,又可以满足高速发展对资金的需求。

第三,对劳动密集型企业。为徐汇区相关岗位提供更多的培训机会,畅通培训渠道,对企业承担的员工专业技能培训费部分给予一定比例的优惠补贴。

第四,对新兴行业的企业。对新兴行业,特别是国家大力支持的行业领域,要根据企业在发展过程中的实际问题,做好消防、安全、卫生、人社等部门之间的衔接,现场一次性办公处理,切勿让企业在政府行政部门的各种各样的审查中投入过多精力和时间。对一些涉及民生领域的新兴产业,国企要承担起相应的责任,与民企要形成有效互动,提高民营企业在涉及民生领域开办企业的信任度,提高企业管理水平。

基层行政服务是政府服务企业的最后一环,是政策落实的"最后一公里"。营商环境不仅仅是提供优惠政策、降低经营成本、提高办事效率,还应当包括企业家在与政府打交道时的心情愉悦度和受到的尊重度。为此,徐汇区可以从加强全员岗位培训、开展示范窗口建设、建立长效监督机制等方面加强基层的行政服务人员队伍建设。

(三)精准描绘"一核一极一带"的民营企业资源版图,搭建合作平台

徐汇区拥有上海最丰富的科研资源、医疗资源和人才资源,已经形成了以漕河泾区块为代表的电子信息产业集聚区,以枫林区块为代表的生命健康产业集聚区,以及以滨江区块为代表的人工智能产业集聚区。除了制造业"家底"丰厚,徐汇区在科技服务、医疗服务和其他现代服务业门类也已经显示了巨大的优势。

为了进一步激发区域创新潜力,进一步释放区域优势,徐汇区应精准描绘"一核一极一带"的民营企业资源版图,形成徐汇区核心民营企业在漕河泾、滨江、枫林地区的资源分布数据,围绕产业链及区内资源部署创新链,提升区域民营经济的质量和发展效益。充分发挥区内创新策源、临床转化等方面的基础优势,聚焦重点领域方向,为本区民营经济的发展搭建更多可能的合作平台。例如,支持民营企业与本区高校、科研院所、医疗机构建立战略合作关系,共同申请承接国家及市级重大项目,建立重点实验室、国家工程技术中心和研发公共平台等,形成区域内创新转化的合力和创新浓度的溢出,打造形成符合区域发展产业、具有徐汇特色的标志性品牌。

(四)抢抓科创板发展契机,支持企业做强做大

第一,加大对重点企业的融资支持。设立区一级的民营企业上市服务办公室,成立科创板上市辅导团,支持企业入选市高新技术企业培训库,与科创板联动;支持民营企业在上交所、深交所、港交所或境外资本市场上市(参考资助额度300万元)和通过发行公司债券、企业债券、集合债券、中期票据、信托产品等方式进行融资(参考额度100万元);进一步优化"政银"关系,通过与专业投资机构、银行签订战略合作协议,引导信贷、基金等对接服务区民营企业的融资需求(尤其是中长期贷款),从资金"本源"上为民企发展注入活力。

第二,鼓励企业创新和转型发展。企业进行技术改造和模式创新,加大对科技小微企业的专项补贴扶持力度,推动民营企业加快技术创新步伐。支持"零增地"技术改造,加大贴息力度,实行技术改造支出的税前列支,对企业税后利润用于技术改造等在投资的部分予以财政资金扶持,构建民营经济可持续发展的内生动力。

第三,拓宽提升民营经济发展空间。进一步放宽市场准入,保障民营企业在投融资、招投标、专项资金补助、人才引进培养方面享受更加公平的待遇。鼓励民营企业通过出资入股、收购股权、认购可转债、股权置换等多种方式,参与国有企业改制重组,提高民营资本在混合所有制企业中的比重。开展政府采购、工程招投标领域专项整治,给予中小微企业同等的机会进行投标,制定政府采购专门面向中小微企业的采购预算,预留年度政府采购项目预算一定比例(参考额度30%)专门面向中小微企业采购。

五、附录

(一)徐汇区民营经济发展指数编制基本思路

为支持徐汇区民营企业持续发展壮大,为民营经济营造更好的发展环境,结合徐汇区民营企业发展实际情况,编制与发展需求相适应、体现民营企业亮点、凸显民营经济健康发展的徐汇区民营经济发展指数。

1. 价值与意义

研究与编制"指数"的价值与意义主要体现在监测进展、反映现状、明晰路径三个方面。

一是发挥指数的监测、对标与引导作用。指数研究将对徐汇区民营经济进行统计监测,以数据监测进展,从整体上跟踪徐汇区民营经济发展现状、趋势与问题。使指标体系成为徐汇区推动民营经济发展的宏观决策数据平台、科学评价的客观标准、决策咨询的定量依据。

二是以指数解析民营经济的"徐汇模式"。在民营经济发展的新格局下,企业如何更好地成长必须依赖政府、市场与社会的多元支持,指数研究旨在以指数反映亮点,通过解析核心指标,凸显徐汇区民营经济在总格局中的引领示范和支撑作用。

三是以生态视角推动徐汇区民营企业发展。企业发展有其独特的生态需求,徐汇区民营经济发展指数以"为民营经济营造更好发展环境的目标"为基本思路框架构建指标体系,重视功能型与过程型指标。

2. 特征与体现

徐汇区经济发展,民营经济功不可没,地位不容置疑,作用不可替代。为民企全方位加强制度供给、营造公平竞争的市场环境、真心实意搞好服务,也是徐汇区各级党政干部需要花更大力气做好的事。指标体系应具有的主要特征包括以下三方面。

一是体现民营企业创新创造力。通过指标引导,促进民营企业创新发展,搭建民营企业服务平台,吸引资源投入及布局优化,有效破解民营企业发展中遇到的关键问题、关键瓶颈,让创新型民营企业成为徐汇经济的闪亮名片。

二是发挥产业创新发展的创造力,凸显人才集聚力。通过指标监测,掌握民营企业,特别是核心骨干人才发展情况和诉求,引导产业新技术的集成应用和新业态、新模式的培育,提升企业竞争力。

三是提升服务民营企业的竞争力。通过指标分析,了解徐汇区服务民营经济的综合情况和成效,及时掌握进一步提升服务,跟踪民营企业主要需求,打造民营企业发展良好生态。

(二)徐汇民营经济发展指数构建方法

1. 编制原则

徐汇区民营经济发展指数的指标体系在整体构建上遵循系统性、引导性、科学性与可比性的原则,在具体操作中遵循易统计、易填报、易整理、易自评的原则。

一是注重战略定位,体现创新内涵。注重指标选取的全面覆盖与统筹协调,系统体现徐汇区作为上海市中心城区在民营经济发展的战略定位、产业升级的发展要求。

二是借鉴不用类型指标体系,重视不同维度分析。借鉴国内外其他地区、政府其他类型指标体系的做法和经验,通过不同阶段的纵向对比和跨区域横向对比,综合体现徐汇区民营经济发展趋势和水平。

三是注重数据可获,体现科学支撑。通过来源可靠、有说服力的统计数据切实反映徐汇区民营企业在企业创新、人才、经营成本、政府营商环境营造等方面的进展和成效,以科学的统计数据为支撑,开展有效监测评价。

2. 设计框架

在吸收各方面意见和考虑数据可获得性的基础上,课题组设计了"硬指标+软指标"的综合指标体系。

徐汇区2019年民营经济发展指数遵循民营企业发展规律,从构建企业成长生态视角,着眼于创新成熟度、营商环境满意度、人才需求度、经营成本、企业发展基本情况等5项一级指标,共计28个二级指标的徐汇区民营经济指标体系。

指标以2015年为基期,合成了2015—2019年徐汇区民营企业在基本情况、企业创新等"硬指标"方面的变化,并通过向民营企业家定点发放调查问卷的形式,发放及回收时间为2019年3—4月,共回收有效问卷327份。通过模拟李克特量表,对民营经济发展的"软指标"进行了评分(见表11-3)。

表11-3 徐汇区民营经济发展一级指标及二级指标

一级指标	二级指标
基本情况	民营企业数量
	个体工商户数量
	企业税收

续表

一 级 指 标	二 级 指 标
基本情况	个体工商就业人数
	民营企业就业人数
	民营企业外贸出口额（亿元）
	民营注册资本（亿元）
	个体注册资本（亿元）
企业创新	民营企业中上海市著名商标数
	当年新增民营企业小巨人数量（含培育）
	每万人拥有专利数
	民营企业中高新技术企业数量
	上海市科学技术奖获奖单位
营商环境	营商环境满意度
	企业注册便捷度
	企业政府沟通渠道和顺畅程度
	营改增企业税负
	行业准入、地位平等
	知识产权保护
	政府搭建平台
人才	人才招聘
	人才流失
经营成本	融资便利
	融资成本
	投资渠道
	研发投入占比
	房租占比
	营业额增长

（供稿单位：徐汇区工商业联合会，主要完成人：骆文、何儒新、孙一冰、朱敏、姜杰）

专题报告十二

杨浦区中小微民营企业复工复产情况的调研报告

一、新冠肺炎疫情对上海经济发展的影响

（一）近期影响

宏观层面上，疫情将主要影响上海第一季度经济增长，对2020年上半年经济运行也可能造成一定冲击。

从全国形势看，疫情对第一季度经济增长造成严重冲击，并持续影响第二季度经济。

从上海情势看，第一季度经济增长面临较大压力，第二和第三产业是最主要承压领域。一是第三产业受到最直接冲击。受民众出行与人群集聚骤减等因素影响，服务业在短期内面临较大的下行风险，特别是旅游、交通、餐饮、娱乐等线下服务业受到重创。二是短期内工业产能全面恢复存在较大困难。2020年为防止疫情扩散，上海市要求企业复工时间不得早于2月9日，整体开工时间较原来的春节假期推迟了9天，加之人口流动限制、物流通道阻滞、上游产能不足以及复产中的防护标准和物质条件等问题，实际开工日期更晚，上海市工业产能恢复面临较大的不确定性。三是新冠肺炎疫情对上海经济冲击超过非典疫情。

在微观层面上，中小企业尤其是严重依赖人员流动、负债期限短且流动资金不足、固定成本和人员成本较高的行业可能面临一系列难关。中小企业体量小、抗风险能力弱，是疫情相关的经济风险容易集聚和爆发的领域，必须引起足够重视。一是企业家经营信心亟须提振。据全国工商联对上海1 893家企业（中小微型企业数量占比达到97.9%）进行的调查问卷结果显示，有71.2%的企业预计2020年营收损失在30%以上，且造成损失的主要原因来自空置的房租成本（67%）和员工成本（87.6%）。二是劳动力供给短期内面临较大缺口。受疫情防控影响，春节后内地劳动力回流沿海速度减缓，近期全国铁路客流量较去年同期日均同比减少70%~80%，再加上必要的2周隔离时间，外地工人的实际返工时间可能要推迟2~3周，不少中小企业虽然名义上已经复工，但是仍面临严峻的"用工荒"的难题。三是资金链压力可能进一步加大。截至2019年底，上海市规模以上工业企业应收账款8 707.62亿元，同比增长2.7%，与此同时，营业收入增速为-2.3%，加之2019年年底回款周期较长等因素影响，上海

市中小企业资金链条普遍偏紧。同时,由于防控疫情的需要,大部分中小企业面临生产经营基本停滞、筹资活动短期内难以正常开展、工资社保等刚性支出较大、疫情防控期复产防护成本提高等困难,对中小企业资金链条和偿债能力提出了更高要求。若这些企业的资金链发生断裂,将造成企业自身发展的重大困难,相关风险还可能沿着供应链和担保链上下及横向传导,酿成严重的局部性经济问题。四是短期内对外贸易形势不容乐观。2020年初,以美国为首的部分发达经济体和新兴经济体对我国先后实施了出入境管制,国际商务往来、出口订单洽谈、全球供应链网络等领域都已受到不同程度影响。

(二)中长期影响

从宏观经济学角度看,新冠肺炎疫情是一个典型的外部冲击,对经济增速虽有一定干扰,但不会从根本上动摇上海经济长期向好的基本面。同时,疫情客观上也是对全国各级财经工作和企业发展的一次大考,将深刻影响当前及未来很长一段时期内我国经济的发展轨迹和内在逻辑。中长期将为上海经济带来四方面机遇。

1. 宏观政策刺激将会进一步加码

疫情发生以来,为切实缓解疫情给经济造成的下行压力,中央及各级地方政府纷纷研究出台支持性经济政策。从企业和舆论反馈情况看,由于短期内疫情对经济冲击程度过大,仍有进一步加大经济刺激的必要。2020年是全面建成小康社会的时间节点,财政、货币等国家宏观政策基调将更加趋于积极,更大力度减税降费、超常规基础设施建设、进一步降息降准、增发国债地方债等一揽子经济刺激政策相继出台。另外,疫情过后国家行业政策也可能更加灵活,地产开发、自然垄断行业等行业也可能边际放松管制。对上海来说,在研究出台自身支持性政策的同时,要抢抓国家宏观经济政策可能调整的窗口机遇,积极向上争取新的战略性投资项目、突破性改革试点、地方债券等高能级发展要素,为城市获得更大的发展空间。

2. 上海产业业态发展将会进一步分化

基于上文分析,上海的劳动密集型制造业将受到全方位冲击,且冲击的持续时间也将是最长的。但是,我们也应该看到"危"中有"机"。与2003年非典疫情类似,互联网、大数据、云计算等前沿技术将加速向大众生活、企业经营、政府管理等各领域渗透,一批生鲜电商、体验式场景、线上办公、在线教育、无人驾驶等新业态崛起,各种新的生活方式和体验竞相呈现。"后疫情时期"上海市国民经济的智能化、互联网化程度预计将得到进一步提高,并为提升全社会全要素生产率提供强大动力。

3. 医疗健康行业将会进一步爆发

随着新冠肺炎疫情极速扩散,社会对新冠肺炎病毒的发生源头、中间宿主、扩散机制、新药研发、预防治疗方案等高度关注,相关讨论持续扩散,人们对医疗健康产品的需求也被极大激发。同时,在疫情防控过程中也暴露出我们的医疗体系、医疗产业以及相关机制尚存在诸多短板,中长期来看该行业具备跨越式发展的巨大机遇。目前,一些趋势值得关注。其一,医疗健康板块已受到资本市场极大青睐,疫情相关的上市公司涨幅巨大。其二,新药研发体系及产业链加速升级。尤其是新药临床审批速度前所未有,且由院士牵头快速制定临床方案,显现了我国创新药临床试验工作实践能力的显著提升。其三,医疗器械和第三方诊断行业的市场扩容和基层下沉加速。其四,新型前沿科技正加速重构医疗生态圈。人工智能、云医疗、5G网络等新科技在诊断、治疗、疾病预防领域大量应用,同时医疗信息化、医药电商和互联网医院突破了很多限制,开始加速发展。因此,上海要抢抓机遇,大力度研究布局一批涉及该行业的头部企业、研发中心、重点实验室和产业园区等。

4. 上海面临的城市竞争格局将会进一步重构

一方面,医教文卫等软性资源对城市竞争的影响力将会上升。长期以来,大众对城市竞争力的理解更多停留在GDP、产业、人口等硬性指标上,相对忽视了教育、医疗等软性资源。经历新冠肺炎疫情,人民群众深刻体会了优质高效的医疗卫生体系对城市长远发展的极端重要性。我们预计,人才、资本等要素在未来选择发展城市时,较之以往将会更多地考虑治理水平、文明程度、教育资源和医疗水平等软性因素,进而深刻改变以往的区域竞争格局和城市发展模式。另一方面,城市发展格局可能更趋协调。这次疫情凸显了一些省份"省会独大"城市群发展模式的弊端,特大城市人口过于集中,公共服务压力过大,周边中小城市发展水平、公共卫生资源和应急管理能力不足。疫情过后,全国各省、区原本一味强调做大做强省会等中心城市的发展思路有可能会适度调整,如何在发挥中心城市辐射带动作用的同时,促进周边中小城市协调发展,将成为上海作为长三角地区龙头城市需要面对和解决的更加紧迫的区域协调发展命题。

二、杨浦区疫情防控和复工复产面临的主要问题

在新冠肺炎疫情背景下,从2020年2月10日开始,上海企业已经陆续复工复产。为切实了解中小微民营企业复工复产存在的主要问题,杨浦区工商联联合上海社会科学院开展企业调研工作,截至2020年2月17日,共收到有效企业调查问卷51份,并就其中一些共性问题在全市层面进行了跟踪调研。

(一)企业复工复产情况及面临的问题(截至2020年2月17日)

1. 区内企业完全复工复产仍需相关部门高度关注和大力推动

区工商联密切跟踪区内企业复工情况,对51家企业进行了问卷调查。从调查结果看,目前开工情况不容过度乐观。参与问卷

调查的企业中,有半数在2月17日前开工率不足40%(包括远程办公),有超过一半的企业到2月底也不能完全恢复正常开工。根据2020年2月3日针对上海民营企业应对疫情防控的1 893份问卷调查,企业计划在2月10日前、11—20日、21—29日以及3月以后开工的比例分别是25.8%、58.2%、6.2%和6.6%(见表12-1)。

表12-1　杨浦区企业员工目前的到岗情况和预计到岗情况

员工到岗率	2月10日	2月17日	2月24日	3月1日
0～30%(不包括30%)	62.7%	39.2%	27.5%	15.7%
30%～60%(包括30%)	19.6%	27.5%	21.6%	13.7%
60%～90%	15.7%	23.5%	33.3%	23.5%
90%以上(含)	2.0%	9.8%	17.6%	47.1%

如果我们以企业员工到岗率超过60%作为能正常开工的最低标准,2月10日、17日、24日和3月1日的开工率分别是17.7%、33.3%、50.9%和70.6%;视企业员工到岗率超过90%为完全正常开工,则开工率分别为2.0%、9.8%、17.6%、47.1%。这要比2月3日的调查结果严峻许多。

2. 企业人员到岗率低、防疫必需品不足是影响企业复工复产最重要的原因

调查显示,有67%的企业工人无法返岗,员工有些在疫区交通不便尚未返沪,有些已返沪但还要居家隔离;有57%的企业缺乏必要的防护设备,有35%的企业担心疫情扩大而没有复工,还有一些企业反映自身已具备防疫条件,但由于管制原因仍未复工。在2月3日的调查中,在回答无法正常开工的原因时,47%是应地方政府的要求,35.2%担心疫情扩散,仅9.1%表示员工无法按时返岗。在我们2月14日的调查中,回答无法返岗的比例高达66.6%,缺乏必要的防护设备的比例为56.8%,担心疫情扩大的有35.2%。这一回答更加反映出了目前企业面临的急需解决的实际困难。

目前各地防疫措施没有减弱的迹象,虽然各地都传来口罩生产企业产能不断提高的消息,但即使是2019年的年产量翻倍,也不可能达到目前政府对开工所要求的每人都佩戴口罩的要求。在防疫措施没有大的变化的前提下,考虑到新增口罩产能需要一定的时间,我们认为企业无法依靠自身力量解决这两个恢复生产的实际瓶颈问题。所以即使到3月底,大部分企业的员工到岗率都可能无法达到80%。

外地员工返沪到岗比例偏低、异地上下游企业复工不同步以及交通管制物流阻塞问题也是值得关注、急需解决。目前各地的防疫措施各自为政,缺乏有效的区域协调机制,导致人流与物流难以高效流动配置。为保证

企业顺利复工复产,有效统筹疫情防控与经济社会发展,政府应从企业的实际诉求出发,就企业复工复产问题尽快与其他兄弟省市建立复工复产区域协调工作机制,从全局谋划落实,切实解决企业复工复产过程中遇到的障碍。

3. 2月底不能如期复工,近30%的企业直接面临存亡考验

调查显示,如果短期内无法复工,有27%的企业仅能支撑1个月,39%的企业可以支撑1～2个月,仅有33%企业可以支持2个月以上。对复工后需要多长时间恢复到疫前正常经营状态,51%的企业认为需要1～3个月,39%认为需要3～6个月,10%认为需要6个月以上,可见复工后的正常产能恢复需要花费较长时间。企业目前承受的最大压力是支付员工工资、社保和房屋租金,其次是现金流和保障员工安全。此外,访谈中发现,企业家对疫情的预期好于问卷调查反映的情况,可能的原因是:企业在问卷中迫切希望政府加大扶持的力度。尽快复工、恢复经济生产活动成为企业生存的关键,如果部分关键企业不能及时复工引发停产倒闭的话,会极大地影响上下游产业链。政府应该密切关注企业的复工状况,万一出现这种情况,建议政府纾困基金能够介入及时输血,以防止雪崩的发生。纾困基金可以由政府、保险公司等金融机构出资组建。

4. 重点产业开工率不高对全区经济的影响

(1) 智力密集型现代服务业开工率不高,将严重影响年度全区经济和税收增长。区内第三产业占比超过80%,第三产业内部智力密集型现代服务业占比超过40%。疫情对企业后续影响主要体现在产品和服务的需求端,表现为订单延期交付、意向订单减少、产品和服务市场需求受到抑制。如果不能尽快降低人员流动限制,帮助这部分企业在月底前复工复产,就会对区财政税收产生明显影响。

(2) 低端服务业开工问题涉及基本民生。全区内受疫情影响最大的两个行业住宿餐饮业和交通运输仓储邮政,占GDP比重不超过3%,是老城区保障城市运行的"毛细血管",也是解决本地低端就业人口的主要途径。他们基础保障低,收入波动大,一旦出现倒闭潮,将传导至就业、民生大局。

5. 企业中短期所承受的主要压力

受疫情影响,企业目前最先承受的压力为支付员工工资(占比78.4%)、保障员工安全(占比68.6%)、房屋租金和物业费(占比66.7%)、现金流(占比54.9%)。对企业造成的损失目前也以必须支付的工资(占比86.2%)、社保(占比74.5%)、房屋租金(占比70.6%)为主,其次是经营收入减少(占比84.3%)和防疫措施的开支(占比45.1%)。目前政府的纾困措施也基本是针对这些问题,可以在一定程度上帮助企业解决目前面临的部分困难。

后续可能影响企业发展的因素为市场需求减少(占比58.8%)、订单延期交付(占比

52.9％)、意向订单减少(占比51％),并有25.5％的企业预计会有不超过10％的裁员,有11.8％的企业可能裁员10％～30％。因此,在企业生存后更需要关注的问题是供应链问题和市场需求。需要采取措施尽快恢复交通和物流,允许人员自由流动,尽快恢复市场活力。建议在几个疫情控制较好的地区成立联合协调机制,加强相互间的人、物的流动,尽快恢复市场。在企业复工后,我们认为这些后续影响企业发展的问题会凸显出来,可能需要更长效的减税措施,推行灵活用工、鼓励消费,提供订单延期担保制度,利用大数据技术优化市场订单需求信息等政策,帮助企业渡过2020年的难关。

6. 企业已经采取的自救措施

目前企业主要通过远程办公、申请贷款补贴和纾困资金、创新产品以及降薪裁员等方法进行自救。

(二) 杨浦区内企业当前存在的问题在上海市范围内存在共性

(1) 主要的问题是开工不复产。调研中半数企业在2月17日开工率仅为32％(已包括远程办公),复产率普遍也只有40％。从主观看,企业对开工信心不足和基层管理尺度偏紧并存;从客观看,企业人员到岗率低和防疫必需品不足、产业链上下游供应未跟上都是复工不复产的重要原因。特别是本次调研中,员工总数超过300人的民营企业中,100％的企业都把防疫必需品无法获取当作是企业无法复工的首要原因。

(2) 现代设计等便于居家工作的现代服务业,整体复工复产水平和其他行业相同,并没有体现出居家办公的特点。数据显示,43％的企业希望采取灵活用工的方式来促进生产,但从现实来看,使用灵活用工的企业占比为29％。之所以会产生这种落差,原因在于81％的企业最在意的是其所带来的法律风险。

(3) 对复工后需要多长时间恢复到疫前正常经营,46％的企业认为需要1～3个月,40％认为需要3～6个月,11％认为需要6个月以上,可见复工后不同企业恢复正常运营需要花费较长时间,战"疫"后期更需要对不同领域企业的精准支持。

(4) 企业受所在产业链上下游异地企业复工不同步影响,导致上海企业面临"巧妇难为无米之炊"的局面。杨浦区工商联调查问卷结果显示,有大量企业反映产业链上下游企业复工复产的非同步导致企业自身复工困难。其中一位工程服务行业企业负责人的诉求最具代表性,该企业负责人反映:"承接我司外销订单的工厂主要在广东省和江苏省,只有异地关联企业同步恢复运作才能使我司恢复正常。由于江苏、广东等地复工复产政策与上海之间缺乏统筹性、协调性、同步性,导致我司的跟单员、检验员根本无法出差到上述地区工厂。外销订单延误些日子可能只是承担合同约定责任,若延误3个月以上恐将失去市场。"

三、对策建议

（一）对区级层面而言

1. 压实责任，权限下沉，积极推动企业有序复工

在区防疫指挥部的基础上加挂复工协调委员会，负责区内整体复工协调工作。落实属地责任，下放审核权限至街道一级。细化各类行业的有序复工要求，由区商务委制定统一规范可操作的复工要求和审核流程。推进街道全面对接企业复工需求，建立线上线下复工问题的快速反应机制。对符合复工条件的企业能复尽复，对因行业要求确需复工但条件不够的企业加强指导，将已复工的企业纳入防控体系，确保防控服务到位，监管到位，重视舆情引导，切实凝聚企业同心防控抓生产的强大合力。

2. 落实复工企业主体责任

随着企业开工复工工作的推进，要明确企业主体责任，谁开工，谁负责。一旦发现病例，对开工单位进行评估后进行停工隔离。社区和园区对所辖区域内企业和单位的防控情况进行督查和帮扶，对防疫能力弱的企业和单位提供免费的防疫用品和器具。

3. 切实减轻企业负担

一是鼓励市场运营方减免租金。对在疫情期间为承租的中小企业减免租金的大型商务楼宇、商场、产业园区、科技企业孵化器、创业基地等各类载体，由区级财政安排专项资金进行一定补贴。目前，仅18%受访者表示，企业享受到了房租减免优惠。二是减轻企业信息获取成本。搭建平台，畅通渠道，及时了解区内企业需求，整合信息资源，协助企业解决必要防疫物资配备难题。三是降低企业用能压力。对中小企业生产经营所需的用电、用气、用水实行"欠费不停供"措施。对停工期间承担市政通道水电成本的，根据产生的实际损失予以适当补贴。

4. 推动重大投资项目尽快落地

尽早启动区内2019年计划内的投资类重大项目，增加政府固定资产投资，对冲民营企业投资不足。继续发挥区内大型人工智能云端计算平台、国家技术转移东部中心、上海超高压及特征线缆技术创新服务平台、杨浦区人工智能创投母基金等服务创新类平台的作用，加快推进智能制造、医药健康、线上教育等产业重大项目落地，带动产业链、企业端、消费端尽快为经济注入能量。加大智力密集型产业创新券发放力度，扩大使用范围，可加快企业信息化解决方案、企业线上销售平台等业务转型。

5. 鼓励国有资本主导的基金积极入股企业

一方面企业复工率仍然处于低位，后期还可能出现部分物资短缺、用工短缺等现象。在人员流动不确定的情况下，恢复生产到正常水平的期限进一步延长。另一方面多个行业已经出现现金流压力，随着中小企业融资难融资贵现象加重，更增加了中小企业资金链断裂的潜在风险。尤其在复工阶段，除了保护好中小企业，更要保住规模性企业，鼓励国有资本主导的基金直接入股，成为其主要股东和合伙人，更好地解决融资难题。

6. 鼓励"居家办公"

鼓励杨浦区有条件、有意愿的服务业企业"居家办公"，做好企业"居家办公"的相关配套服务工作。"居家办公"的服务业企业降低了企业防控疫情的风险，同时又助力杨浦企业的复工复产工作，因此应将以"居家办公"形式顺利复工的服务业企业纳入政府补贴对象范围，进一步缓解企业的房租和用工压力。此外，还要鼓励远程办公等数字产业企业推出负荷承载更高的产品，确保企业"居家办公"的实际效果。

7. 出台相关措施，减轻企业负担

对无法采用"居家办公"形式复工的企业，如制造业企业等，应采取税收返还、降低社保费率、分期与缓期社保缴纳等方式，重点防范其裁员和降薪而引发的社会问题。

8. 做好前瞻性工作

针对"居家办公"常态化可能对上海未来中长期的影响和冲击，应做好如下两点：（1）摸排"居家办公"意愿较高行业企业的楼宇空间分布情况，前瞻性筹划这部分楼宇空间功能的转型方向，比如现有办公空间向大型会议服务、大型展览服务功能转型等。（2）前瞻性谋划和布局远程办公可能带动的网络电话、网络视频会议、多人协作平台、数字化业务或财务系统等远程办公工具相关细分产业，抢占后疫情时代的数字经济发展机遇。

（二）对市级层面而言

1. 更加积极主动服务企业复工复产

一是针对民营企业信息不及时、不对称问题，加大宣传力度，打消企业顾虑。二是按照经济贡献度优先保障复工企业的防疫物资，对市场订单足、防控措施实的企业优先保障复工，核心管理人员、一线熟练操作工人优先保障复工。三是下放复工审批权至街道层面，由各街道根据自身实际情况审核复工要求，由各区自行制定可操作的复工流程，同时加强属地责任。四是鼓励大型企业和电商合作，自行解决口罩等防护用品购买问题，对两者的合同行为不纳入口罩统一定价，但不能进入流通环节。

2. 适时出台对上海市灵活用工的制度解释

目前企业在灵活用工方面面临较大的法律风险，虽然人社部出台了劳资双方自愿协调机制，但实际却无法操作。相关部门可加强政策措施、司法解读，并组织第三方机构为企业和员工提供咨询，帮助劳资双方在这一特殊时期用好政策、保护权益。

3. 对特定群体实行临时就业保障安排

针对杨浦区高校众多的特点，对智力密集型企业招聘应届高校毕业生增加灵活就业岗位的，可减免企业当年该部分养老、失业、工伤保险缴费。把区内受疫情影响较大的个

体工商户和其他服务性就业群体,统一纳入临时公益性岗位,这样既增加了基层抗疫力量,也减轻了该群体的生活压力,同时还与社区建立了更深的感情,便于今后更好地服务。

4. 建议上海与兄弟省市建立企业复工复产区域协调工作机制

综上所述,为保证上海企业顺利复工复产,有效统筹疫情防控与经济社会发展,上海市政府应从企业的实际诉求出发,再次发挥首位城市的引领作用,就企业复工复产问题尽快与其他兄弟省市建立复工复产区域协调工作机制。且鉴于本次新冠肺炎疫情至少还将持续数月之久,疫情期间的企业复工复产支持工作是一项具有一定持续性的工作,不可仅仅"头痛医头,脚痛医脚",而需要从全局谋划落实,切实解决企业复工复产过程中遇到的体制性障碍。关于如何与兄弟省市建立企业复工复产的区域协调工作机制,提出以下若干政策建议。

(1) 摸清底数,掌握实情,以便实现精准施策。建议由上海市工商联牵头负责,统筹安排上海市各区工商联就针对上海企业复工复产过程中上下游企业空间分布情况以及与跨区域协调相关诉求开展深入调研,全面而准确把握上海企业存在区域间协调复工复产诉求的主要行业、主要企业类型以及主要的需对口协调的兄弟省市对象等。且建议在摸底过程中重点关注高端装备制造业、汽车制造业和民用航空制造业等战略性新兴产业企业,该类企业产业链较长,受疫情冲击较大。

(2) 强化顶层沟通,打造多方互利共赢的跨区域复工复产协调机制。建议在充分掌握本地企业复工复产需重点协调的省市基础上,向重点省份地区提出协同推进企业复工复产的提议。上海应与兄弟省市之间彼此互通本地企业复工复产的区域间对接与协调诉求。就彼此均重点关注的防疫物资跨区域调配、返岗人员有序统一安排、保障生产性物资运输畅通等问题,确定有关部门进行对口协调,拟定具体方案并加以实施。

(3) 建立协调保障机制,保障员工顺利健康返沪到岗。为促进外地务工人员尽快返沪返岗,建议上海在有效保障外省市入境人员疫情防控强度的同时,与其他兄弟省市协商,就务工人员返沪问题形成协调保障机制,比如协商解除其他省内各项封锁机制对返沪人员形成的制度性障碍,畅通务工人员返沪通道;为返沪就业人员提供集中健康检测、包车包机集中返沪等方式,保障外地返沪务工人员高效、健康返沪到岗。

(4) 充分发挥行业协会、异地商会的沟通协调功能。为提高工作推进效率,建议在调研企业诉求时充分调动异地商会和各行业协会的积极性,发挥其横向协调与纵向沟通作用,高效准确反映企业复工诉求。在进行复工复产的跨区域协调工作的具体实施阶段,发挥异地商会的地缘优势和服务两地经济的功能,在促成本次复工复产区域协调工作机制的快速落地实施发挥应有作用。

(5) 以此次新冠肺炎疫情为契机,推动建立长三角地区公共突发事件协调合作与应急反应长效机制。建议以本次建立企业复工复产区域协调工作机制为契机,在总结本次复工复产区域协调工作相关经验的基础上,进一步深化扩展工作范围,争取使上海市与长三角地区其他三省就公共突发事件建立协调合作与应急反应长效机制,提高推进长三角地区在治理体系方面的一体化水平。

5. 为完成上海2020年度经济社会发展任务提出建议

为完成上海市2020年度经济社会发展任务,有效缓解疫情带来的负面影响,基于疫情对上海经济影响的定量分析,建议以更大的力度和精度推出政策,有效缓解疫情带来的影响,努力完成2019年经济社会发展目标任务。

(1) 以项目再提速对冲疫情影响。一是谋划实施超常规的"项目争速"激励机制。在保证质量和安全的前提下,对按计划或超计划完成2019年投资目标和重点工程、前期工程计划的区,给予大力度分段递进式的要素倾斜或其他形式的奖励。同时,对引进大项目、好项目的机构和个人实施更大力度的激励。二是推动储备项目"转正"。建议将重大预备项目中的中科院上海药物所原创新药发现能力提升项目、上海医药集团智能制造产业基地、国盛生物医药产业园、中电科32所松江信息技术创新产业园等医药和信息科技类项目"转正"为可开工项目加速推进。全力推行"容缺审批"和审批事项全程网上办理,对计划6月底前开工的重点项目实行承诺制,各类审批事项由相关部门直接出批文,进行事后审查。三是创新要素保障机制。对2019年6月底前能开工的符合条件的市重大产业、重点建设项目,考虑预支新增建设用地计划指标,地方政府债券优先支持6月底前开工建设的医疗卫生、交通运输等基础设施补短板项目。目前上海在AI、集成电路、航运、文化产业等重点领域设立了产业基金,但基金使用率有待提高,建议进一步激活现有产业基金,按照市场化运作、专业化管理的原则,有效引导社会资本投向上海各重点产业和各类新兴产业。

(2) 大力推动外贸企业走出困境。一是搭建应急跨境法律服务平台。加强重点外贸企业"一对一"服务,重点做好不可抗力事实性证明便利申办等举措,加大涉外法律服务力度,帮助企业妥善应对疫情造成的法律纠纷。二是帮助企业巩固和开拓国内外市场。梳理重点产业领域企业的关键中间品进口需求,充分挖掘进博会积累的参展商资源等,针对需求加大帮扶力度。发挥展会的资源链接作用,打造"线上虚拟展会"特别行动计划,谋划一批针对国内外重点市场的自办虚拟展会,加大参展扶持力度,引导更多有需要的企业参与进来,助力企业获取国内外订单。三是推动外贸服务环境更加成熟完善。对相关部门在防疫期间推出"不见面申领""无纸化流程""便利化出口退(免)税""数字清关"等便捷高效的实践做法,及时进行梳理,推动好做法固化为制度,构建起更加适应外贸发展需求的监管服务体系。四是未雨绸缪应对未来过剩防疫物资的挑战。目前,不少企业转产口罩、防护服等疫情防控物资,现阶段可在满足国内需求前提下大量出口。但是随着下半年欧美等国疫情好转,预计上海防疫物资产能将显著过剩,届时过剩物资由政府兜底收储,可能导致财政雪上加霜,建议提前准备对策。

(3) 全力促进现代服务业跨越发展。一是设立"魔都风云"城市新场景机会榜单。去年,成都发布全国首个"城市机会清单",在智慧交通、5G街区等领域进行了大胆试验和探索。截至目前,已有4家企业成长为独角兽企业,245家新经济企业累计获得投资170亿元。建议参考成都做法,发挥上海应用场景丰富的优势,设立"魔都风云"城市新场景机会榜单,将应用场景项目化、指标化、清单化,定期向社会集中发布供需信息。针对疫情后的新趋势,建议围绕在线生产力促进、宅经济、社会治理等三个新场景设立专项机会榜单。在线生产力促进领域可重点关注传统零售和金融网点线上业务改造、线上流量池解决方案、物流配送平台、企业在线人力管理系统、企业人工智能解决方案等"方案提供型"业态;宅经济领域可重点关注在线教育、远程办公、在线文娱、旅游在线化、安全外卖等"互联网+"业态;社会治理领域可重点关注流动人员身份监测、人员健康数据分析、公共空间体温监测、新型消毒设备、无人零售等"技术引领型"业态。二是加快在自贸区内推进人民币国际化的"先行先试"进程。当前疫情冲击导致全球美元流动性紧张,而且与2008年金融危机相比,更加具有与产业链紧密结合的特征,可能为人民币突破"高息货币难成为融资货币"瓶颈提供了宝贵契机。建议上海积极向中央争取自贸区新一轮先行先试内容,以提升人民币融资货币功能为核心开展政策试验和压力测试,包括超常规支持与实体经济相关的人民币贸易融资,调整人民币跨境融资相关的宏观审慎调节系数,鼓励与产业链结合紧密的国家动用双边本币互换工具,积极响应国际金融组织关于推动建立地区金融安全网的建议等,力争在推进人民币国际化的同时,推动上海国际金融中心建设迈上新台阶。三是加快布局医疗健康产业。抢抓疫情过后医疗健康产业风口,把握新药研发加速升级,第三方诊断行业市场扩容,人工智能、远程医疗、云医疗等新技术大量应用等趋势,大力推进一批卫生健康信息服务平台、互联网医院、共享药房、社区医养服务结合中心等建设,加速布局一批头部企业、研发中心、重点实验室和产业园。

(4) 完善地方战略物资储备保障体系。本次疫情敲响了城市防控风险的警钟,建议上海强化防范危化品安全事故、台风洪涝灾害、流行性疾病甚至恐怖袭击等风险的能力,加强地方战略物资储备和供应保障。一是建立合理的地方战略物资储备体系。综合考虑物资特性、来源渠道、可承受的财力以及我市主要灾害类型,合理确定物资种类和储备规模,包括粮食、成品油等国家战略型物资,口罩、帐篷、沙袋等抢险救灾型物资,农药、化肥等市场短缺型物资。在此基础上,以国家战略物资储备体系为依托,建立与应急工作体系有序衔接的战略物资储备体系。二是构建多种形态的地方战略物资供给体系。改革传统单一的实物储备供给形态,建立实物储备与能力储备、技术储备、基金储备、相关企业的协议储备等多元化储备供给形态。积极引入市场机制,调动市场主体参与,形成与政府储备互为补充的新型储备模式。创新思路举措,将战略物资和设施储备与产业发展相结合。比如新西兰在国内发现确诊病例后,迅速集结房车用于隔离感染病人,后续还可进一步改造为方舱医院。自驾游与房车营地也是国家支持的发展领域之一,建议上海在郊野公园附近规划一批房车营地,鼓励企业进行房车制造和改装,既能储备应急设施和场地,又能带动房车产业发展。三是形成协同高效的管理机制。推行政府各相关部门和重点储备企业联席会议制度,定期或不定期通报各部门和重点企业物资储备工作进展和市场监控信息,及时协调解决相关问题。搭建地方战略物资储备管理信息平台,实现储备物资资源的动态监测、动态调度、动态补充。

(供稿单位:杨浦区工商业联合会,主要完成人:李长毅、郑蕾、任友左、汤蕴懿、韩清)

2020
理论研究
上海民营经济

专题报告十三

上海民营经济人士思想状况研究

中共中央办公厅印发《关于加强新时代民营经济统战工作的意见》，提出了五方面重点任务。在具体工作中，把加强民营经济人士思想政治建设作为首要课题，高举爱国主义、社会主义旗帜，深化理想信念教育，加强政治引导和价值观引领。深入分析当前形势下上海民营经济人士思想状况，对落实中央、市委关于加强新时代民营经济统战工作的要求，建设高质量的民营经济人士队伍，意义重大。

一、上海民营经济人士主流积极向上

课题组在全市范围内开展480份有效问卷调查，进行30人次个别访谈。从调研数据来看，担任董事长、总经理职务，或担任企业创办人的占比77.62%，现担任各级人大代表的43人，占8.96%，现担任各级政协委员的44人，占9.17%，担任各级工商联执委的63人，占13.1%。总体来看，广大民营经济人士在信念、信任、信心方面的主流是积极向上的，在抗疫大考中展现了良好的精神面貌和责任担当。

（一）认为疫情不改大势，对未来经济发展的信心更加坚定

1. 世界经济深度衰退和中国经济形势向好，增强对中国未来经济发展信心

受海外疫情影响，世界经济陷入深度衰退。而三季度以来，中国经济指标和企业状况已经明显回稳复苏。政策扶持和市场回暖使民营经济总体保持乐观的发展信心。问卷调查显示，九成以上民营企业对未来发展充满信心。受访上海民营经济人士表示，"国泰才能民安，企业才能发展。在这样一个黑天鹅乱窜、风险无处不在的世界里，生活在中国这样一个安全感、确定性都比较强的国家，很庆幸也很自豪"。

受访民营经济人士表示，中国如今成为全世界首个在疫情冲击下实现经济反弹的主要经济体，体现了中国共产党的领导力和中国特色社会主义制度的优势。超过九成的受访者认为，"我们比西方国家更好地应对了疫情"。64.34%的问卷受访者认为，"中国可以填补美国留下的国际空白"。

2. 十九届五中全会召开、RCEP签署以及习近平总书记在浦东开放开发30周年庆祝大会上的讲话等强化良好预期

广大上海民营经济人士表示，党的十九

届五中全会审议通过的《中共中央关于制定国民经济和社会发展第十四个五年规划和二〇三五年远景目标的建议》切实可行、鼓舞人心。在世界经济严重衰退、单边主义和保护主义加剧形势下,RCEP的签署以及习近平总书记在浦东开放开发30周年庆祝大会上的讲话,进一步表达了中国的积极开放态度。这些都让很多上海民营经济人士看到了党和政府"越是困难挑战,就越要推进改革开放"的决心和行动,嗅觉灵敏的民营经济人士更是从中看到了商机,增添了企业发展的信心。

对中央提出的"加快形成以国内大循环为主体,国内国际双循环相互促进的新发展格局",超过的74%问卷受访者认为"这是中国经济'育新机、开新局'并赢得国际竞争新优势的主动战略选择",65.82%问卷受访者认为"这意味着中国要进一步扩大高水平对外开放"。

(二)感动于受信任,"自己人"身份认同感更加强烈

1. 制度认同凸显

国外疫情失控,上海等地偶发零星本土确诊病例得到有效控制,进一步加深民营经济人士对中国特色社会主义制度、体制的认同感和接受度。绝大部分民营经济人士认可我国的制度。如表13-1所示,同意的有39.3%,非常同意的有35.8%,共计75.1%;22.9%表示不好说,而非常不同意与不同意的仅有1.9%。一些民营企业家表示,"在党中央的坚强领导下,国内疫情防控取得如此成绩,事实上也为民营企业的发展创造了当下较好的环境。要感恩党、感恩社会主义制度,集中力量把企业办好"。

表13-1 从应对疫情看,我国的制度比西方制度更好

态度	频次	百分比
非常同意	164	35.8%
同意	180	39.3%
不好说	105	22.9%
不同意	7	1.5%
非常不同意	2	0.4%

2. 身份认同增强

党的十八大以来,习近平总书记多次重要讲话和中央方针政策,增强了"自己人"身份认同感。《关于加强新时代民营经济统战工作的意见》(以下称《意见》)首次把"信任"纳入民营经济统战工作方针并摆在首位。民营经济人士认为,《意见》的颁布,既是对民营经济的鼓劲,也为"自己人"提供了更成熟的制度支撑,更坚定了民营企业家的发展信心。

(三)惠企政策暖心,对上海营商环境和政商关系更加认可

1. 对中央及上海市出台务实举措感到暖心

访谈中,很多民营经济人士反映,新冠肺炎疫情期间,上海市出台务实举措暖人心、增信心、筑同心。民营企业表示,上海扶持中小微企业政策效果突出,特别是在税收、房租与社保政策、项目扶持等方面走在全国前列。

2. 对上海的政商关系和营商环境普遍认可

上海提出"无事不扰,有求必应"的"店小二精神",以"一网通办"为标志的政务环境建设极大提升政府部门的行政效率,降低了企业家办事的时间、金钱、心理等制度遵从成本。调查结果显示,高达83.4%的被访者认为"行政审批手续更加方便、简捷",78.4%认为"政府官员勤政、积极服务企业",认为"政府部门不担当、不作为"得到改善的比例也达到了72.1%(见表13-2)。

表13-2 政务环境评价

政务环境	没体验	没改善	一般	改善
行政审批手续更加方便、简捷	2.0%	2.4%	12.2%	83.4%
政府官员勤政、积极服务企业	2.8%	2.2%	16.6%	78.4%
政府部门不担当、不作为	5.9%	4.4%	17.7%	72.1%

89.53%的企业对上海干部在"清"方面的表现是肯定的;61.55%的受访企业认为上海市政商关系"既亲又清"。大家普遍反映在规范、透明、契约精神、服务意识等方面,上海排在全国前列。"办证比以前更方便了""执法比以前人性化了"等都是谈话中的高频话语。

(四)重视继承弘扬企业家精神,看待社会责任更加积极主动

1. 对"爱国、创新、诚信、社会责任和国际视野"的企业家精神高度拥护

习近平总书记在2020年11月12日考察调研江苏南通时,将张謇进一步称赞为"中国民营企业家的先贤和楷模",并要求企业家在爱国、创新、诚信、社会责任和国际视野等方面不断提升自己。企业家表示要继承和弘扬张謇创新创业精神,认为企业家精神首先应该是爱国,其核心内涵是创新。

2. 看待社会责任更加积极主动

广大民营企业自觉响应各级党委政府号召,认真履行社会责任,在应急保供、医疗支援、复工复产、稳定产业链供应链等方面发挥了重要作用。据不完全统计,上海民营企业为抗击疫情共捐款近6.5亿元,捐赠口罩、防护服、医药器械、药品、消毒用品等大批防控急需物资及生活、生产物资折合金额6.4亿元,充分体现了民营企业家的责任担当。5位上海民营经济人士获得中央统战部抗击新冠肺炎疫情民营经济先进个人表彰,34位民营经济人士、12家民企分别获得上海市抗击新冠肺炎疫情先进个人、先进集体表彰,62家上海民企、16家商会分别获得全国工商联抗击新冠肺炎疫情先进民营企业、先进商会组织通报表扬。访谈中,部分民营企业表示"要与党和国家同心同德、同向同行,紧密团结在党和政府周围,弘扬奉献精神"等。

二、近期民营经济统战工作值得注意的问题

（一）纾困惠企政策有待进一步落实落地

思想波动的根源来源于企业家生产经营困难。部分企业仍然面临发展困境。如，由于经营风险较大、信用状况不清、缺乏抵押物等与生俱来的特点，金融机构主动服务中小微企业的意愿不强，小微企业融资难融资贵的结构性难题仍然待解。调研中，22.07%的企业认为金融纾困力度有待进一步加强，4.86%的受访企业认为减税降费政策获得感不强。在一些受访民营经济人士看来，虽然国家及上海市出台系列促进上海市民营经济发展的政策举措，当前部分政策落地落实不是很好，"最后一公里"尚未完全打通。

（二）思想疑虑和不安有待进一步回应

调研过程中，近半数民营经济人士对前两年许多媒体在讨论"新公私合营""国进民退"等问题，认为需要引起高度重视。

近几个月，蚂蚁集团暂停上市、河北民营企业家孙大午被捕等消息占据了很多民营经济人士的手机世界，也成为不少受访民营经济人士与课题组谈论的热点话题。各种自媒体发送的、或真或假的、有带节奏之嫌的"解读"文章扑面而来，与官方权威信息发布不及时、不充分、传播力不强之间形成较大反差，引发部分民营企业家关切和思想困惑。

（三）政治价值观和政治体制的认同仍待进一步加强

调研问卷显示，一方面，有约75%的受调查者认同"长期来看，我国的政治体制可以解决我们国家面临的问题"，但另一方面，认同"世界上有比我们国家目前的制度更先进的政治体制"观点的人数也占到约21%，如果加上选择"不好说"的比例则占到约73%；认同"普世价值"的也占到近27%，如果加上选择"不好说"的比例则占到约73%。少数民营经济人士对我国在抗疫中的表现一方面给予点赞，另一方面说我们国家体制在救灾的时候特别强大，归结为对他们所认为的中国"救灾型体制"在危难时刻表现的认同，言外之意，一些人对中国常态治理的政治认同度和理念认同度仍有所保留。

（四）法治的获得感和信心有待进一步巩固提升

部分受访民营经济人士表示，"尽管新闻宣传、政策宣示和主流意识形态告诉我们如何如何，但实践中的现象和这些新闻以及主流意识形态宣传还一定程度上存在'两张皮'的问题"。民营经济人士之所以对主流意识形态有一些保留或不同的看法，之所以对经济社会现象有这样那样的想法，甚至少数民营经济人士有"不信理论信舆论"的倾向，社会现实问题的存在，很大程度上影响部分民营经济人士对主流意识形态的认同。例如由于过去出台的有关促进民营经济发展的政策往往最终落实效果不是很明显，导致一部分

民营企业家现在主观上对出台的政策往往心理预期不高,甚至出现"政策疲劳感"。

虽然国家近期召开了中央全面依法治国工作会议,进一步发出了坚定不移走中国特色社会主义法治道路的强音,但部分民营经济人士法治的获得感和信心仍然有待进一步巩固提振。深度访谈中,反映的问题(不限于上海本地)集中体现在:一是少数干部在服务民营企业过程中带有歧视眼光,不敢担当作为,在人才引进、融资支持等方面政策供给不足等。二是在公安执法领域,虽然公安部曾多次强调公安机关不得插手经济纠纷,但这两年在某些地方(注:不是上海)上纲上线,以刑代民的现象有所抬头,如将正常的金融借款纠纷定为"骗取贷款罪",把民营企业的经营行为定性为金融行为的"非法吸收公众存款罪"。三是在司法领域,少数民营企业家涉嫌犯罪的案件中,有一些地方(注:不是上海)司法机关采取查封、扣押、冻结财产,长时间未决羁押人身,以扫黑除恶的名义没收个人全部财产乃至家庭财产的现象出现。

三、对策建议

(一)织密联系服务机制,重视思想政治建设和价值观引领

国际国内情况越是复杂,越要主动增进与广大民营经济人士的联系服务、交流交心,要始终把民营经济代表人士思想政治建设作为重要政治任务抓紧抓实。一是通过完善领导干部常态化企业走访,与代表人士联谊交友、谈心谈话等制度性安排,及时了解代表人士思想动态。在聆听交流中疏导思想情绪、在问需问计中宣讲政策主张、在回应关切中解开思想疙瘩、在共商解决办法中增进政治认同。二是深化理想信念教育。此次疫情期间企业家的表现,既体现了理想信念教育的成果,也进一步说明了深化理想信念教育的重要性。下一步在深化上探索,在覆盖上着力,进一步向商会组织覆盖,使商会向企业家自组织覆盖,向年轻一代民营企业家覆盖。三是进一步培育弘扬企业家精神。通过设立上海市"企业家日",开展民营企业家宣传活动,进一步营造尊重民营企业家,弘扬民营企业家精神的社会氛围。

(二)夯实协调合作机制,全力推动纾困惠企政策精准落地

一分部署,九分落实。对面临困境的一些企业而言,好政策好措施是"及时雨""雪中炭",但更为重要的是打通政策兑现的"最后一公里"。一是着力解决企业融资难融资贵等核心问题,整合资源优势,进一步助推完善"政会银企"等惠企平台和融资渠道,鼓励推出个性化的金融产品。二是深入开展面向民营经济人士的政策培训解读、宣传工作,拓宽政策宣传渠道,推动减税降费、减租降息等扶持政策惠及更多民营企业。三是对前期出台的相关扶持政策开展第三方评估,了解政策落地情况和相关问题。

（三）建立健全监测研判和联动处置机制，进一步做好民营经济领域网络意识形态工作

近年来，民营经济领域意识形态的网络舆情呈现多发易发态势，值得高度重视。民营经济领域的网络舆论风波，虽不像突发公共事件处置那样十万火急，但在民营经济人士圈子里传播非常快，对民营经济人士的信心、预期等影响非常大。为此，要继续加强和改进民营经济领域网络舆情的监测研判和联动处置机制，坚持时度效的统筹，做到核查研判快、准备口径快、发布表态快，切实做到动态研判、多部门联动处置，敢于担当，勇于亮剑。需要指出的是，做好涉民营经济网络意识形态工作，绝不仅仅是工商联等少数部门的工作，更需要各级党委宣传部门特别是网信部门的指导帮助和有力支持。

（四）完善涉法维权机制，切实帮助民营企业维护合法权益

目前市委统战部牵头，市工商联会同相关部门，创建了民营经济发展联席会议制度，并与公检法司签署合作协议，开展守法教育、政商沟通和依法维权等协调工作，维护民营企业合法权益。建议在此基础上进一步深化完善。一是进一步拓展和畅通沟通渠道，共同开展法治宣传教育，参与协调、妥善处理民营企业涉纪涉法问题，依法维护企业正常经营秩序，促进其守法诚信健康发展。二是建立制度规范，鼓励干部在交往中积极作为。进一步厘清政商交往边界，加快执行"正面清单"和"负面清单"，推动建立"亲而有度、清而有为"的政商关系。三是深入探索包容审慎监管，拓展市场轻微违法违规经营行为免罚领域。开展依法甄别纠正侵害民营企业产权错案冤案、防范和处置拖欠民营企业账款等工作，切实维护民营企业合法权益。

（五）探索建立党管人才的工作机制，保障民营企业党组织在人才培养中发挥作用

探索建立对员工、对民营经济人士的人才培养体系，通过政治引领、思想引导、组织培养，为民营经济人士搭建成长进步平台。一是针对培养选拔出来的优秀员工，推荐其加入中国共产党。二是把基本素质好、有发展潜力和业务能力突出的优秀青年人才推荐到企业后备干部梯队中。三是对党外优秀人士进行发掘、培养、教育、推荐，将他们团结凝聚在党的周围，促使他们更好发挥作用。

（供稿单位：上海市工商业联合会，主要完成人：徐惠明、张捍、封丹华、朱海燕、肖晋）

专题报告十四

以理想信念教育活动为牵引　进一步做好上海民营经济人士思想政治引领工作研究

一、研究背景与意义

（一）研究背景

2020年8月20日，习近平总书记在合肥主持召开扎实推进长三角一体化发展座谈会并发表重要讲话，强调"要注重在非公有制经济组织中发展党员，做好党员教育管理工作，引导他们发挥先锋模范作用"。党的十九届五中全会审议通过的《中共中央关于制定国民经济和社会发展第十四个五年规划和二〇三五年远景目标的建议》，重申"毫不动摇巩固和发展公有制经济，毫不动摇鼓励、支持、引导非公有制经济发展"，"要激发各类市场主体活力，优化民营经济发展环境，构建亲清政商关系，促进非公有制经济健康发展和非公有制经济人士健康成长"。

加强和改进新时代民营经济人士思想政治工作，不仅为我国民营企业的可持续健康发展提供了精神动力和智力支持，而且为巩固和扩大党的执政基础提供了思想保证。在民营企业的发展过程中民营企业家思想状况发挥着重要的作用，民营企业家思想状况是促进企业创新、科学、可持续发展的主要因素，所以民营企业家思想状况的发展对企业和社会有着重大的影响作用。2020年12月22日，上海市民营经济研究会召开第五届会员代表大会，上海市委常委、统战部长郑钢淼也在讲话中指出，民营经济研究要注重研究"爱国敬业、诚信进取"的沪商精神，并赋予其丰富的时代内涵。

然而，突如其来的疫情灾害对中国经济社会造成巨大影响，疫情期间，民营企业家审时度势，充分参与到疫情抗争过程中来，为疫情的稳定过渡做出了巨大贡献，企业家精神可以得到充分发挥。但是目前对企业家思想状况的研究尚存不足，而上海作为中国经济社会发展的排头兵，民营企业众多，通过多途径规范民营经济人士的思想政治建设，从长远来看无论是对上海市还是对中国经济社会发展都具有重要作用。

（二）研究意义

本课题将根据中共中央办公厅印发的《关于加强新时代民营经济统战工作的意见》（中办发〔2019〕57号）等相关文件精神，充分认识民营经济的重要地位和作用以及民营经济统战工作面临的新形势新任务,切实把思想和行动统一到党中央的决策部署上来,充分发挥统战部门的牵头协调作用、工商联和商会的桥梁纽带作用,不断强化民营经济人士思想政治引领,畅通政企沟通协商渠道,构建亲清政商关系,凝聚起支持服务民营经济高质量发展的统战合力,通过分析上海市民营经济人士的特点和分类、理想信念教育活动开展的现状和困境、全国及上海市开展教育活动的经验和启示,为未来教育活动的开展提出对策建议,对民营经济人士思想政治引领工作今后的发展和优化具有现实意义和理论指导意义。

二、上海民营经济人士思想状况主要特征和价值取向

(一)当前上海民营经济人士思想状况主要特征

民营经济人士是理想信念教育的客体和对象,因此,认识并归纳民营经济人士思想状况及其主要特征,包括发展变化的规律,对我们如何开展相关教育工作,以及最终实现理想信念教育活动效果,并促进政治引领工作的开展是至关重要的,也是首先要解决的问题。经过调研结合一些文献的研究,我们发现目前上海民营经济人士思想状况主要呈现出以下几方面的特点。

1. 民营经济人士文化程度普遍提高

根据中国企业家调查系统发布的《中国企业家成长20年:能力、责任与精神——中国企业家队伍成长二十年调查综合报告》显示,企业家文化程度明显提高,并且伴随着"高专化",大学本科及以上学历的企业家从1993年的33.9%,上升到现在的45.2%;从专业背景看,经济类专业的从5.4%上升到31.4%,管理类专业的从15.4%上升到48.5%,而理工类专业的从38.1%下降到23.9%。从任职方式看,"主管部门任命"的从85.8%下降到11.1%,"董事会任命"的从3.8%上升到38.4%,"自己创业"的从16.1%上升到44.7%。其中,年轻一代民营经济人士在这一点上尤为突出,文化程度主要集中在大专、本科和硕士。其中,大专文凭的占青年民营经济人士的13.9%,本科占民营经济人士的55.6%,硕士占年轻一代民营经济人士的30.5%。相对父辈而言,父辈的文化程度也大都集中在大专、本科和硕士,其中大专占28%,本科占40%,硕士占32%。由此可见,年轻一代民营经济人士的文化程度相对父辈而言,学历较高。

教育方面,年轻一代民营经济人士在境外接受过教育的占54.55%,有过境外工作经验的占25%,接受过MBA、EMBA、MPA等专业课程教育的占45.16%。而父辈方面,接受过境外教育的占21.74%,有过境外工作经验的占14.29%,接受过MBA、EMBA、MPA等专业课程教育的占40.91%。年轻一代民营经济人士在接受境外教育或是境外的工作经验,以及接受专业课程教育方面,都有较好

的基础,专业性较强。

2013年以后的相关研究中,2019年有学者通过统计深圳证券交易所上市的585家民营企业,搜索整理样本企业的企业家个人信息后发现,民营企业家本科及以上学历超过75%,研究生学历占36.41%,可以看到民营经济人士的受教育水平呈持续提高的趋势(见图14-1)。

2. 政治求同与政治上进性

有研究显示,改革开放后民营经济在我国得到了长足的发展,但是在我国这样一个以实现共产主义为目标的国家里,公有制经济的主体地位从未改变,因此民营企业主阶层体现出对工人阶级领导的认同与对社会主义制度的支持,并伴随着许多民营经济人士积极申请加入中国共产党、中国共青团,力求成为人大代表、政协委员,通过这些努力来改变自身固有的政治形象。

而随着时代的发展,民营经济人士的政治需求和参政议政愿望已经带有群体特点,政治诉求强烈且呈现多元化特点,且这种政治需求与企业的发展需求相互间的联系日益紧密。调查显示,他们的心态主要包括:提高社会地位,体现自身价值,有利于提高企业知名度和商业信誉;有利于在复杂的社会环境中保护自身利益;有利于接触上层领导和知名人士,建立必要的社会关系;有利于企业在资金、项目、信息等方面得到支持。

3. 认知的差异性

如今,人们思想活动的自主性、差异性明显增强,行为方式日趋多样化,这种变化无不反映到民营经济代表人士队伍中来,再加上民营企业类型繁多,企业家们社会活动较为丰富,也放大了这种差异。特别是在"互联网"这个虚拟的空间里,在很多层面上,颠覆着以一间课堂、一套书本、一个系统为依托的传统教育。受到各种思潮、文化的冲击,民营经济人士从思想认识和现实表现上,都不同

图14-1 年轻一代民营经济人士与其父辈的文化程度及受教育情况

程度地显现出他们对中国特色社会主义、对党的基本路线和方针政策在认知上存在着一定的差异性。

调查显示,在问及"您认为自己最需学习的知识是什么"时,有57.14%的民营经济人士认为,自己目前最需要学习的知识分别是企业营销与管理,其次,42.86%的人认为最需要学习国情、民情与社会,37.14%的人认为最需要学习金融证券和投资。而只有2.86%的人认为自己需要学习政治,8.57%的人认为最需要学习国学与传统文化。可见,民营经济人士对政治及传统文化方面仍然缺乏认识,意识不强,认知存在偏差(见图14-2)。

(二)上海民营经济人士价值取向分析

民营企业有不同的规模、不同的行业,民营经济人士价值取向也不尽相同,因此开展理想信念教育时需因材施教。调查发现,民营经济人士价值取向呈现多元化,存在不同的观念,在对其进行教育培养时,不能照搬传统的思想观念,尤其是新一代、年轻的、新兴产业的民营经济人士,需要根据他们不同的基本特征,有针对性地开展教育培训。其主要特点如下:

1. 多元性

随着改革开放的深化和社会主义市场经济的逐步确立和发展社会经济成分、社会利益主体、社会组织形式以及人们的生活方式、行为方式、思想观念日益多元化,思想文化由一元主导向多元发展,人们的思想观念由封闭僵化转向开放活跃,由简单单一转向复杂多元。民营经济人士视野开阔、思维敏捷,接受新事物、新思想比较快,往往追求多样性的价值目标。他们活跃在市场经济浪潮中,深受利益驱动原则、等价交换原则、竞争机制等的影响,在认可传统价值观的同时更容易接受现代价值观。他们的价值取向由一元向多元并存发展,既有社会本位价值取向,也有个人本位价值取向,既有义本位价值取向,也有

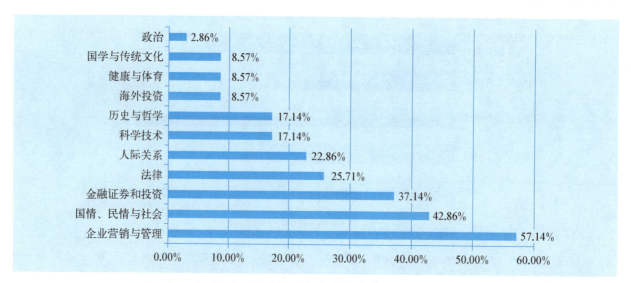

图14-2 民营经济人士最需要学习的知识

利本位价值取向,呈现出复杂性和多元性的特点。这种多元性既体现在民营经济人士群体多元的价值取向上,也体现在个体自身多元的价值取向上。

2. 动态性

民营经济人士对社会和自我的认识具有多变的动态性,这就使他们容易被外在的热点所吸引,对价值的评价和选择也容易受到外在因素的影响,处于不稳定状态,这一点上,年轻一代民营经济人士以及新兴产业企业主特别明显。新事物层出不穷,社会时尚不断变化,对民营经济人士不断产生影响,但是这种影响非常短暂而且不稳定,他们的价值取向也随之速变和善变。他们否定绝对的价值标准、唯一的价值选择,认可相对的价值标准、多样的价值选择和双重的价值评判,对事物的看法可能因时间不同而不同也可能因某一事件而彻底改变以前的观点,在价值取向上呈现出动态性的特点。

3. 兼容性

我国传统的价值观教育是以集体主义为核心内容的。在改革开放的过程中,市场经济不断发展,个人利益的合理性得到认可,人们的主体意识不断增强,自我价值不断凸显。在传统价值观与现代价值观的交织中,民营经济人士尤其是新一代民营经济人士更容易接受和形成以自由、民主、效率、公正、个体等为核心的现代价值观。虽然他们的价值取向呈现出追求自我价值和个人功利的发展趋势和个性化特点,甚至有部分民营经济人士,尤其是有海外经历的年轻企业家,表现出一定程度上对政策容忍度低的问题,但是从总体上看,他们并没有显示出对传统价值观的全盘否定,也没有显示出与社会主导价值体系的绝对对立。

4. 现实性

随着改革开放的进一步深化,以个人主义为核心的西方伦理不断挑战着我国倡导的集体主义思想,自我价值、自我实现理念的凸显,增强了民营经济人士的自我意识、主体意识。马克思曾经讲过:"人们奋斗所争取的一切,都同他们的利益有关。"在市场经济条件下,这句话更让人们深信不疑。不同社会群体对自身物质利益的合理追求开始得到尊重,价值取向上出现新的变化,从过去仅强调集体转向开始强调个人,从过去仅重视理想转向开始重视实际,从过去仅注重义务转向开始注重利益,人们功利意识大大增强,价值取向更趋于务实,更看重自我,所谓"商人逐利",民营经济人士也不例外。交流访谈中也发现民营经济人士的思想政治教育工作和其经营活动过程中相关问题的处理交流很难进行分离,他们对国家政策方针的学习往往通过行业的视角来认知,交流心得体会,也往往"三句不离本行"。

总体而言,民营经济人士作为市场经济的实践者,他们对经济利益的追求更加突出。在价值取向中,社会本位逐步让位给个人本位,他们更多地考虑个人、家族、企业的实际需要,普遍关注企业利益、自身的现实利益和自身价值的实现,以追求利益的最大化为目标。同时,受西方实用主义思潮和个人主义价值观的影响,再加上社会转型过程中一些负面消极的价值观念和社会现象的存在,他们的价值取向由理想转向现实,由理性转向感性,带有明显的功利主义和实用色彩。

三、上海民营经济人士思想政治引领工作现状及困境分析

近年来,由上海市工商联牵头,组织开展民营经济人士思想政治引领工作,已经走过七个年头。在中央统战部、全国工商联指导下,在上海市委统战部的领导下,经过多年探索,加强对民营经济人士思想政治引领工作,已经成为全市各级工商联工作的主线和重要内容,也探索出了多样的思想政治教育引领形式,积累了丰富的思想政治教育引领资源和内容,取得了显著效果。

(一)上海民营经济人士思想政治引领工作现状特征

1. 党建引领的核心作用日益彰显

近年来,特别是党的十九大以来,为贯彻落实习近平总书记在民营企业座谈会上的重要讲话精神,落实全国工商联十二届三次执委会议工作部署,上海市区两级工商联党组和基层商会党支部坚持政治挂帅与思想政治引领相结合,一把手负总责与职能部门各司其职相结合,着眼上海市民营经济人士现实思想状况和群体特征,把教育活动纳入党组(支部)议事议程,抓长抓常,党组织负责人亲自谋划、亲自部署、亲自动员,形成了大事大抓的良好氛围。同时,上海市区两级工商联都成立了相应的领导小组,在党组统一领导下做好日常教育的组织实施,不断强化"听党话、跟党走"的行动自觉,增强"四个意识"、坚定"四个自信"、做到"两个维护"。

2. 自上而下的传导机制成效显著

在民营经济人士思想政治引领工作过程中,按照职责分工为市级、区级、基层商会、企业四个层次,上海市工商联把总、督导,区工商联实施、指导,基层商会落实、引导,企业做实、传导。每年上海市工商联都会根据全联要求,在全市范围内开展大调研、大走访,深入一线督导检查,发现问题、总结经验,年初有分类推进、年末有集中评选,形成阶段性工作闭环。区工商联根据各区功能定位和重点产业规划来落实,促进区域经济协调发展;基层商会按照会员企业特点,开展符合自身特点的教育活动,各不相同、各有特色,指导民营企业以塑立优秀企业文化为导向、塑造优秀企业家精神为宗旨,把思想政治引领工作与企业党建、团建有机结合,共同推进、融合发展。

3. 基层示范的引领效应不断扩大

2019年以来,通过以"两特一点"为抓手,提升各区工商联开展教育活动的组织能力,发挥基层商会的主阵地作用和民营经济人士主体作用。"两特"就是创建区工商联理想信念教育特色工作和区工商联青创组织理想信

念教育特色案例,"一点"就是创建理想信念教育指导点。目前已对上海市区工商联所属商会进行了有效覆盖,其中包括212个街镇商会,以及所属园区、楼宇和行业商(协)会,还吸引了部分异地商会加入。此外,从117个指导点中评选出20家示范性指导点,广泛宣传、营造声势,发挥示范点带动一批、辐射一片的聚集效应,形成商会、企业争创指导点、指导点争创示范点,层层引领带动的态势。

4. 对青年人士的健康成长高度重视

通过举办专题报告会、学习座谈会、红色参访团、分享创业故事、组织主题合唱展演、徒步行等活动,还与其他省市、港澳台及国外青年商会开展一些小型专业性的学习交流、互访参观,在互学互鉴中开阔了眼界思路,坚定广大青年企业家走中国特色社会主义道路的信念信心,筑牢上海青年企业家团结奋进的思想政治基础。通过思想政治引领教育,上海市各级民营经济人士年轻一代正积极投身各种光彩事业和社会公益事业,其中28名市工商联青创联成员成为市光彩会理事。目前,上海市工商联青创联个人理事中担任各级人大代表、政协委员的有99人次,担任各级工商联执委、常委以上职务的达121人次,其中全国政协委员2人。

5. 思想引领的价值实效充分显现

目前,上海市民营企业在赴云南和贵州遵义产业扶贫项目投资对接活动成效显著,参加企业45家,签署扶贫投资协议13个,投资金额达255.57亿元,提供就业岗位56 050个,带动6万~7万人脱贫;2020年,突如其来的新冠肺炎疫情中,上海民营企业家捐款捐物、提供保障服务、赶制抗疫物资、参与工程建设,据不完全统计,上海民企为抗击疫情共捐款近4亿元,口罩750余万只,防护服110余万套,以及医药器械、药品等大批防控急需物资,充分彰显了大爱无疆的家国情怀和扶危济困的责任担当。防疫时不遑多让,复工后达产增效,积极为"六稳""六保"作贡献,奋力夺取疫情防控和经济社会发展双胜利。

(二)上海民营经济人士思想政治引领工作存在困境

目前,上海民营经济人士思想政治引领工作在各方面显然已经取得了不错的成绩,但是在发展过程中,仍存在着一些困境,需要更加深入地研究与探讨。通过对一些民营经济人士的实地考察、商会负责人的访谈以及对相关数据材料的分析整理发现,目前上海民营经济人士思想政治引领工作中存在着思想政治引领工作仍需更加务实、思想政治引领工作方式仍需多样、思想政治引领工作覆盖仍需广泛的三点困境,具体表现有如下三方面。

1. 思想政治引领工作仍需更加务实

调研中,民营经济人士座谈发表感言时在提出思想教育需求时,往往会和现实经营生活中发生的诉求交织出现,而事实上,上海民营经济人士思想政治引领工作也是一项惠企惠民的实务工程,因此,需要将各项思想政治引领工作落到实处,切不可做虚功、走形式。

2. 思想政治引领工作方式仍需多样

目前上海民营经济人士思想政治引领工作虽然已经取得了良好成效，但在工作方式方面仍需创新，好的方法手段还不多，尤其是线上平台的使用，并没有成为企业家参加教育活动的首选，从侧面也反映了内容的局限问题，难以满足企业家对思想政治引领工作的期望。

3. 思想政治引领工作内容仍需具体

调研中发现，尽管，上海绝大多数基层商会有明确清晰的组织架构，但在民营经济人士思想政治引领工作过程中，还没有形成明确分工，很多工作仍以主观能动和历史沿革为依据，急需科学化、专业化、标准化的工作纲领和指导。

（三）上海民营经济人士思想政治引领工作存在困境的成因分析

1. 民营经济人士参与度和积极性问题

思想政治引领工作不务实，直接导致民营经济人士的参与度和积极性难以调动，民营经济人士作为经商人士，追求利益最大化是根本诉求，个体私营经济性质决定了其有较强的自利性，基层商会对民营经济人士的诚信经营、合法经营的要求力度有限，在现实利益面前政治力量略显不足。有的民营经济人士认为，思想政治引领工作能提高其政治待遇，能有更多的机会接触党内信息，多一个平台与政界打交道，将基层商会视为联络人脉、培养感情的地方；但也有民营经济人士对思想政治引领工作认识有偏颇，顾虑政治的介入会干预商业上的自主经营，使企业自身发展受到约束控制。这就使民营经济人士的参与度和积极性难以调动。

2. 民营经济人士需求多样性及针对性问题

十九大以来，中央政府和上海市政府、市工商联高度重视民营经济人士思想政治引领工作，出台了多项方针支持政策，以助力民营经济人士思想政治引领工作的顺利开展。但由于民营企业具有类型繁多、规模组织形式不一、领域分布广、从业人员多元化等特点，具体细化执行到各个民营企业时还存有不少疑惑。因此，上海市工商联迫切需要制定富有针对性、时效性、有效性的指导意见，尽可能满足民营经济人士的合理需求。有的民营经济人士渴望强化教育培训的服务，有的民营经济人士具有深化服务内涵的需求，有的民营经济人士希望开展品牌建设的活动，市区工商联、基层商会可以开展深入需求调研，为民营经济人士提供多样化、针对性的活动支持。

3. 基层商会日常管理和职能专业化程度局限

基层商会是民营经济人士思想政治引领工作的主阵地。而通过对上海民营经济人士思想政治引领工作的调研发现，基层商会基本都存在人手紧张的问题，此外，很多商会秘书长没有实现职业化，一些日常管理工作没有专职人员处理，兼职情况很多，一些常规工作和重要工作也没有设立对应的专业部门，一方面影响了通过专业、周到的商会服务吸引更多会员，扩大覆盖面；另一方面，也不利于思想政治教育工作专业、系统、科学地开展。

4. 理想信念教育成效反馈难及舆情跟踪问题

反馈机制问题往往和基层部门职能专业化局限问题交织在一起。理想信念教育为抓手的政治引领工作是一个长效的任务，而不是独立的事件，通过对教育成效的收集反馈以及重要民营经济代表的思想发展、舆情跟踪是对政治引领工作不断优化、不断深化并有针对性提供重要保障。但目前从软件上没有权威部门来牵头指导统管这一工作，基层商会等相关部门也没有足够的人手来收集反馈数据，即使有部分调研情报采集，硬件方面也没有强有力的数据库来记录，并系统性地分析处理这些反馈跟踪结果，已有的一些考评制度也多流于表面。

四、上海民营经济人士思想政治引领工作的特色优势

近年来，上海市民营经济快速发展，大批民营经济人士从市场竞争中脱颖而出，迅速崛起，为上海市就业岗位的创造和经济社会的发展做出了巨大贡献。民营经济已然成为上海市经济的重要组成部分，而民营经济人士也逐渐成为经济发展和社会建设的主力军。因此，总结上海民营经济人士思想政治引领工作的特色优势，对推动民营经济人士思想政治引领工作，有效促进民营经济健康发展，对激发市场活力，加快经济转型升级，实现经济高质量发展具有重要意义。

（一）上海民营经济人士思想政治引领工作特色优势

1. 明确了指导思想，确保了思想政治引领工作的方向性

习近平总书记多次召开民营经济座谈会，对上海市的广大民营企业来说，习近平总书记的有关讲话无疑是一剂强心针、定心丸。在上海民营经济人士思想政治引领工作方面，上海市区级工商联、基层商会和民营经济人士深入贯彻学习习近平新时代中国特色社会主义思想、习近平总书记关于民营经济座谈会的系列重要讲话精神，坚持带头学、带头干，努力做到学在前列、干在实处；坚持系统学、深入学、跟进学；坚持学而信、学而思、学而行。坚持党的指导思想毫不动摇，坚持民营经济人士思想政治引领工作的方向性。

2. 创新了管理载体，保证了思想政治引领工作的规范性

上海民营经济人士思想政治引领工作始终坚持以管理为载体，实质是将民营经济人士思想引领政治工作的内容和信息渗透到管理活动中，渗透到民营企业的具体工作之中，并与管理手段相结合，极大地保证了民营经济人士思想政治素质的显著提高，民营经济人士的思想政治行为的有序规范，民营经济

人士的工作、学习积极性的目的调动。同时，上海市区工商联、基层商会还有效利用信息反馈系统和合理流动轮岗制度，随时检查目标执行情况，及时加强调控，不断加强民营经济人士思想政治引领工作的队伍建设和综合能力。

3. 优化了文化载体，满足了民营经济人士精神文化需求

上海民营经济人士思想政治引领工作是精神文明建设的重要组成部分。工作始终以服务好民营经济人士为主要目标，把民营经济人士所渴望获得服务融入思想政治引领工作的过程中，引导民营经济人士树立正确的世界观、人生观和价值观，并逐步渗透到民营经济人士的思想观念和行为习惯中，真正做到"抓民营经济从思想入手，抓思想从经济人士出发"，从而增强做好思想政治工作的内在动力。针对民营经济人士思想、工作上遇到的问题，邀请专家讲课辅导、适时对他们进行服务帮助，促进民营经济人士的身心健康发展。

4. 改进了活动载体，增强了思想政治引领工作的吸引力

上海市区级工商联、基层商会以活动为载体，通过丰富多彩的活动形式，把思想政治引领工作渗透其中，使民营经济人士在参与活动的过程中，潜移默化地受到熏陶和教育。同时，还深入开展具有时代特色的民营经济人士联谊会等创新活动，搭建民营经济人士"展示才干、成长成才、合作共赢"的交流平台，引领和吸引民营经济人士勤奋劳动，成为创新驱动发展的主力军。还用活激励机制，积极开展创先争优活动。通过开展民营经济人士喜闻乐见的主题活动激起舆论波，通过舆论教育引导民营经济人士，把理想信念教育与思想政治引领工作紧紧地融合到一起，使民营经济人士在主动参与中受到教育。

5. 开辟了网络新载体，适应了网络时代思想政治工作要求

互联网、手机等新媒体和 QQ 群、微博、微信、微电影、微视频等平台，不仅可以传输文字和图片，还可以传输声音和动态画面，以其丰富多彩、生动活泼的形式让人身临其境，得到切身体验，在当代民营经济人士思想政治引领工作中发挥着强大的舆论教育作用。当前，上海市民营经济人士思想政治工作积极开辟了网络这个新载体，努力适应民营经济人士主体意识、参与意识日益增强的新变化，利用网络这一最先进的信息交换系统开展活动，搭建民营经济人士乐于参与、便于参与的活动平台，向民营经济人士传播健康、丰富、生动的理想信念教育信息，全面提高民营经济人士理想信念素质。

（二）上海各区民营经济人士思想政治引领工作经验及特色案例解析

1. 案例一：奉贤区工商联助力年轻一代民营经济人士理想信念教育

上海市奉贤区工商联通过引路、搭桥、建家，深入推进民营经济人士理想信念教育，建立健全全区青年商会组织网络，集聚了一大

批来奉贤创业创新的年轻企业家,把他们培养成为理想信念坚定、创新斗志昂扬的区域经济建设主力军。

首先,主要从"抓好政治思想教育""做好诚信经营引导""积极履行社会责任"三个方面入手,通过大量的社会实践活动,加强理想信念教育,做好提升年轻一代政治素质的"引路人";其次,从"搭建好'政企合作'之桥""搭建好'企企互动'之桥""搭建好'区域联动'之桥"三个方面入手,通过大量的政企合作案例,叙述着上海市奉贤区工商以创新服务方式为载体,当好促进年轻一代做强企业的"搭桥者";最后,从"进一步夯实'家'的组织基础""进一步拓展'家'的服务范围""进一步塑造'家'的整体形象"三个方面入手,通过创新基层商会服务模式和服务内容,抓好青年商会建设,建好助力年轻一代民营经济人士健康成长的"温馨家"。

2. 案例二:嘉定区安亭镇商会积极探索理想信念教育实践活动长效机制

在民营经济人士思想政治引领工作过程中,上海市嘉定区安亭镇商会充分利用商会的平台和桥梁优势,加强协调引导,开展了一系列活动,促进了理想信念教育的常态化。

一方面,形成了四大机制,推动理想信念教育深入开展。具体来看,形成民营经济人士自觉承担的责任机制;形成民营经济人士文化建设的引导机制;形成民营经济人士常态化的信息传达和互通机制;形成民营经济人士自主学习机制。另一方面,推进五大举措,建立守法诚信教育长效机制。具体来看,积极筹建法治研究中心;会长单位授牌;举办多种多样的培训活动;推进综合评价体系;创新驱动促发展。嘉定区安亭镇商会通过建立四大机制和五大举措,使上海市区政府、工商联及时了解支持鼓励民营经济健康发展的政策措施,加强民营经济人士之间的互动交流,引导民营经济人士自觉增强理想信念。四大机制和五大举措的确立,对牢固树立民营经济人士的"同心"思想起到了推动作用,增强了民营经济人士的社会责任感。

3. 案例三:宝山区工商联创新教育载体,用好工作平台,坚持责任担当

上海市宝山区工商联在民营经济人士理想信念教育中,把握载体、平台、责任三个重点,广泛动员、深入推进,有力地推动了教育活动的深入开展。首先,从"强化教育培训""深化服务内涵""抓好品牌建设"三个方面着手,宝山区工商联建立商会职工教育培训示范基地,坚持民营经济思想政治引领教育创新载体,丰富各式各样的活动形式;其次,在"用好所属商会平台""用好青创联平台""用好大调研工作平台"三个方面,宝山区工商联重视年轻一代民营经济人士的政治引领和创新能力培养,扩大思想政治引领教育覆盖,驾驭新业态、担当新责任;最后,从"做好精准扶贫宣传引导""民营企业积极响应扶贫号召""典型示范引领作用显著"三个方面,组织民营经济人士考察团实地探访,分别与云南会

泽、维西，新疆叶城等对口地区35家贫困村结对，企业家积极投身精准扶贫事业，取得了较好的社会影响，用实际行动诠释责任担当，弘扬光彩精神。

4. 其他基层工商联值得推荐的做法

其他也有一些工商联基层组织对民营经济人士理想信念教育的特色工作。如崇明区工商联优化营商环境相结合，非公经济人士自我教育与光彩事业相结合，拓宽对外交往与服务创新发展相结合，指导所属商会以党建引领理想信念教育，以服务增强企业发展信心，形成"一会一特色""一会一机制"的工作格局，推进理想信念教育实践活动取得较大成效。

五、全国典型地区开展民营经济人士理想信念教育经验与启示

（一）全国典型地区开展民营经济人士理想信念教育经验

纵观全国地区民营经济人士理想信念教育的落实情况，一些具有普遍共性的做法——紧紧围绕工商联和商会、明确调研工作的基石意义、广泛开展座谈会和讲坛主题教育活动、关注从方案制定到实施的过程等，反映了我国民营经济人士理想信念教育工作的一些必备要素。然而，相比于这些共性经验，更有启示意义的是一些更具特色和效益的典型地区的经验，这些典型地区包括四川省、江苏省、陕西省、贵州省、河北省等，主要的独到经验可以从以下三个方面进行概括。

1. 嵌入其他领域，创新活动形式

很多地方的理想信念教育只专注于本身，使活动形式略显僵硬，而有些地方却大胆地将理想信念教育嵌入党和国家重点关注的其他领域，既创新了活动形式，又兼容和升华了多个领域的教育，比如贵州省、河南省等地区将理想信念教育融入了"千企帮千村"精准扶贫工作。2015年以来，在贵州省工商联"千企帮千村"精准扶贫行动的号召下，广大民营企业和各级商会组织广泛参与，把民营企业资本、技术、人才等优势与贫困地区土地、劳动力、特色资源等有机结合起来，帮助贫困群众创业就业、增收致富，展现了新时代民营企业和商会组织的使命与担当。截至2020年8月，贵州省参与帮扶企业数达5 595家，帮扶6 355个村，帮助贫困人口总数达139.42万人，投入资金达217.55亿元（见表14-1）；山西省、吉林省等地区将理想信念教育融入了社会诚信建设，引导广大民营企业家树立诚信意识与诚信典型；甘肃省、河北省等地将理想信念教育融入了各主题红色教育实践活动中——甘肃省组织全省各行业领域的40余位青年企业家开展了"重走长征路，接力中国梦"行动。实地参观了茨日那毛主席旧居、红军长征哈达铺纪念馆等革命旧址，聆听了革命传统教育，探望了老红军家属，实地走访了贫困户，进一步坚定了青年企业家传承"听党话、跟党走"光荣传统的信念。通过活动形式的创新，既可以增强教育活动的吸引力，也可

以推动理想信念教育常态化。河北省组织年轻企业家举办"庆祝建党97周年"专题党日活动。2018年7月1日,组织培训企业家在北京香山双清别墅举行"七一"党日活动,参观了"毛泽东主席旧居陈列室"实物陈列展览,了解了毛泽东等老一辈无产阶级革命家的丰功伟绩。同时,党员企业家还重温了入党誓词,激发了大家爱党、爱国的政治热情和责任感。

2. 对接社会资源,深化社会合作

受限于民营企业的固有性质,从企业内部能挖掘的理想信念教育相关资源是有限的,这就需要工商联与外部相关的社会资源进行对接、拓展与整合,形成广泛的社会合作以提高理想信念教育的效益。比如:江苏省、四川省等地通过将理想信念教育与高校资源对接,实现了双方的共同成长——江苏省先后在南京工业大学、中国矿业大学、南京师范大学、南京大学开展江苏省民营企业进高校"三个一"活动,即一场创业创新分享会、一场产学研对接会、一场企业人才招聘会。累计邀请15名企业家与1 800多名大学生分享了创业创新体会,50多家民营企业提供了1 200多个人才需求岗位,企业与高校进行了55项科研需求对接。四川省则开展了面向民营经济人士的专题培训和学习活动,与知名高校和社会机构合作,举办多层次、多领域的专题培训班14期,培训1 800多人次。如举办了民营企业"管理创新与领导力提升"清华大学培训班、"非公经济组织和社会组织党建工作"复旦大学培训班等;山东省、福建省、陕西省等地在宣传层面上与传统官方媒体开展广泛而深入的合作,确立了理想信念教育的主要宣传渠道——山东省联合省电视台在"齐鲁先锋栏目"宣传民营企业党建工作经验做法,对先进企业进行了深入采访。福建省青年闽商联合会理想信念活动情况经验做法在《中华工商时报》上得到发表,全国工商联也多次刊载福建省青年闽商联合会理想信念教育实践活动的重要信息。陕西省与省广播电视台《秦风热线》栏目组合作,开展"坚定理想信念,增强发展信心,民营企业家走进直播间"活动,共播出50期,取得了显著成效和热烈的社会反响。

3. 讲好微观故事,重视典范效应

虽然说民营经济人士理想信念教育工作本身就是较为宏观宽泛的,但是很多地方在具体操作过程中仍以大而泛的视角来执行,导致实际成果难以呈现,从而难以考核。而有些典型地区却能抓住微观层面上民营经济人士的具体实践与思想动向,从而将理想信念教育的成效较为直观地呈现了出来。比如:陕西省用典型案例来警示教育企业家践行新型关系,引导企业家做践行亲清新型政商关系的典范,为全联编纂《党旗在非公经济领域高高飘扬——新时代民营企业与商会组织党建工作案例》一书,推荐报送非公党建先进典型案例经验材料5篇;四川省在会刊《新蜀商》杂志上开展一系列建树民营企业先进典型的宣传,如开设"守法诚信好故事""长征

路上的扶贫故事""精准扶贫工商联实践""蜀商风采"等专栏,宣传报道商会和基层工商联工作动态、经验做法及典型案例。天津市强调:须树立先进典型,弘扬企业家精神,营造有利于民营经济发展的舆论氛围。以民营经济领域的新一届人大代表、政协委员和不断涌现的先进典型为榜样,按照可信、可比、可学的要求,树立和宣传一批坚定信心、创新创业、守法诚信经营、履行社会责任等方面的先进典型,增强社会对民营企业家的认同感和民营企业家自身的光荣感。营造企业家健康成长环境,更好发挥企业家作用,服务全市改革发展大局,把企业家精神体现到建设中国特色社会主义的行动中。

(二) 全国典型地区经验对上海的启示

这些典型地区的民营经济人士理想信念教育经验,是相关地方不忘传统、因地制宜、精准施策、敢于创新的成果,对上海市进一步深化本地民营经济人士理想信念教育工作的启示,主要可以归纳为以下几点。

1. 结合本地企业文化,深挖理想信念教育可塑点

在梳理各地民营经济人士理想信念教育工作经验时,"苏商精神""徽商精神""渝商精神"等常常显现,其实质上指的是一个地方的从商人士长久以来形成的一种地区性企业文化,代表着这个地区民营经济的特色、宗旨与价值观、企业家精神等。这些地区性企业文化中涵盖了重要的关于企业家与企业如何担负社会责任的命题,从这些命题以及其他一些角度深入挖掘,民营经济人士的理想信念教育其实就可以从企业自身开拓出去,同时共同的文化特质也更容易被民营经济人士所接受。回到上海来看,早在近代,上海就涌现过一批主张"实业救国"的爱国实业家,也由那时开始"重视实业"的优良传统在上海一直延续至今。扎实的实业基础之上,上海民营企业也在高科技、创新导向的产业领域高歌猛进,无论是体量还是理念都在全国居于领先地位。可以说,只属于上海的独特企业文化引领本地民营企业取得了如今的财富与成就,但要想做到富而有德、富而有爱、富而有责,就需要思源、思今——一方面要回到创业初心、牢记历史,另一方面要在当下履行责任、回报国家,为理想信念教育提供内生的落脚点。

2. 动员本地社会资源,开拓理想信念教育新形式

从全国民营经济人士理想信念教育工作的经验来看,理想信念教育在各个环节上的实施形式很容易出现千篇一律的情况,且容易流于形式。而那些做出实效、做出特色的典型地区,往往能积极、准确地把握当地的社会资源,为理想信念教育保驾护航。回到上海来看,上海超高水平的经济发展也带来了社会力量的强盛,比如说媒体、高校等都有着强劲的实力,也有许多著名的红色旧址。然而从上海市目前的民营经济人士理想信念教育现状来看,本地丰富的社会资源并未得到充分利用,下一阶段可围绕这一方面开拓理

想信念教育在实施和宣传等各方面的形式,将理想信念教育进一步做活、做实。

3. 重视操作化与过程,创新考核评定设计新方案

民营经济人士理想信念教育的考评问题,虽有多个典型地区提出了一些方案,但是真正能落到实处的很少,为了准确地反映每个地区的理想信念教育工作是否落地、落地的程度如何,一个合理的考核评定方案是亟待创造的。从全国的经验来看,民营经济人士理想信念教育的考评遭遇瓶颈,根本上是由于理想信念教育的宏观性造成的,在越重视操作化、过程性的地区,其考核评定的潜质就越佳。回到上海来看,一方面需要强化理想信念教育工作的过程意识,从宏观层面上对中央精神的贯彻,到具体方案的制定,再到微观层面上活动的实施、宣传,各个层面的管理工作,最后再到考核评定——整个过程的每个环节都应该得到充分关注;另一方面需要创新一种考核评定设计以关联整个过程,以上海目前的理念与实力,是可以达成这种考评设计,甚至为全国的民营经济人士理想信念教育考评起到表率作用的。2018年,上海市已制定了宣传教育工作的一整套绩效考评流程(表14-1显示了考评的重要环节——目标绩效分解表),也意识到自身在项目跟踪考评方面存在缺陷,这对建立最新的理想信念教育考核评定机制具有很大的参考价值。

表14-1 上海市工商联宣传教育项目目标绩效分解表

一级目标	二级目标	三级目标	目标值
产出目标	数量目标	编纂《现代工商》杂志	12期
		开展各类教育培训	3次
		组织各类大型活动	4次
		组织开展调研工作	2次
		组织市工商联中心组(扩大)学习会专题报告会	3次
	质量目标	《现代工商》杂志平均月订阅量	≥10 000册
		开展各类教育培训人次	≥300人
		媒体宣传报道篇数	≥300篇
	时效目标	各项工作落实开展及时性	100%
效果目标	社会效益目标	提升市工商联凝聚力和影响力	通过宣传教育重要会议精神、典型民营案例、各类活动等多方面内容支撑上海市工商联机构职能发挥
		引导非公有制经济人士自我学习、自我提升、自我教育	指导全市开展理想信念教育实践活动,形成总结和简报

续表

一级目标	二级目标	三级目标	目标值
效果目标	社会效益目标	宣传教育方式多元化	通过报纸专题专版、网站推送、微信公众号等多元方式推进宣传教育工作成效
		营造良好舆论环境	宣传教育覆盖非公有制经济主要群体
影响力目标	综合满意度	宣传教育对象群体满意度	≥80%

六、上海开展民营经济人士理想信念教育工作考核评定设计

考核评定设计及相应的指标体系构建是对理想信念教育工作开展过程中各要素进行科学分析、判断的参照标准，最终成为检验理想信念教育工作质量以及是否起到政治引领作用的重要标尺，需要进行科学系统的规划与设计。通过多要素协同构建评价指标体系，能够从多角度展现民营经济人士理想信念教育现状，为科学地判断其实际价值和效果提供依据，为改进和加强上海民营经济人士思想政治引领工作提供参考。

（一）理想信念教育考核指标设计原则

1. 政治引领性原则

政治引领是理想信念教育工作的核心内容，因此，理想信念教育工作的考核评定必须为政治引领性服务。整体理想信念教育工作的指导思想要坚持以习近平新时代中国特色社会主义思想为指导，全面贯彻党的十九大和十九届二中、三中、四中全会精神，为切实加强民营经济统战工作，实现中华民族伟大复兴的中国梦作出更大贡献服务。所以考核评定也必须引导工商联、基层商会等部门体现理想信念教育工作的统战性和政治引领作用，能进一步增强党对民营经济人士的领导力和凝聚力，并能构建亲清政商关系，优化营商环境，促进形成良好政治生态，不断增进民营经济人士在党的领导下走中国特色社会主义道路的政治共识。

2. 科学性原则

科学性是设计理想信念教育工作考评的关键，注重保持指标与目标的一致性、连贯性和完备性。可以根据理想信念教育工作开展的具体情况设计评价指标体系，实现总体评价与重点评价、定性评价与定量评价、短期评价与长期评价等相结合，使理想信念教育工作开展不断提高科学化、精细化水平，切实在各个层面帮助到民营经济人士，从而起到政治引领作用，并最终实现促进民营经济发展。

3. 可操作性原则

以理想信念教育活动为牵引进一步做好上海民营经济人士思想政治引领工作是一项长期的工作，民营经济类型存在复杂的多样性，而工商联以及基层商会等组织者精力有

限。因此，在考评设计过程中要注意：一要适当精简指标的数量降低工作难度；二要设计具体可操作的评价指标，而不是抽象的概念化的条文罗列；三是可以充分运用大数据、微信、微博、互联网等新媒体技术开展理想信念教育活动工作考评，将传统的政治引领和统战工作同现代信息技术融合。

（二）关键要素及评价指标构建

1. 理想信念教育工作的主体有效性

"理想信念教育工作的主体有效性"是理想信念教育工作的"首要目标"，用于评价民营经济人士理想信念教育工作的达成程度，这部分主要考察理想信念教育工作的领导者、组织者对思想政治教育的筹划，以及宏观掌控能力。旨在重点考察组织者是否熟知岗位职责，是否定期规划教育并及时指导教育工作；相关组织部门是否全程监督教育计划的落实，是否及时对工作开展情况进行总结汇报和结果反馈。

2. 理想信念教育工作的过程有效性

"理想信念教育保障度"是理想信念教育工作的"发展目标"，用于评价广大民营经济人士理想信念教育工作"学有所成"的达成程度，包括"内容符合实际""方式多样灵活""对企业有帮助"三个方面。"学有所成"是广大民营经济人士"有学上"与"上好学"后的更高一级教育目标，是指广大民营经济人士对理想信念教育知识和实践掌握的程度，能够反馈社会、回报社会的程度。

3. 理想信念教育工作的结果有效性

"理想信念教育保障度"是理想信念教育工作的"最终目标"，理想信念教育工作的实施情况与最终取得的效果如何，是考核评价的核心部分也是判断最终理想信念教育工作是否发挥实质作用、是否实现了设计的初衷的关键。主要考察在理想信念教育工作开展的具体过程中，组织者对教育内容的把握以及对教育手段的运用情况（见表14-2）。

表14-2 民营经济人士理想信念教育工作评估指标体系

一级指标 A	二级指标 B	三级指标 C 具体指标	权重	目标值	指标方向
民营经济人士理想信念教育工作评估指标体系	教育主体有效性 B1	C1：支持资金比率	1/5	100%	正向
		C2：参与思想教育工作人员比率	2/5	100%	正向
		C3：思想教育工作的开展周期	2/5	实际值	正向
		C4：中小企业思想教育工作的参与数	1/5	实际值	正向
		C5：融媒体建设数量	1/5	实际值	正向
	教育过程有效性 B2	C6：参与理想信念教育企业数占总企业数的比例	2/5	100%	正向
		C7：企业交流互动数	2/5	实际值	正向

续表

一级指标 A	二级指标 B	三级指标 C		目标值	指标方向
		具 体 指 标	权重		
民营经济人士理想信念教育工作评估指标体系	教育过程有效性 B2	C8：线上开设理想信念教育工作占总工作的比率	1/5	100%	正向
	教育结果有效性 B3	C9：民营经济人士入党申请率	1/5	实际值	正向
		C10：公益活动参与率	2/5	100%	正向
		C11：慈善活动参与率	2/5	100%	正向
		C12：成立党支部的企业增长率	1/5	100%	正向

（三）理想信念教育工作评估的测算方法

理想信念教育工作评估的测算方法主要包括理想信念教育工作评估指标体系的权重分配、数据的去量纲化及理想信念教育工作指数的合成。

1. 指标的权重分配

目前，常用的分配指标权重的方法大致可分为主观赋值法、客观赋值法及主客观相结合赋值法三类。主观赋值法一般是由专家根据经验进行主观判断而确定权重，其优点在于专家可以根据实际问题用自己的经验较为合理地确定各指标的重要性，而缺点在于一是主观随意性大，二是采用增加专家数量或仔细选择专家等措施也很难根本改善最终结果。客观赋值法一般是根据已有统计数据之间的相互关系来计算其权重，优点在于不具有主观随意性，且有较强的数学理论依据，但其对实际数据的依赖易导致所得权重具有不稳定性或与设计者的主观意图相矛盾，如最重要的指标不一定具有最大的权重，最不重要的指标可能具有最大的权重。针对主观、客观赋值法的优缺点，学者们探索并提出了主客观相结合赋值法，以充分利用其各自的优点。然而，因现实工作中尚未统计与本报告的指标体系有关的统计信息。所以，本课题在确定指标体系的权重时只能选择主观赋值法。在综合考虑各种主观赋值法的基础上，认为应选择最常用的层次分析法。

层次分析法是美国著名的运筹学家 Thomas. L. Satty 等人在 20 世纪 70 年代提出的一种定性与定量分析相结合的多准则决策方法。该方法原用于多目标决策中的多方案择优，其择优过程的实质是根据各自准则对多个方案进行排序，而排序的结果实际上就是指标体系综合评价中的权重。层次分析法的基本原理是，先将一个复杂的问题（如指标体系）整理成一种阶梯层次结构；然后对同一层次的各元素两两比较其重要性，并按 1～9 标度数值化；最后综合这些判断以决定给哪个元素分配最大权重。因一个确定的指标体系即是一个明确的层次结构模型，所以，运用层次分析法确定指标体系的权重时，大致分为三个步骤：（1）对同一级指标进行两两比较，用 1～9 标度法构造比较判断矩阵；

(2)对判断矩阵进行一致性检验,即检查判断者判断思维的一致性,如若出现"甲比乙重要、乙比丙重要、而丙又比甲重要"的判断,那么这一判断就是相互矛盾的,需要重新调整判断;(3)根据判断矩阵计算被比较的指标对上一层的相对权重。用层次分析法确定的理想信念教育工作评估指标体系的权重具体见表14-3(因三级指标各维度对应的四级指标个数不一且较多,故其相应的四级指标采取等权重的方法)。

2. 数据的去量纲化

数据的去量纲化又名数据的标准化,即去掉指标数据的不同量纲。去量纲化主要有三种方法,即直线型、折线型和曲线型。直线型去量纲化在处理数据时假设数据处理前后的值之间呈线性关系,即实际值的变化导致标准化后的值相应比例的变化。折线型去量纲化适用于在不同区间变化导致对被评价对象影响程度不一的数据。曲线型去量纲化的计算结果虽比较精确,但其计算过程复杂,且与直线型去量纲化的计算结果大致接近。考虑到本课题指标体系的特点,本课题选择直线型去量纲化方法。直线型去量纲化方法包括阈值法、比例法、增长率法和Z评分法四种。在综合评价指标体系的计算中,一般常用阈值法和增长率法。阈值法一般先确定数据的最大值和最小值,然后用数据的实际值与最值的差除以极差,其数值在0~1之间,便于指数的合成。阈值法一般用于横向比较。增长率法适用于测量增长的幅度,常用于时间序列分析,即不同年份的纵向比较。因本指标体系重在横向比较,故选择阈值法。

使用阈值法对数据进行去量纲化大致包括如下步骤:(1)确定各指标数据的阈值。根据各指标数据的来源的不同,确定各指标数据的阈值又可分为以下三种情况。一是依据有关规定来确定阈值。(2)利用极差公式进行转换。常用的极差公式如下:

正向指标:$X_{new} = \dfrac{X - X_{min}}{X_{max} - X_{min}}$;逆向指标:$X_{new} = \dfrac{X_{max} - X}{X_{max} - X_{min}}$。

其中,X_{new}代表去量纲化后的数据;X代表各指标数据的实际值;X_{max}是指标数据的最大值;X_{min}是指标数据的最小值。

3. 理想信念教育工作指数的合成

在多指标综合评价中,合成是指通过按一定的计算方式将多个指标对被评价事物不同方面的评价值综合在一起以得到一个整体性的评价,一般有加法合成、乘法合成、加乘混合和代换法四种方法(见表14-3),而经常使用的则是加法合成和乘法合成两种。

表14-3 四种合成方法的比较

比较事项	加法合成	乘法合成	加乘混合	代换法
指标间的补偿作用	线性补偿	很少补偿	部分补偿	可完全补偿
指标间的关系	独立	相关	部分相关	相关

续表

比 较 事 项	加法合成	乘法合成	加乘混合	代 换 法
权重的作用	较重要	不太重要	一般	通常不设权重
对指标间差异变动的反映	不太敏感	最敏感	较敏感	最不敏感
计算的复杂程度	最简单	比加法复杂	较复杂	比乘法复杂
对评价值的要求	无	评价值大于零	部分评价值要大于零	无
合成结果	突出较大评价值且权重较大者的作用	突出较小评价值的作用	介于加法和乘法之间	决定于评价值中的最高水平
方法原则	主因素突出型	强调水平一致		主因素决定型

从表14-3可知，与加法合成相比，乘法合成强调各指标的一致性，而且要求各指标的差异较小，同时还突出了评价值较小的指标的作用。而本研究中的指标体系并不要求各指标具有一致性，甚至还设计了部分反向指标，且本研究的目的在于突出主要因素的作用。所以，本研究选择加法合成法。而线性加权求和法又是加法合成法中最常用的方法，其计算公式如下：

$$Y = \sum_{i=1}^{n} W_i X_{newi} (i=1,2,3,\cdots,n)$$

Y 表示综合指数，n 表示指标的个数，W_i 表示第 i 项指标的权重，X_{newi} 表示第 i 项指标数据去量纲化后的值。

（四）新媒体平台理想信念教育工作开展的评价

通过调研，课题组发现目前理想信念教育活动的开展正努力实现综合运用工商联系统内外力量，统筹线上线下资源，建立健全全方位、多角度的培训机制。因此，为了扩大覆盖范围，理想信念教育除开展现场教育外，还广泛地使用线上资源，包括"网站""微信""博客""微课堂"等媒体，根据这个情况，考评板块也应相应设计媒体类理想信念教育工作开展的实效性评价。针对媒体平台的理想信念教育工作的考评设计主要围绕三方面展开：

第一，媒体平台的教育内容承载能力，主要考察媒体平台呈现的教育内容教育信息量是否充沛、信息结构是否合理、是否具有个性特色，同时还要注重原创性，如有引用的，需标注好转引图文的出处，保护好图文的版权。

具体来看：在开展理想信念教育活动过程中，民营经济人士所提供的支持资金占比多少，在不影响企业日常的生产经营活动条件下支持资金越充足，企业开展的教育活动越多样。同时，企业开展理想信念教育活动，不是为个别人开展的，参加的人数越多，受众面越广，活动开展成效也越好。此外，企业定期开展思想教育工作，开展理想信念教育活动绝非应付了事、做做表面文章，需要循序渐进、细水长流。

第二，设计者对媒体平台的运用与控制，主要考察媒体平台的设计是否体现了设计者对教育客体的把握，是否能与之进行有效互动，从而深入推进理想信念教育，实现思想政治教育目标。具体可通过内容的针对性、风格、同步与更新情况、信息形式的多样性、版面设计和整体效果等方面体现。

具体来看：在开展理想信念教育活动过程中，企业能够提供的融媒体建设数量，借助目前的高科技技术，企业开展种类多样的教育活动，让主题教育在严肃中带着活泼，紧张中带有生动。同时，衡量全区甚至全市企业开展理想信念教育活动的成效，我们还需要了解哪些企业参加，占总企业数的比例是多少。只有比例高了，才能说明理想信念教育活动真正开展下去了。此外，在工商联的指导下，本企业还可以与其他企业联合开展理想信念教育活动，多和其他企业交流沟通，共同进步。

第三，媒体平台的教育效果，主要考察媒体平台呈现的理想信念教育内容对民营经济人士的影响力有多大，可以结合定性和定量评价来进行。定性评价主要看民营经济人士参与以后反馈如何，也包括在媒体平台上的留言、互动和感想；定量评价则是看浏览量、点击率等。

具体来看，通过开展理想信念教育活动，民营企业参加公益慈善活动的比率是否上升，比率是多少，这是衡量开展理想信念教育活动的一大重要指标，理想信念教育活动，就是希望通过教育，实现企业家反哺社会，促进社会和谐进步。同时，在教育活动开展过后，民营经济人士申请入党的比率是多少，是否有所增加，成立党支部的企业增长率是多少，均是评价理想信念教育活动的关键要素。

（五）实施中需要注意的问题

1. 考核评价标准的更新和开放性问题

当前开展民营经济人士理想信念教育活动的工商联、商会等各级相关部门、组织者、设计者都在不断研究和创新教育活动开展的方式、形式、内容等，因此，考核评价也需要随着教育实践的发展而进行定期调整以适应教育活动各要素的发展和变化。同时，也要考量对作为教育客体的民营经济人士思想状况的变化情况进行调整。调整时机应主要考虑社会背景变迁、内容的补充更新、手段和途径的更新拓展，以及民营经济人士需求的变化。

2. 考核评价的循序渐进

目前的理想信念教育活动已有良好的组织基础，处在不断地探索过程中，为了保障考核评价的长效并且使理想信念教育活动有序开展，应当循序渐进地展开考评。加之基层力量和人、财、物配备的局限，不一定能做到一开始就将考核评价工作做得尽善尽美，因此，在开始阶段不宜过于严格，通过教育活动的运行以及考评的不断推进和深入再进行优化、标准化，最终实现考核评价工作乃至整体的理想信念教育活动长效地进行下去。

3. 考核评价的科学化与数据库支撑

为考核评价设计的方案以及相关评价指标仅仅是一套可供借鉴的标准框架，因此，要增强评价指标分析的科学性和评价工作的延续性，还应当及时组织力量做好配套数据库建设，为民营经济人士理想信念教育工作的考核评价团队编成、问卷试题设计、评价对象抽点、评价结果跟踪比对与反馈运用等相关具体的工作流程提供基本保障。

七、对策建议

（一）突出特色，把理想信念教育工作落到实处

1. 坚持理论与实践的有机结合，引导民营经济人士积极履行社会责任

引导民营经济人士自觉践行以人民为中心的发展思想，组织民营企业家发起"积极参与乡村振兴战略"倡议，引导民营企业家在参与乡村振兴战略、"万企帮万村"精准扶贫行动等履行社会责任的具体实践中，增强荣誉感和使命感。引导民营企业树立生态文明观，大力发展绿色制造，实现节约资源、保护环境和促进生产的有机统一，推动生态文明建设和美丽中国建设。引导企业参照《企业诚信管理体系》国家标准，加强信用建设，防范失信风险。事实上，在调研过程中一半的受访企业家都表示乐于参加公益、慈善主题的实践教育活动，偏好热度甚至超过了实用业务学习。前文已经对民营经济人士的价值取向和偏好进行过分析，理论结合实践的教育活动开展实现了"把有意义的事情做得有意思，把有意思的事情做得有意义"，有助于提升理想信念教育活动的趣味性和吸引力。

2. 将教育活动与上海特色相结合，弘扬沪商精神

2020年12月30日，上海市委统战部副部长、市工商联党组书记黄国平参加上海市江苏商会举办的"学习中央经济工作会议精神 争做新时代'张謇式'企业家"活动时提到，"……要积极弘扬沪商精神。沪商精神是一代代上海民营企业家身上所蕴藏、传承的共同属性。在沪苏商要积极弘扬以'爱国敬业、诚信进取'为内涵的沪商精神，做'张謇式'的企业家，真正成为民营企业家的表率和典范……"事实上，将理想信念教育活动与上海特色明显的沪商精神教育相结合，能使民营企业家们更有归属感和共鸣，并激发集体荣誉感，将更有助于促进政治引领工作的推进。此类主题的教育活动可以进一步和上海地方特色文化体验相结合，如上海城市名片、参观地标建筑、体验上海老字号、上海城市精神探讨等。

3. 做好商会党建工作，发挥党员先锋带头作用

按照理想信念教育实践活动工作部署，要充分发挥商会党组织、民营经济企业党支部的战斗堡垒作用和党员的先锋模范作用，不断创新活动形式，突出活动的实践特色，把组织开展以"不忘创业初心、接力改革伟业"

为主题的理想信念教育作为商会党支部的一项政治任务,发挥政治引领作用,紧密结合企业实际开展适合自身特点的学习教育活动。高效落实"三会一课"制度,切实增强党内生活的政治性、原则性,真正让商会每名党员学起来、做起来、改起来,党组织的战斗堡垒作用和党员的先锋模范作用得到充分发挥,实现了商会社会效益与企业经济效益的双赢。充分发挥商会会长、副会长、理事的示范带动作用,这些人大都是成功的企业家,有着丰富的创业经验,让这些成功的企业家走向前台,用自己的创业经历、创业故事、成功经验教育身边人,发挥党员先锋带头作用。

(二)优化内容,精心设计理想信念教育核心

1. 确立核心理念

确立理想信念教育内容的核心理念,是开展教育活动、设计教育内容的关键一步,这对政治引领工作最后的成效至关重要。我们根据社会主流价值观以及与民营经济关系密切的几个方面,总结了以下几点核心理念:(1)要热爱祖国,不能背离社会;(2)要勇于担当,不能自私自利;(3)要遵纪守法,不能目无法纪;(4)要诚信经营,不能弄虚作假;(5)要谦逊务实,不能奢侈浪费。核心理念的确立能够使具体的教育内容设计方案更加明确,并更具针对性,同时,有助于形成良好的、积极向上的思想教育学习氛围。

2. 社会主义重要理论学习

社会主义重要理论的学习是理想信念教育传统的核心模块,但区别于其他群体尤其是共产党员理想信念教育学习,针对民营经济人士的教育开展需和其特点相结合。具体的内容设计可以聚焦在中国近代史与改革开放的新征程、中国特色社会主义理论、习近平总书记系列重要讲话精神以及培育和践行社会主义核心价值观等方面的学习,这方面的学习可以和近期国际形势探讨相结合,使民营经济人士牢固树立正确的世界观、人生观、价值观,始终保持政治上的清醒和坚定,并能对我国发展过程中存在的问题有积极的态度去理解和面对,同时也对民营企业家尤其是和跨国业务相关的企业产生一定的帮助。

3. 提高道德修养,追求高尚情操

面对世界范围内的思想文化交流、交融,面对改革开放和发展社会主义市场经济条件下思想意识多元、多变的新特点,在思想道德方面,必须要大力培育和践行社会主义核心价值观。在民营经济经济人士中开展以守法诚信为重点的理想信念教育实践活动尤为重要,努力提高民营经济经济人士诚信立业、依法治企、守法经营、创新发展的能力和水平,自觉践行社会主义核心价值观,做到政治上自信、发展上自强、守法上自觉,为社会稳定和长治久安做出积极的贡献。以提高道德修养、追求高尚情操为主题内容的教育活动,可以和我国优秀传统文化学习以及优秀民营企业家典范的学习相结合,使教育内容理论联系实际,更贴近生活。

（三）科学管理，创新基层管理服务教育平台建设

商会是市场经济条件下实现资源优化配置不可或缺的重要环节，是实现政府与商人、商人与商人、商人与社会之间相互联系的重要纽带，也是工商部门实施面向民营经济相关工作并促进会员企业党建水平提升的重要基层组织。基于此，优化基层商会管理，形成长效的专业化管理来推动理想信念教育工作尤为关键。总结分析商会管理与政治引领工作开展相关联系后，课题组提出以下建议：

1. 健全职能提升商会服务能力

调研中发现基层商会落实民营经济人士理想信念教育工作的有效途径遵循从"服务会员—扩展覆盖面—增强凝聚力—实现政治引领"的规律，因此，健全商会职能提升商会服务能力至关重要。首先，要激发商会组织服务好民营经济的能动性，建立权责明确、有效制衡的法人治理结构，推进基层商会"去行政化"改革。同时，要增强自身"造血"功能，进行制度创新，通过组织会展、抱团招商、企业培训、咨询服务、创办刊物等营利性活动拓展收入来源，创新收入渠道，实现"以商养会"。基层商会组织也要完善职能体系建设，对照政府的管理流程，制定相应的承接流程和办法，与政府职能转移管理办法进行对接。营造一个温暖的、家庭式的基层商会组织，将为民营企业会员的招募乃至落实理想信念教育打下重要的基础。比如，上海推进的"政会银企"四方合作机制解民营中小微企业融资难题，就是非常好的尝试，中共上海市委统战部、上海市民政局、上海市工商联和上海市中小微企业政策性融资担保基金管理中心共同搭建了"政会银企"四方合作机制。一方面解决了企业的实际难题，一方面无形中加强了凝聚力，扩大了统战工作的影响，更便于政治引领工作的推进。

2. 商会管理队伍专业化

而如何落实健全职能提升服务能力，则向商会工作人员提出了更高的要求，在调研基层商会时，商会相关负责人也多次提到了商会管理的专业化问题。民营经济人士及相关会员企业在生产经营过程中遇到的问题，包括法务、财务、企业管理、政务办理、人力资源等，都是非常专业的问题，因此急需更多专业人才投入到商会工作中协助企业对接处理这些事务，从而提升商会服务的价值，拉近商会组织与民营经济的关系。首先，需健全选人机制，选好配强商会领导班子，在条件成熟的基层商会，明确由符合条件的民营企业家担任商会会长；同时，要抓好商会秘书长队伍建设，秘书长应具备中共党员身份；此外，在会员规模较大或商会工作基础较好的部分基层商会按需要成立商会秘书处，并配备1~2名商会专职工作人员，且优先选择有相关招商、企业服务工作经历的人员担任，且定期需要参加各种类型的商会组织领导班子职业化和专业化培训。

3. 整合内部资源发挥企业主观能动性

我们在调研中也发现，随着会员企业数

量的增加，基层商会组织工作繁重，即使通过健全职能管理、加强专业人才建设，面对日益增长的民营企业经营管理服务需求，压力仍然非常大。因此，部分商会尤其是楼宇商会通过整合商会内部资源，发挥企业主观能动性，释放商会组织的服务能效，这点非常值得推广。此类区域型商会利用会员企业处于各行各业并且集中在一定区域中的特点，方便互通有无，比如律师事务所组织法务咨询、人才公司协助其他单位进行人才招聘等，并定期举办联谊活动，甚至涉及民营经济人士婚恋、子女教育等个人生活领域，形成一种"家庭互助式"的商会架构，从而大大增强了商会的凝聚力。一方面，为理想信念教育活动创造了更好的环境；另一方面，在由商会组织、企业自发的互助过程中，也调动了民营企业家们个人的责任感、企业家精神和理想信念，从而更好促进政治引领工作。

（四）精准指导，切实增强教育工作针对性

调研中发现，在具体开展理想信念教育活动的各个环节，不同的民营经济类型的企业家呈现出不同的倾向和态度。这就对我们如何推进政治引领工作提出了一种新的思路，我们需要对民营企业进行分类，在普适教育的基础上，通过更具针对性的教育方案来实施，从而提升理想信念教育效果。

1. 民营经济类型分类与偏好

（1）调研发现，大型民营企业往往组织构架成熟，本身就有党建工作基础，不管是商会招募环节还是商会活动环节都呈现了较高的积极性，也是理想信念教育活动的热忱参与者。他们的特点是非常适应传统的教育模式，愿意积极展现企业家精神，并响应政府部门的号召、热衷公益慈善事业。在访谈中，汽车制造和内衣等两家大型企业负责人就提到，疫情期间，两家企业积极响应政府号召，甚至先于政府的指导，就展开了生产线的调整，利用本身的技术优势，生产大量口罩、防护服等防疫物资，平价供给相关部门及单位，一方面缓解了生产因疫情停滞的压力，另一方面也为国家疫情防控工作提供了重要的支援。因此，针对大型民营企业、民营经济人士，应当为其提供更多的自主空间，调动而非灌输理想信念，同时，也可以发挥其榜样效应，带领更多的企业共同前行。

（2）新兴企业和大型民企不同，企业法人多为年轻一代民营经济人士，其经营理念更为激进，充满了冒险、创新和探索精神，同时，在政治思想上也具有一定的上进心。相较于传统方式，他们天然地更倾向于通过新媒体来获取信息。因此，应当利用这一特点，在开展理想信念教育过程中，多选用线上多媒体平台开展理想信念教育，访谈中，部分新兴企业，如高分子塑料、教育软件行业的负责人就提出了几项包括制造业土地使用权限以及小型企业的生存问题，并提供了宝贵的建议和意见，其问题尖锐但又非常重要，所以应当在正确价值观的引导下，鼓励他们积极参与、多发表自己的看法,交流自己的观点,通过灵活的方式来开展理想信念教育。

（3）而小微企业则又呈现出另一种状况。调研基层商会过程中发现,小微企业缺乏内部党建的比例较高,在经营过程中,小微企业首先考虑的是企业自身的生存问题。基于这种情况,商会发展小微企业会员的时候就已经产生了难度,更不要说开展思政工作了。因此,对广大小微企业开展理想信念教育需要循序渐进、"润物无声"。参考上文提到的楼宇商会的策略,先鼓励企业加入楼宇或者区域的党建环境中,然后尽所能切实帮助到这些小微企业,协助其解决一些生产经营问题,再鼓励小微企业利用自身特色参与为其他企业提供服务中来,实现互通有无,让企业感受到组织的温暖和活力,提升凝聚力。在调研座谈时,有企业家也提到,小微企业体量虽小,但数量巨大,是民营经济不可或缺的一部分,他们最重要的问题是生存下去,所以政府、工商联等部门不能光重视大企业带来的经济效益,也要关心小企业,并且要容忍"失败者",通过有机的政策扶持,帮助一部分小企业渡过难关,从而建立起更坚实的民营经济基础,并扩大思政工作的受众范围,最终由外而内再由内而外地唤醒小微企业的理想信念。

2. 理想信念教育活动反馈机制

上文对民营经济的分类的角度只不过是一个缩影,民营经济在实际生产生活中呈现的形式更加复杂,而他们对思政教育的偏好和适应能力更是千差万别,因此,目前理想信念教育活动的设计也主要以工商联等上级主管部门设计下达普适的教育主题为主、个性化的教育为辅。针对这种情形,建议一方面要建立活动反馈机制,广泛听取民营经济人士的意见,提供更多合适的教育活动及活动形式以此提升教育效果;另一方面应鼓励民营经济人士发挥主观能动性,自发地根据自身的需求、发挥各自的优势组织理想教育活动,使政治引领工作事半功倍。

（五）激发活力,充分调动民营经济人士自主教育积极性

1. 弘扬民营经济代表人士思想政治教育,优化队伍构成

在推进民营经济人士思想政治引领工作过程中,我们把主体确定为各级人大代表、政协委员,特别是新加入市工商联的执常委以及新生代、新领域的民营企业家,目的是通过民营经济人士思想政治引领工作,发现人才、培养人才、举荐人才,为民营经济代表人士队伍提供充足的人才储备。同时,这一过程也是人物调研、人选考察、人才培养的过程。通过对民营经济代表人士的近距离接触和思想政治引领教育,我们可以筛选出由民营经济代表人士组成的具有较强政治把握能力和组织领导能力、具备较深的专业造诣和较强建言献策能力、具有较大社会影响和社会责任感的骨干学员,进一步夯实民营经济经济代表人士队伍,也为民营经济人才梯队建设做好储备。

2. 突出民营经济人士思想政治引领工作实践，强化政治引领

新形势下，要想坚定民营经济人士思想政治信心，必须补足精神"钙质"，筑牢信念根基。上海市区级工商联、基层商会始终贯穿深化民营经济人士"同心"思想这条主线，从不同侧面聚焦"思想政治引领工作"主题，内容丰富、安排高效。上海各区结合自身发展实际，相继开展了"强化修养、坚定信念""责任与梦想"等专题宣讲活动；先后组织学员赴延安、韶山等爱国主义教育基地开展现场教学；楼宇商会举办了十多场主题论坛沙龙活动，使思想政治引领工作与互动交流、体验感悟融为一体。通过系列主题实践活动，让民营经济人士在不知不觉中接受了爱国主义和革命传统教育，夯实了思想政治基础，进一步坚定对中国特色社会主义的道路自信、理论自信、制度自信和文化自信，切实增强了对党和政府的信任、对企业发展的信心和对社会的信誉。

3. 拓展民营经济人士思想政治引领工作阵地，发挥商会作用

重视商会，尤其是基层商会在团结凝聚民营经济人士方面的独特优势，把基层商会作为开展活动的主阵地，把思想政治引领工作实践活动纳入基层商会年度工作计划。通过上海市区级商会把遍布基层的广大中小微企业法定代表人吸引到活动中来，以商会为教育平台有效拓展思想政治引领工作覆盖面。充分发挥市级区级工商联指导、引导、服务职责，指导商会结合所在地域、行业产业和会员数质量情况，拿出商会细化的活动方案，加强对商会教育开展情况的检查、督导和考评，及时总结宣传典型做法，推动商会探索形成一批有特色的教育实践活动。同时，引导民营经济人士明白，实现思想政治引领工作根本靠自觉、靠自律。搭建起民营经济人士与党委、政府领导对话、交流的平台，把思想政治引领工作融入构建"亲""清"政商关系的具体实践中。

（六）开拓创新，多种教育方式模式协同作用

1. 充分发挥网络平台优势

新形势下，民营经济人士理想信念教育的新途径、新办法亟待积极探索，而这种探索的一个最重要依托就是各类网络平台。然而调研中发现，网络线上学习并非企业家们的首选活动形式。关于更喜欢线上还是线下活动，75%的受访企业家表示接受线上线下相结合的活动开展，但单独选择更偏好线上活动的一个也没有。同时，关于更喜欢哪些活动形式的问题，选择线上学习交流的最少，仅占5%，两个问题形成了印证。经过深度访谈了解到，由于线上活动缺乏面对面的互动功能，无法实现相互的交流，并且由于在线更新问题，内容也比较死板，所以线上活动并非他们的首选。

因此建议，首先，网络服务平台层面应紧密关注工商联加强民营经济经济服务平台建设，着重通过互动平台模块进行政策法规公

示与政策解读,寓教育于服务之中,加强线上内容实用性;同时,在网络宣传平台层面,要重点运用上海工商联微信公众号、网站、上海工商联青创联公众号等,紧扣热点,与有关部门联手推出宣传专栏,推进网刊联动,加快内容更新频率,从而扩大宣传效应;此外,要增设并强化交流板块,利用线上会议等形式,让更多身处异地工作繁忙的企业家能有机会互动交流。最终通过充分发挥网络平台的独特优势,来推进民营经济理想信念教育工作发展创新的进程。

2. 探索现场教育新形式

上海市理想信念的一大特色在于尤其注重对年轻一代企业家的教育培养,应围绕这一特色做法,积极扩充现场教育新形式。一方面,将已形成特色的现场教育做法继续发扬——充分发挥青年创业者联谊会平台作用,通过联谊、会议、座谈、研修班等现场教育形式引导年轻一代企业家自觉爱国敬业、守法经营、创业创新、回报社会,做合格中国特色社会主义事业建设者;另一方面,理想信念教育不局限于青年企业家群体,而是要坚持问题导向、加强过程管理,以多种形式,组织全市基层工商联组织开展工作交流和督导检查,鼓励和推进上海市各级工商联组织多形式、多渠道开展各类现场活动。

3. 深入推进自我教育模式

自觉自发、持续深入的自我教育是民营经济人士理想信念教育的理想阶段,上海市工商联和商会应以这一境界为目标,结合线下与线上教育形式,在全国率先建立起一套成熟的自我教育模式。可以做的工作有:完善机制、规范议事、增强班子;健全完善组织,加强成员自我管理、自我组织机制;充分激发企业家的主体作用等。总之,要切实引导广大民营经济经济人士自我学习、自我教育、自我提升,努力践行社会主义核心价值观。至于具体教育活动开展内容,除了传统的讲座、沙龙、考察以外,包括公益、慈善内容的主题实践活动也是民营经济人士热衷参与的,而这些活动也有助于促进民营经济人士自发地提高思想觉悟和唤醒勇于担当的企业家精神,建议提高此类活动的开展比例。

(供稿单位:上海市工商业联合会,主要完成人:汪剑明、陈琦、高向东、殷小跃、朱蓓倩、汪嘉祥、高鹏飞、何骏、杨丹、王新贤、袁娟、徐建军、姜广旺、顾旻翙、程靖舒、郭华荣)

专题报告十五

民营经济在国家五年发展规划中表述的轨迹发展、重要启示和展望研究

回顾改革开放四十多年的历程,国家制定第六个五年计划(1980—1985年)以来至今已颁发第十三个五年规划(2015—2020年)8个五年规划,期间上海亦同步制发了地方规划。回望规划与非公经济内容,其主线是党的指导思想和国家意志的体现。这对我们认识和把握今后地方规划的制定原则和目标,具有根本指导意义。

四十多年间,国家和地方规划的非公经济部分大致分为两个阶段:第一阶段,从"六五"计划到"九五"计划20年间,是社会主义初级阶段合理存在理论。

四十多年来的第二阶段是"十一五"规划(2001—2005年)至"十三五"规划(2015—2020年),其主体思想是,中国特色社会主义基本经济制度。

1997年党的十五大创立了中国特色基本经济制度,成为治国理政的重要方面,也成为规划的重要组成部分,非公经济发展在规划中的地位作用上升为国家战略部署,并随着历史的推进而不断提升。

第一阶段,从"六五"计划到"九五"计划20年间,是社会主义初级阶段合理存在理论。

国家"六五"计划是新中国成立以来首次提出优化国有资本结构,促进多种所有制经济共同发展,形成适应社会主义市场经济的所有制结构。这是对"一大二公"所有制理论的突破。这一阶段,对非公经济在国民经济的地位作用的表述,在"八五"计划第七篇中有明确体现。指出"八五"期间经济体制改革的主要任务和措施如下。

按照在今后十年初步建立社会主义计划商品经济新体制和计划经济与市场调节相结合运行机制的总要求,围绕解决经济生活中主要问题,有领导、有步骤地全面推进经济体制改革。主要任务是:完善以公有制为主体的所有制结构。进一步巩固和发展国营经济、集体经济。在坚持以公有制经济为主体的前提下,继续在一定范围内适当发展个体经济、私营经济和其他经济成分。发挥非公有制经济对社会主义经济的有益的补充作用,同时加强对它们的正确管理与引导。

国家权威部门对"九五"计划评述认为:体制改革方面,非公有制经济进一步发展壮大,国有企业改革取得进展;市场在资源配置中的基础性作用明显增强。但是,产权制度、

政府管理体制改革还比较滞后,要素市场"双轨制"问题依然突出,收入分配制度仍有待完善。

上海是中国现代工业的发祥地,以后是国有企业的重要基地和引进外资集聚地,非公经济占一席之地,其时以个体经济和戴着乡镇企业"红帽子"的民营企业为主,在邓小平南方谈话和中央决定开发开放浦东战略之前,上海非公经济处于"小、散、弱"的状态,发挥"拾遗补阙"的作用。

上海的所有制经济结构特点与上海历来五年规划布局相结合,形成一种上海路径和思维,既遵循国家的基本路线和要求,又不是"一般粗",尤其在前二十年,对非公经济表述一般着墨寥寥,内容不彰,存在明显的重国企、轻非公的指向。

如上海第六个五年计划提出:积极发展城乡集体经济,适当扶植个体经济,办好中小企业。通过调整改组,实行大中小企业有机结合,以发挥中小企业的特长和作用,恢复和提高上海工商业的灵活性、多样性和适应性,繁荣城乡经济。

再如,上海八五计划提出:经济体制改革方面,要围绕增强企业特别是国营大中型企业的活力,有重点地进行基础性配套改革。重点进行以企业体制、住房制度、主副食品价格、社会保障和金融体制等为主要内容的五项改革。

从长远看,在非公经济发展上,上海此时失了先手。

第二阶段是"十五"计划(2001—2005年)至"十三五"规划(2015—2020年),其主线是,不断确立完善中国特色社会主义基本经济制度,非公经济发展成为国民经济重要组成部分。

国家"十五"计划第十一章提出进一步深化改革,完善社会主义市场经济体制。并指出,社会生产力水平的多层次性和所有制结构的多样性,是我国社会主义初级阶段的重要特征。公有制为主体、多种所有制经济共同发展是我国的基本经济制度,非公有制经济是社会主义市场经济的重要组成部分。要适应社会生产力发展的要求,继续调整和完善所有制结构。要为各类企业发展创造平等竞争的环境,支持、鼓励和引导私营、个体企业尤其是科技型中小企业健康发展。

在国家战略指导下,上海编制地方规划自"十五"计划开始,按照基本经济制度的要求,明显加大加厚了对促进支持非公经济发展有关方面的工作部署和指导表述。

在上海"十五"计划中,专列一节部署深化国有企业改革,优化所有制结构。在总结以往成绩和经验时提出,国有企业改革和国有经济布局调整有序推进,多种所有制经济共同发展格局初步奠定。外商投资、股份合作、私营经济等加速发展,非公经济增加值在国内生产总值中比重达到26%。

可以说,上述表述和成果反映出上海进入新世纪时,促进非公经济发展有一个良好开局。此后,对照国家规划,上海规划中的

"民企篇"既保持"口径",亦不乏上海"亮点"和上海特色。

再沿着时间纵轴下移探究比照:国家"十一五"规划贯穿科学发展观主题,首次专列篇章第三十一章,阐发坚持和完善基本经济制度,强调"两个毫不动摇"新方针。

国家规划指出,坚持公有制为主体、多种所有制经济共同发展的基本经济制度。毫不动摇地巩固和发展公有制经济,毫不动摇地鼓励、支持和引导个体、私营等非公有制经济发展。又进一步要求大力发展个体、私营等非公有制经济。进一步消除制约非公有制经济发展的体制性障碍和政策性因素,进一步落实鼓励、支持和引导非公有制经济发展的政策措施。允许非公有制经济进入法律法规未禁止的行业和领域,鼓励和支持非公有制经济参与国有企业改革,进入金融服务、公用事业、基础设施等领域。完善金融、税收、信用担保、技术创新等方面的政策,改善行政执法和司法环境,加强和改进对非公有制企业的服务和监管。

国家第十二个五年规划继续以科学发展观为指导,在构建和谐社会、环境友好、信息化诸方面提出若干新的规划要求。"十二五"规划对基本经济制度做了明确重申,专列一节"支持和引导非公有制经济发展"。

上海"十一五"规划对非公经济着墨不多,仅在第33节"优化所有制结构"中提出,完善公平竞争的发展环境,"鼓励非公有制经济进入法律未经限制的一切领域,鼓励非公有制企业参与国有企业重组改制"。

上海"十二五"规划强化了相应内容和工作部署,尤其增加了若干有特色可操作的具体措施,可圈可点。上海的规划有专节表述,大力支持非公经济发展。增强了内容的分量,同时又有若干具体操手。提出以完善市场准入制度为突破口,加快消除非公经济发展的瓶颈制约,着力营造各种所有制经济依法平等使用生产要素、公平参与市场竞争、同等受到法律保护的体制环境。

放宽非公经济市场准入。消除制约非公经济发展的制度性障碍,鼓励和引导民间资本进入法律法规未明确禁止准入的行业和领域。建立公开透明的市场准入标准,不对民间资本单独设置附加条件。支持民间资本进入可以实行市场化运作的基础设施和市政公用事业领域,引导民间资本投向医疗、教育和文化等公共服务领域,允许民间资本兴办金融机构。

积极发展混合所有制经济。鼓励非公企业和非公资本参与国资国企改制重组,突破中小企业发展瓶颈。支持中小企业改制上市。拓宽初创期、成长期中小企业融资渠道,发展保单融资、票据质押融资、知识产权质押融资、供应链融资、集合票据和债券融资,完善中小企业信用担保体系。加大财税扶持力度,鼓励企业增加研发投入和促进科技成果转化。整合公共服务资源,完善公共服务平台。支持和引导中小企业参加政府采购。完善境外投资促进和保障体系,支持非公企业开展境外投资。

国家"十三五"规划是新的里程碑，通篇贯彻了习近平治国理政五位一体新发展理念。在规划制定之前，2013年11月中央召开十八届三中全会通过《中共中央关于全面深化改革若干重大问题的决定》，提出了"经济体制改革是全面深化改革的重点。其核心问题是如何处理好政府和市场的关系，使市场在资源配置中起决定性作用和更好地发挥政府作用"的新的重大指导思想，这对新规划拟制产生深刻重要影响。

"十三五"规划的一个突出方面是，突出重申确立"两个毫不动摇"基本经济制度，在全篇中的位置、篇幅、阐释等方面均明显加强。在第11章阐述了坚持和完善基本经济制度，同时紧接12、13、14章，阐述了建立现代产权制度、建立现代市场体系、深化行政体制改革，这些重大要素与非公经济紧密关联并相互深刻影响。

上海"十三五"规划提出深化所有制经济改革。坚持公有制为主体、多种所有制经济共同发展，毫不动摇巩固和发展公有制经济，毫不动摇鼓励、支持、引导非公有制经济发展。以发展公众公司为主要实现形式，推进国有企业混合所有制改革，拓宽国有企业投资项目引入非国有资本的领域，鼓励国有资本以多种形式入股非国有企业。消除制约非公经济发展的制度性障碍，拓宽民营企业准入领域，激发非公经济活力和创造力。

回顾改革开放以来国家和上海市制定规划的历程，对制定"十四五"规划中的民营经济方面，至少有两点重要启示：

启示之一：以社会主义市场经济体制和基本经济制度的发展理论和制度新成果为指导方针和核心支撑。

近几年，这方面取得一系列重要成果。如2016年《中共中央国务院关于完善产权保护制度依法保护产权的意见》，2017年中央颁布《关于进一步激发和保护企业家精神的意见》，2018年11月习近平主席主持召开民营企业家座谈会，提出"民营企业和民营企业家是自己人"的著名新论点。近期召开的党的十九届四中全会，对基本经济制度表述做了新的重要发展，提出"公有制为主体、多种所有制经济共同发展，按劳分配为主体、多种分配方式并存，社会主义市场经济体制等社会主义基本经济制度"，等等。这些重大制度和理论成果应作为国家和地方制定新规划的思想方向和战略载体。

启示之二：要把民营经济作为经济体制的内在要素，作为发挥城市核心竞争力的重要力量。改革开放的实践证明，民营经济是最具市场竞争力的经济。国家竞争力的根基在于企业竞争力。国企和民企有社会分工和产业链分工，在社会稳定和发展上可以相得益彰。而站上世界一流的企业主力军则是中国民企。在国际公认的著名机构WWP、英图博格等评选的最具品牌价值100强中，入选的中国企业中民企占半数，但囊括了中国创新性、科技性企业地盘，其杰出代表为已多年上榜的华为、腾讯、阿里等,而上海企业至今尚未问津,这反映了上海长期重国企、轻民企的失措和代价。尽管这些年上海的营商环境有很大改善和提升,但着力为民营企业尤其是科技创新型企业创造公平良好的环境和条件,是需要高度重视和改进的薄弱环节。否则,难免陷入"精明不高明""赢在当下,输在未来"的困局。

(供稿单位:上海市工商业联合会、上海市民营经济研究会,主要完成人:徐惠明、季晓东、张捍、朱海燕)

专题报告十六

上海民营经济改革发展史研究

上海个体私营经济具有悠久的历史。开埠以后,上海零售、批发和进出口贸易率先得以发展,外资工业和民族工业迅速集聚,并在20世纪20年代确立了在国内经济中的重要地位。1949年上海解放前夕仍有摊贩15万余人,行商1.5万人和经纪人2万人,占当时全市人口的3.5%以上;私营工业企业1.2万余家,私营商业9.3万户。按照中央的部署,从1955年起,上海开始全行业公私合营。1956年1月,上海宣告全市社会主义工商业公私合营全面完成。国家完成对私营企业实行社会主义改造以后,以私营企业为主要存在方式的民营经济在上海几乎销声匿迹。1978年,全市尚存的8 327家个体商户仅仅从事杂货和家庭用品修理等极为有限的生活消费服务。

一、发展历程

新中国成立以来,上海一直是国有经济发展的重镇,改革开放以来,上海外资经济发展较早较快。这种历史的沉淀和经济发展模式的特殊性,使上海民营经济发展的空间相对较小、力度相对较弱。从总体上看,上海民营经济发展大致经历了四个阶段。

第一,从党的十一届三中全会到20世纪90年代初,为复苏和起步阶段,主要发挥拾遗补阙作用。这一阶段,上海民营经济大都集中在小商业、餐饮、理发等传统服务业领域。1979年,国务院第一次提出发展个体工商户问题。1980年,为适应农村经济改革后部分食用农产品自由流通的形势和城市部分生活消费服务能力不足、服务质量低下的状况,同时也基于缓解大量返城知识青年的就业压力,市工商行政管理局提出了《关于恢复个体户登记发证工作若干问题的意见》,同年10月市政府批准了该局《关于上海市适当发展城镇个体经济的意见》。前一个文件标志着上海市恢复了个体工商户的登记注册,为民营经济发展开通了一条小道;后一个文件则规定了个体工商户可以经营的范围和买卖方式,并允许工商户雇用一两个帮工,允许在银行开户和申请小额贷款,对返城知青登记的工商户,给予某些税收优惠。到1980年底,上海市个体工商户总数已达到11 686家,比1978年底净增3 359家,两年中增长了40.3%。在此基础上,1981年市政府进一步解放思想,作出了放宽政策,发展集体经济、个体经济,扩大就业、繁荣市场,方便群众生活的决定,采取允许个体工商户租房开店、租柜经营和请帮工带学徒等有利于个体工商户创业和发展的措施。1988年6月,上海市批准了第一家私营企业——上海八达科技贸易公司。华东师范大学金融学教授陈琦伟下海,创办了全国第一家引导外商在华投资的上海亚洲商务投资咨询公司。1978年,民营经济增加值占上海市生产总值的1%,1991年增加到3%。到1991年,全市私营企业发展到2 288户。

第二,从1992年南方谈话到世纪之交,为量的扩张阶段,成为上海经济的重要组成部分。1992年春天,邓小平同志在视察南方期间提出了"社会主义也有市场""发展是硬道理"等重要论断。党的十四大确立了社会主义市场经济体制的改革目标,提出以公有制为主体、多种经济成分长期共同存在和发展,掀起了新一轮改革开放热潮,扭转了民营经济徘徊不前的局面。1997年,党的十五大把"公有制为主体、多种所有制经济共同发展"确定为我国的基本经济制度,明确提出"非公有制经济是我国社会主义市场经济的重要组成部分"。"快速增长、持续发展"是上海民营经济这一阶段的高度概括。在行业构成上,1997年前,上海民营企业主要集中在生活消费品流通领域,制造业和生产性服务业中民营企业数量少、规模小。1997年后,除了公共服务和重化工产业,上海民营企业已涉足绝大部分中类行业,在三分之一的行业确立了主体地位。从区位分布上看,上海民营企业加速向郊区发展,加速向产业园区集聚。"园区经济"成为这一轮发展的亮点。从企业素质上看,上规模、集团化和注册资本过亿元的大公司迅速增多,涌现出一大批行业或区县的"小巨人"企业,一批在国内或上海的行业领衔企业。1997年以前,外省市来沪的大都是白手起家的创业者,1997年以后,国内各省市知名民营企业纷纷来沪二次创业,在上海建立总部或设立研发、营销、投融资机构。到2001年,民营经济增加值占全市生产总值的11.7%,私营企业17.64万户。

第三,从党的十六大到2011年,由低向高迈向转型升级阶段。2002年,党的十六大首次提出"两个毫不动摇"(毫不动摇地巩固和发展公有制经济,毫不动摇地鼓励支持引导非公有制经济发展)。2005年国务院出台了《关于鼓励支持和引导个体私营等非公有制经济发展的若干意见》即"36条",是改革开放以来关于民营经济发展最全面的政策性文件。"两个毫不动摇"、私产入宪及"非公经济36条"有力推动非公经济蓬勃发展,私营企业如雨后春笋般涌现。在此期间,中央和上海市先后出台多项政策,有效改善了民营经济的发展环境,上海民营经济从以数量、规模和行业扩张为基调的局面,出现了增长与调整、发展与转型、扩张与提升互动融合的新格局,在经济社会发展中的重要性日益凸显,成为上海市创新的重要力量,扩大就业的主体力量,推动和体现上海经济活力的骨干力量。

到2011年,民营经济增加值占全市生产总值的24.3%,私营企业78.04万户。

第四,从党的十八大至今,由大到强,逐步向质的提升转变,四分天下有其一。在这个时期,我国经济发展进入新常态,以习近平同志为核心的党中央把基本经济制度确立为中国特色社会主义制度的重要支柱。党的十九大把"两个毫不动摇"写入新时代坚持和发展中国特色社会主义的基本方略。党和国家相继出台鼓励民间投资、产权保护、弘扬企业家精神等政策文件。习近平总书记先后就鼓励、支持民营经济发展发表系列重要讲话,民营经济发展有了更加公平、开放和宽松的环境。2018年12月5日全市促进民营经济发展大会以来,全市上下深入贯彻落实大会精神,特别是李强书记重要讲话要求,出台各项务实举措,不断优化营商环境。2019年,上海民营经济增加值比重达26.4%,与央企、地方国企和外企一起形成"四足鼎立""四轮驱动"协调发展的格局。

二、现状与特点

1. 基本情况

根据近年来统计和经济普查数据,民营企业总户数中,制造企业约占22.2%,服务业约占77.4%,农业等第一产业约占0.4%。从服务业内部看,现代商务服务和新型生活服务业的企业数不断增加,比重达29.8%;传统商业服务业的企业数趋于稳定,比重逐步下降。在制造业中,重化工企业很少,一般加工企业所占比例不高,科技型、出口型企业的相对比例较高。在国内各省市中,上海民营企业的行业构成相对完备。

从区位分布看,全市民营企业近82%注册于郊区,相对集中于郊区经济园区或产业开发区,市区和中心城区民营企业仅占企业总户数的17.4%和5.2%。这与上海市产业发展与规划布局的总体状况相适应。上海市民营企业的行业属性与区位分布形成了一定的规律性:宝钢所在地市郊东北地区集聚了3 000多户钢铁贸易企业;大众汽车所在地市郊西北地区集聚了数以千计的汽配生产和流通企业;石化基地所在地市郊西南地区化工生产、贸易公司相对集中;张江高科技园区所在的上海浦东新区,民营科技企业、新型商务企业和投融资公司特别集中。在上海,民营企业的区位集中状况虽不如浙江民营企业的产业链集聚,但各区大都形成了一两个产业为主的企业群。

2. 主要特点

上海是一个具有国际大都市特质的城市,基于这一土壤的上海民营企业同样形成了诸多特点。概括而言,上海民营经济的增长与发展,逐渐形成了都市型、广域性、国际化三大特点。近些年来,三大特点越发明显。

上海民营企业的都市型特点主要表现在两大方面:一是企业的服务内容集中于上海市生活、生产、公务和其他社会需要,针对国内国际市场的生产经营业务所占比重不高;

二是大都市需求广泛,产业门类齐全,尽管部分行业尚未向民营企业敞开大门,但上海民营企业的行业涉及面在国内各省市、大城市中是最广的。

上海民营经济的广域性特点集中反映于投资主体和经营要素的来源。在全部民营企业中,三分之一左右的投资主体是来自国内其他省市的民营企业或投资人,尤其以浙江、江苏为主。外省市来沪企业包括总部、研发、营销、信息、生产基地等多种企业职能,且经营规模大多超过本地民营企业。此外,与国有、外资企业相比,其员工也主要来源于外省市,具有户籍的从业人员比重较低。

上海民营经济的国际化特点在近10年内逐步显现:2001年以后外贸经营权下放和出口退税政策的便利促进了本地民营企业拓展出口业务,也吸引了一批国内民营出口企业落户上海;大批海归人士来沪创业,带来了技术、信息和市场机会;国际大公司进入中国首选上海,培育了一批国内代理公司和合作伙伴,其中又以民营企业居多;民营投资公司的资本或股权,相当比例的资金来自海外;本地民营企业海外上市增多,海外上市的国内民营企业大都把重要的职能定位于上海;2005年以来,上海民营企业海外投资项目逐步增多,提高了企业利用国际市场资源的能力。因此,上海民营企业的国际化进展呈全方位、多样化格局,不像国内某些省市主要依靠原材料进口、产品出口的简单的国际加工业务模式。

依托区位优势和城市综合功能,上海民营经济形成了有别于国有、外资经济的优势,也体现出不同于江浙民营企业的优势。这些优势并不体现于企业数量、单体规模、实力、行业地位等指标,而是体现在结构性的各个方面:依托国有、外资重化工产业基地及其稳定性,上海形成了汽配、钢贸、化工、装备等产业链的民营企业集群;依托重大交通基础设施功能,形成了多样性物流、区域配送、货运代理等民营服务业集群;利用都市土地潜力、级差和郊区非农用地资源,形成了资本实力较强的民营房地产企业,培育了一批制造业"小巨人"企业;利用大城市巨大的消费市场,引入了一批新型经营方式的专业零售商,培育了传统商业领域的服务业新形态;借助上海科技资源和人才资源,形成了一大批民营科技企业和高新技术企业;借助上海信息优势和国内国际商务信息,形成了一批从事产业投资、风险投资、股权投资业务的新型服务企业,并利用上海产权交易平台,吸引国内民营企业在沪开展产权交易,促进了民企对国企、民企与民企间的购并活动;利用上海市区两级政府的地方优惠政策和乡镇的优惠措施,在全市范围建成了数以百计的民营经济园区和产业开发区,形成上海民营经济的优势和郊区经济发展的特点。由于上海民营经济的产业结构、区位分布、生产方式、经营模式比较合理或互补性强,市场竞争秩序正常,其营业收入、增加值、税收、利润等关联性指标均处于比较理想的状态,进而显现出上海市民营经济的竞争优势和发展潜能。

当然,目前上海民营经济还存在诸多缺陷和不足。

一是企业数量庞大,但平均规模偏小,大企业所占比例不高,国内知名度高的企业很少。按全国工商联系统的标准,上海市年营业额1.2亿元以上的民营企业估计也只有800家左右,除了一部分国内行业知名的大企业,还没有更多的像复星集团那样全国知名的民营企业。

二是与企业注册资本、劳动用工量相比,民营企业的绩效表现和营运效率尚不平衡。近年来,上海民营企业注册资本与增加值的比例在4∶1左右,较10年前的3∶1有所下降。比较而言,上海民营经济资本、劳动的投入产出水平低于国资、外资,税收贡献水平以外的其他指标低于江浙民营经济,整体的营运效率不高。

三是企业的市场空间相对狭小,国内国际市场业务占企业营业收入的比例较低,企业的投资项目大都集中于国内长三角地区。上海巨大的市场机会和本地的商业文化长期影响着很大一部分民营企业家的理念,对异地投资经营的风险意识过度,因而束缚了企业赴其他省市投资经营的手脚,经营扩张的速度、力度不如周边省市的民营企业。

四是企业自主研发能力较低,技术研发主要依靠产学研合作,这在有效防范研发风险的同时,也削弱了企业自主创新的能力。

除了科技型企业,上海市民营制造企业经营规模不大,当地技术研发资源又相对丰富,相当多的制造企业在实现技术创新与产品升级中,普遍忽略自身技术队伍和研发机构的建设。在低成本经营之路日趋艰难的背景下,上海市民营企业实施技术升级和产业转型战略的基础条件不足。

此外,受上海市土地资源和区、乡镇招商引资政策差异的影响,上海民营企业扩大生产经营规模受企业既有产业用地余量的制约,许多投资创业者的生产经营项目分别处于不同区位并以独立法人属性注册,既增加了营运管理的不便,也给扩大规模、提升产业水平带来了种种困难。

三、主要贡献

回顾上海民营经济40多年的发展历程,可以说,改革开放造就了上海民营经济;同时,民营经济也促进了上海改革开放和经济社会发展,主要体现在五个方面。

(一)增强了城市创新活力

上海拥有一大批创新能力强、业态模式新、质量品牌优、管理水平高、国际融合好的创新性成长型民营企业。目前全市共有高新技术企业1.28万家,其中民营企业数量占比达到80%。2019年,上海市民营企业持续坚持自主研发和科技创新,积极参与国家重大科技任务,通过产学研合作提升创新能力和经济效益,已经成为上海市自主创新和产学研协同创新的重要力量。

（二）提供了大量就业

以私营企业为主要形式的民营经济，已成为上海市提供就业机会尤其是新增、净增就业岗位的最重要的渠道。据统计，全市近六成的就业由民营企业提供。此数据还不包括民办非企业组织的就职人员。民营经济在创造就业机会方面的巨大作用，使之成为确保上海市经济社会稳定的重要功臣。

（三）创造了大量社会财富

2019年，上海市民营经济实现的生产总值达到10 062.73亿元，首次突破一万亿元，占全市生产总值的26.4%。同时，量大面广的民营经济组织在国民经济核算中很容易疏漏甚至无法统计其增值效果。目前仍有大量的自由职业人、个体工商户、农民家庭、家政劳动者和部分小微型私营企业在统计时核计不足或无法汇总，即民营经济对上海市经济总量的贡献依然被低估。

（四）贡献了近四成税收

2019年，上海民营经济纳税总额已达4 868.78亿元，占上海市全口径税额的37.1%。由于民营经济以服务业为主，其纳税总额中上缴中央的比例低，地方留成率高，因而对地方财政的贡献更大。近几年来，来自民营企业的税收已占部分区财政收入的六七成甚至八成以上，乡镇财政收入的九成以上来自民营经济。这些财政收入对改善上海市的社会福利、公共服务以及促进区、乡镇的社会发展，对上海郊区发展和新农村建设，均发挥了重要的作用。

（五）积极承担社会责任

多年来，民营企业积极承担社会责任，特别是自1997年市光彩事业促进会成立以来，民营企业在参与扶贫、公益捐赠、对口支援、感恩行动等方面做了大量工作，为社会和谐稳定等工作作出了积极贡献。

上海民营经济发展状况对上海经济社会发展的现实作用较大，社会意义显著，潜在功能不容忽视。同上海国有经济、外资经济相比，同江浙民营经济和其他城市民营经济相比，上海民营经济的成就、特点是毋庸置疑的。当然，上海民营经济发展还不充分，可以且应当发挥更大的作用，原因也是不难发现的。

回顾上海民营经济40多年的发展历程，形成了以下几点判断。

（1）上海是民营经济发展的沃土，具有民间资本创业投资和民营企业成长的良好综合条件。大都市本身的市场机会孕育了民营经济，大都市的综合功能吸引大批外省市民营企业进入，增强了上海市民营经济的整体实力和竞争力。

（2）国有经济、外资经济为民营经济发展创造了大量机会。大型国有企业、合资企业的存在为民营企业提供了大量业务机会，国有中小企业改制加速了民营经济的成长，外资企业的业务外泄和相关需求也是促进上海市民营经济发展的条件之一。

（3）民营经济发展虽面临困难，但前景光明。民营企业在市场进入、行业地位和资源利用等方面，逐渐受到国有、外资企业直接或间接的挤压，受到现有管理规制的束缚。在某种程度上说，上海民营企业确实处于夹缝中成长的境况。但随着上海营商环境的不断改善，上海民营经济的发展环境正日趋改善，不同所有制企业的竞争位势渐趋公平。

四、思考与建议

（一）经济新常态下企业发展的"五个变"

1. 年代变了：由改革开放初期的短缺经济年代变成现在的过剩经济年代

改革开放是在贫困落后的基础上开始的。那时候物资极其匮乏，吃饭凭粮票，穿衣要布票，连买一包香烟也要烟票，整个社会都要凭证购物，完全是一个供不应求的卖方市场。经过四十多年的快速发展，我国已成为"世界工厂"和全球制造业大国。今天，我国各类商品琳琅满目、品种齐全、丰富多样，很多产业和领域出现了产能过剩和库存过大，和改革开放初期形成了鲜明的对比，从过去短缺经济年代走到了过剩经济年代，完全变成了买方市场。

2. 消费观念变了：由共同需求的消费观念变成多层次、多样化、个性化、高端化的消费观念

改革开放以来，消费过程从"老三件"到"新三件"（从手表、缝纫机、自行车到彩电、冰箱、洗衣机），再从"新三件"到"大三件"（汽车、房子、移动电脑），现在又变成了旅游、保健、养生等新的消费方式。过去的消费观念是"新三年、旧三年，缝缝补补又三年"，变成现在"一天换一件、春夏秋冬不重样"。人们的需求变得越来越多样化、个性化和高端化。这些说明，我国经济发展进入新常态后，一方面部分行业产能严重过剩，一方面却要大量进口高端技术、高端产品；一方面消费者对质量高、有信誉保障的消费品需求越来越大，一方面却是国内供给无法满足，导致境外购物热度不减、"需求外溢"。

3. 企业发展途径变了：由靠吃苦和魄力变成靠知识和资本

我国许多民营企业都是从家庭小作坊和"提篮小卖"发展起来的。他们的经验是，过去发展主要靠吃苦、靠魄力。今天发展企业仍然需要这种精神，但更重要的是要靠智慧和资本。否则，拼得越猛就会带来越多产能过剩，甚至死得更快。在科学技术高速发展的今天，必须积极发展新产品、新技术、新服务、新模式、新业态，用知识、智慧和资本来寻求企业新的发展之路，才能做得更大更强。

4. 法治环境变了：由过去的"胆子经济"变为现在的"信用经济"

许多企业家在总结他们的创业经历时，都有"胆大、敢拼、不怕风险"的体会。那时，流行一句"见了绿灯加速走，见到黄灯抢着走，见到红灯绕着走"的话。现在，随着全面依法治国的不断推进，法律法规越来越健全，政策越来越完善，政务越来越规范。特别是党的十八大以来，党中央加大反腐败力度，坚

持无禁区、全覆盖、零容忍,老虎苍蝇一起打,对官商勾结问题发现一起查处一起,产生了极大的震慑作用,绝大多数党政干部与企业家交往能够守规矩、讲分寸。随着全面深化改革的不断推进,各级政府的政务活动越来越公开透明,公平竞争的市场氛围越来越浓厚,权力寻租的机会越来越小,企业钻空子的机会越来越少。

5. 商业模式变了:由过去羊毛出在羊身上变为羊毛出在猪身上狗买单

自从人类有了商业活动以来,都是上游产业挣中游产业的钱,中游产业挣下游产业的钱,通过一手交钱一手交货来获取中间差价以赚得利润,人们形象地把这种商业模式称为"羊毛出在羊身上"。但是,随着现代科学技术的不断发展,特别是所有互联网的产业化和所有产业的互联化,完全改变了人类的生产方式、生活方式、思维方式和商业模式。仅就企业的生产经营活动而言,从生产、经营、销售到盈利模式等,都发生了颠覆性的变化。

过去是羊毛出在羊身上,现在这块儿免费了,没羊毛了,就用新的业务创造收入。互联网企业的特点就是拥有海量的用户。如何获得海量用户呢?一靠免费,二靠产品。一个产品免费获得海量用户之后,它的边际成本趋于零,然后再通过广告或者增值服务的方式赚钱,也就是创造了新的价值链。随着数字化、网络化、信息化的加速发展,随着人工智能、虚拟现实、区块链等技术的兴起,各种新的商业模式还会发生巨大变化。

(二)进一步促进上海民营经济发展的建议

1. 确保民营经济支持政策落地落实

以认真抓好中央和市委一系列促进民营经济发展政策文件的贯彻落实为契机,确保民营经济相关支持政策落地落实。一是研究出台一批实施细则,如探索建立民营骨干企业奖励政策、建立并购基金、提高政策性融资担保基金风险容忍度等,要抓紧研究出台相关政策细则。二是完善细化一批配套政策,如支持民企参与政府投资项目、鼓励民企参与基础设施和公用设施建设、支持民企承担各类科技和产业化重大项目等政策较为原则,要进一步细化完善,让企业看得懂、用得上。三是梳理调整不合时宜的政策,全面清理一批不利于民营经济发展的政府规章和行政规范文件,并将其纳入清理工作长效机制。四是充分发挥园区紧密联系企业的作用,做好最后一公里的衔接,根据不同企业的特点,主动加强对企政策宣传服务。

2. 稳定民营企业投资信心

一是践行亲清新型政商关系。建立民营经济代表人士参与涉企政策制定机制,开展由工商联和行业协会商会等第三方机构主导、民营经济代表人士参与的政策咨询和评估活动。各级党委和政府主要负责同志应当通过与民营企业和行业协会商会代表座谈恳谈等方式,完善沟通结果跟踪和成果反馈机制。二是鼓励民营资本参与国企"混改",研究出台国企"混改"正面清单，借鉴自贸试验区负面清单创新模式，研究出台民营企业参与国企"混改"的正面清单，明确民企可以参与混改的领域，让企业少走弯路；同时，保证民营资本在治理中的决策权，解决机制不活、激励不够、创新不足等问题，提升企业活力和竞争力。三是鼓励民间资本参与上海市重大项目建设。在战略性新兴产业，教育、医疗、养老等社会事业，交通、能源、城建、保障房等公共领域，推出一批鼓励民间投资参与建设运营的具体项目。四是进一步消除隐性投资壁垒，适度降低行业准入标准，在保持政府对经济有效管控的前提下，逐步扩大允许民企民资进入的领域，引导民间投资健康发展。

3. 切实为企业降本减负

一是研究完善上海市更好落实国家各项减税政策的相关制度设计，进一步研究扩大增值税留抵退税的行业范围，完善制度设计、规范操作流程。二是进一步加大涉企行政事业性收费、建设项目收费等清费力度；加强与国家部委沟通，争取在上海市试点停征或免征部分事权在中央的政府性基金、行政事业性收费等；规范第三方中介服务收费。三是进一步降低企业社保缴费负担。研究企业部分社保缴费基数的调整机制，参照兄弟省市做法，将社保缴费基数下限由社会平均工资的60%降低为40%；通过竞争性领域的国资国企"混改"等途径，将所得收益补贴社保资金缺口。四是在"一网通办""企业服务云"上完善减轻企业负担综合服务平台，实现查询、举报、处理三大功能，进一步提高服务实体经济的有效性。

（供稿单位：上海市工商业联合会、上海市民营经济研究会）

专题报告十七

民营经济在促进科技成果转化方面的主力军作用研究

党的十九届五中全会全面规划中国未来发展蓝图,开启建设高水平社会主义现代化强国新征程。全会更加突出强调,坚持创新在我国现代化建设全局中的核心地位,把科技自立自强作为国家发展的战略支撑。

在新一轮科技革命和产业变革的大背景下,我国发展面临的内外环境发生深刻复杂变化,经济社会发展和民生改善比任何时候都更加需要增强创新动力。为此,我们更加需要直面科技自立自强的突破点和发力点。从国家战略层面进一步强化和支持民营企业勇当排头兵,尤其是突破瓶颈的先锋队,是贯彻科技自立自强战略方针的重要举措。

建设"创新型国家"是2006年全国科技大学提出的中心任务和国家目标,并提出到2020年基本建立的阶段性目标。党的十八大以来,党中央进一步深化提升了这一立国之策。习近平总书记在十九大报告中指出:"创新是引领发展的第一动力,是建设现代化经济体系的战略支撑。"

一般认为,创新型国家的共同之处,从量化指标看,主要是四个方面:一是研究开发投入高,一般都在2%以上;二是科技进步对经济增长的贡献率比较高,一般达到70%左右;三是对外技术依存度较低,一般在30%以下;四是专利数较多。

2018年3月在全国人民代表大会媒体会上,科技部部长王志刚介绍:2019年科技部召开的全国科技工作会议上,我们对创新型国家进行了一个描述,即科技实力和创新能力要走在世界前列。具体讲,应该从定性和定量两方面来看这个事情。从定量来讲,去年我们国家按照世界知识产权组织排名,综合科技创新排在第17位,到2020年原定目标在第15位左右。另外,我们的科技贡献率要达到60%,2019年达到了58.5%。同时,还有一些定量指标,比如说研发投入、论文数、专利数、高新区等方面的指标,2019年都有不俗的表现。

据国家发改委有关负责人(高技术司副巡视员孟宪棠)介绍:我们研发人员的全职当量居全世界第一,相当于美国的两倍多、俄罗斯的四倍多。世界上最多的科技人力,世界第二研发的财力,体量上堪称"科技大国"。但与发达国家比较,中国研发投入的效益是明显短板。据国家有关部门介绍,以及世界银行有关评估,我国科技成果转化率仅为10%~15%,而发达国家的这一比例平均在40%以上,美国达50%。

十九届五中全会对实现科技强国目标的总体要求,为我们从根本上分析"科创瓶颈"提供了指针。全会提出全面深化改革,构建高水平社会主义市场经济体制。坚持和完善社会主义基本经济制度,充分发挥市场在资源配置中的决定性作用,更好发挥政府作用,推动有效市场和有为政府更好结合。

科技部主要领导王志刚曾在《求是》杂志撰文分析时指出,我国科技成果向现实生产力转化不畅,症结就在于科技创新链条存在体制机制关卡,创新和转化各个环节衔接不够紧密。为进一步打通科技和经济社会发展之间的通道,消除科技创新中的"孤岛现象",就要加快破除制约科技成果转化的体制机制障碍,优化大众创业万众创新环境,形成宽容开放的社会氛围、公平开放的市场体系、科学合理的体制机制,更好发挥政府与市场两方面的作用。即使在创新指数全国领先的上海,上海有关部门(市发改委)多次分析上海创新存在的短板,同样剑指市场机制薄弱,企业主体作用不足,并具体分析指出在科技创新方面,"国企动力不足,外企外溢不足,而民企能力不足"。

科技成果转化的过程实际上也是一个科技供给与市场需求对接的过程,其本质上是市场行为和企业行为。科技成果转化率是衡量科技创新成果转化为商业开发产品的指数,从知识产权来看,成果转化率就是知识产权交易率。市场机制为活跃而高效的科技成果转化提供了机制动能和体制保障。分析我国科技成果转化率长期处于低位的原因,虽然反映了产学研不同方面的问题,但要害是市场化水平不高的问题。

从改革开放四十多年的伟大实践和经验看,以建立社会主义市场经济体制为目标的体制机制的变革就是从根本上解放和发展生产力,包括解放和发展科学技术第一生产力。建设创新型国家,切实解决科技成果转化"最后一公里"瓶颈,同样在于深化改革,切实贯彻五中全会要求,"强化国家战略科技力量,提升企业技术创新能力,激发人才创新活力,完善科技创新体制机制"。在全会精神指引下,就要激发各类市场主体活力,建设高标准市场体系。尤其要总结经验教训,注重以市场化为导向深入科技体制改革,充分发挥各类市场主体的作用,尤其要释放市场化程度最高的科技型民企活力。科技型民企的一时不足是发展阶段和发展环境问题,这恰恰是我们自身尤其是政府工作的不足,是最能加强和突破的地方,是可以以"增量改革"促"存量改革",发挥"鲶鱼效应"和"外溢效应"的高招。这已为很多成功实践所证明。

民营企业是在优胜劣汰的市场竞争中成长的,在"赛马"中产生了一批脱颖而出的企业家,加之明晰稳定的产权加持,使其具有更强的使命意识和承担风险意识。更强的市场竞争、技术革新和长周期投资的意识,更趋向于将资本投入到边际生产率高的产业。

党的十九大报告指出,要激发和保护企业家精神,鼓励更多社会主体投身创新创业。而民营企业正在成为中国推动科技创新和转型升级的重要力量。

令人鼓舞的是,民营企业后来者居上,成为我国"科技创新的重要主体",创建创新型国家的生力军。在全国高新技术开发区当中,民营科技企业占到了70%以上,所提供的科技创新成果也占了70%以上。2019年7月,国际著名企业品牌评选机构Brand Finance发布了世界科技品牌一百强。在上榜各国中,美国以46席领先,中国居次,共有22个科技品牌上榜(其中包括台湾的一家),其中18家为中国大陆民营企业,其中更有4家中国民企进入世界前十强。排名最高的是华为,排在第七位,品牌价值622.78亿美元,其他品牌依次是:微信(8)、腾讯QQ(9)、淘宝(10)、天猫(12)、百度(21)、阿里巴巴(25)、美的(27)、网易(29)、京东(32)、台积电(36)、海康威视(42)、优酷(48)、格力(49)、海尔(55)、小米(59)、联想(60)、携程(69)、爱奇艺(73)、微博(83)、中兴(91)和京东方(93)(台湾地区只有台积电一个品牌上榜)。

创造中国春天的故事和天下传奇的深圳,被公认为是城市创新指数、市场化程度、民营企业发展达到国际一流水准的神奇都市,其最精彩的地方便是诞生了中国主要几家迈向世界级的知名企业,如华为、腾讯、大疆等。十几年前,深圳曾有部门规划要搞"十大百亿集团",重点扶持十家企业。但这些巨头后来基本都不行了,甚至不见了。深圳的好企业大部分都是从"游击队"开始的,他们最懂市场,最适应市场,最早面对国际市场。深圳有不少年销售额过百亿元的企业家,一个市领导都不认识(引自秦朔"致深圳:愿你继续创新创业一百年")。

相比这些民营科技型企业勃勃生机和常令人意外的出彩,我国科研成果转化率多年局促徘徊则令人不安,而这一短板在高校科研单位更加突出。这些年国内高校科研机构的论文数和专利申请数等取得了令人瞩目的增长,但是科技成果的实际转化和社会价值却不高,形成冷热失衡的"论文热""专利病"。一方面,企业的创新型需求无法得到满足,另一方面是众多专利束之高阁。这除研究单位自身研究目标、工作质量以及与市场需求结合方面的问题外,更重要的原因从根源上看,是行政化体制和管理方式弊端所致。必须以科研成果转化为导向倒逼改革,内外兼修,上下结合,按照市场经济和科研发展的规律,针对重点,突破难点,打通堵点。

首先,按照五中全会精神:充分发挥市场在资源配置中的决定性作用,推动有效市场和有为政府更好结合。加快转变政府职能。围绕科技兴国方针,政府的主要职能是构建有利于成果转化的全要素社会生态环境,营造公平共享的均衡体系,当好"守夜人""育林人",在一些关键环节和领域加强引导,弥补市场失灵。支持具有公共性、外部性、前沿性、技术共性的基础研究。关注企业创新和成果转化动力源,提升企业采用新技术的积极性。

要加强和改进宏观管理,从科技供给和市场培育两个方面同步发力。在科技创新的战略布局上,要将科技成果的产生与转化并重,科技创新政策与产业政策对接,提高研发活动的针对性,使科技成果供给从顶层和源头上尽量符合经济社会发展的现实需要和国家安全的战略需求。完善国家科技计划管理体制,改革研发项目形成机制和组织实施机制,充分考虑市场导向和企业需求,支持更多的企业直接组织研发攻关。

按照五中全会精神,"完善宏观经济治理,建立现代财税金融体制,建设高标准市场体系"。全力构建创新型企业政策环境和市场环境,激发市场主体创新活力。围绕支持创新型企业培育提升核心技术竞争力,在扶本固基上精准发力,久久为功。积极规范和完善市场体系,加强市场监督管理,建立公平的市场竞争规则,确保各类生产要素在市场合理运作,使企业真正依靠技术创新而不是单凭生产要素的低成本获得竞争优势。

按照科技部与工商联联合出台的《关于推动民营企业创新发展的指导意见》(2018.7)基本原则:"强化企业在技术创新中的主体地位,做好科技创新政策在民营企业的落地实施。"激励民营企业进行技术创新;在政府采购、"减免缓"税收等方面应实施重点向科技型民营企业的差异化政策,引导科技型民营企业通过技术创新带动产品创新和生产经营模式创新;切实加大对知识产权的保护力度,对侵犯知识产权、扰乱市场秩序的行为,给予严厉的法律制裁;建立健全科技型民营企业数据库,对进入数据库的企业予以重点集中支持,以提高政策扶持的效率和精准度;完善普惠性财税鼓励政策,加快将政府对企业技术创新的投入方式由政府拨款择优支持转变为以普惠性财税政策为主的方式。

要推动民营企业与高校、科研机构开展战略合作,探索产学研、科工贸深度融合的有效模式和长效机制。特别要注重发挥企业整合技术、资金、人才的优势。要鼓励支持民营企业参与国家重大科技任务,鼓励高等院校和科研院所向民营企业转移转化科技成果,建立健全专业化科技成果转化机构,借鉴德国"弗劳恩霍夫研究所"成功模式,突出专业性,服务性,社会性,当好科技成果的搬运工。

同国际创新发达国家通行做法相比,我国现行政策的着力点主要是针对研发人员的激励,缺少对转化专利企业的激励。我们应当借鉴《拜杜法案》等有效实施的做法,把科研机构、研发人员、科技企业各方积极性有效调动起来,鼓励产学研联合设立技术转移机构,不断拓宽新技术的转移转化渠道,拓展新产品的市场应用空间。

进一步加大金融和资本市场对企业技术创新的支持力度,着力探索更加有效的金融服务模式,形成包括银行信贷、证券市场、创业投资、担保资金和政府创投引导基金等在内的覆盖创新全链条的金融服务体系。要告别传统招商引资式的路径依赖，改变靠给补贴、给土地的习惯做法，关键要建立规范高效的多层次资本市场包括专业服务体系，建立成熟健全的股权投资市场。当前，应充分发挥各级政府产业引导基金的撬动作用，大胆放权给专业的GP团队，支持好项目，少干预，少夹"私货"。在成长阶段，为保护和激发基金的投资积极性，可给予股权基金以税收优惠，探索对投资高科技项目的基金比照高新企业实行15%的所得税率。支持符合条件的科技型民营企业在境内外上市融资，提高企业直接融资比重，降低融资成本。加大支持民营企业承担或参与国家和地方重大科技专项、重点研发计划等项目的扶持额度，对科技型民营企业创新贷款进行贴息，对出现资金链危机的科技型民营企业进行应急救助。探索以政府和社会资本合作的方式，建立科技型民营企业转贷基金，支持科技型民营企业"过桥"转贷；完善科技型民营企业创新风险补偿机制，每年从财政预算中划拨一定的资金，对银行及创新型企业进行风险补偿，并建立由企业、银行、政府共同组成的创新风险联合体，共同分担企业创新带来的风险，也可以试行将投资损失在纳税中予以抵扣。

贯彻五中全会"激发人才创新活力"精神，加大民营企业创新人才培养力度。按照《国家创新驱动发展战略纲要》（2015年）要求，形成"创新致富的社会导向，依法保护企业家的创新收益和财产权，培养造就一大批勇于创新、敢于冒险的创新型企业家"。

以科研成果转化为重要目标导向，鼓励支持高校科研单位大力培养科研＋市场新型复合型人才，鼓励更多的科技人员带着科技成果到市场上创业，培育更多新的技术集群和产业增长点。支持高校科研院所将科研人员在科技成果转化过程中取得的成绩和参与创业项目的情况作为职称评审、岗位竞聘、绩效考核、收入分配、续签合同等的重要依据。保障以不同适当形式为企业从事科技成果转化科技人员的福利待遇，增强激励措施，消除后顾之忧。畅通从高校、科研院所到民营高科技企业从事技术创新的人才流动机制，让优秀科技人才在民营企业能够留得住、用得好。

（供稿单位：上海市工商业联合会、上海市民营经济研究会，主要完成人：徐惠明、季晓东、张捍、朱秀慧）

专题报告十八

关于黄浦区促进民营经济相关政策落实情况的调研报告

一、调研概况

（一）调研背景

2018年11月，习近平总书记在民营企业座谈会上做了重要讲话，要求充分发挥民营经济在稳企业、稳投资、稳外贸方面的重要作用，促进非公经济健康发展和非公经济人士健康成长，打造营商环境新高地。2018年11月，中共上海市委、上海市人民政府印发《〈关于全面提升民营经济活力 大力促进民营经济健康发展的若干意见〉的通知》（以下简称"上海市27条"）。2019年3月，黄浦区出台《黄浦区关于促进民营经济健康发展的实施意见》（以下简称"黄浦区20条"）。

"上海市27条"和"黄浦区20条"（以下两者并称"前述促进民营经济发展政策"）从优化营商环境、创造市场公平竞争环境、培育和增强企业核心竞争力、保障企业合法权益等方面进行了相对全面的政策规定。其中，"上海市27条"第25～27条更是强调：要加强政策协调性，细化量化政策措施，制定相关配套举措，推动各项政策落地、落细、落实，让民营企业增强获得感。

前述促进民营经济发展政策已经实施了数月，其是否得到了切实落地，黄浦区民营企业是否具有获得感，民营企业在发展过程中还存在哪些问题和困难需要政府提供政策支持和帮助，这些信息将对黄浦区委、区政府及相关部门工作的提升和完善具有重要的指导价值。

（二）调研目的

1. 掌握"上海市27条"和"黄浦区20条"的落实情况

调研组通过开展调研，包括对黄浦区辖区内不特定的民营企业开展问卷调查，并通过上门走访和座谈会访谈的形式，与40家民营企业负责人进行面对面交流。就黄浦区辖区内民营企业对"上海市27条"和"黄浦区20条"政策的知晓程度、参与程度、获得感和企业发展仍旧存在的困难，以及相关政策在落实与推进上存在的问题等方面切实收集一手资料。

在调研活动开展后，调研组将获取的所有材料进行汇总、整理和分析，为掌握黄浦区辖区内促进民营经济发展相关政策的落实情

2. 分析深层次问题，提出后续针对性对策和建议

调研组在对黄浦区辖区内相关民营企业开展调研工作后，对所获取的全部材料进行汇总、分析和整理，在此基础上总结深层次问题，并提出相应对策和工作建议，从而形成了本调研报告，为黄浦区在未来稳步推进民营企业健康发展的工作方面提供一定的指导作用，进一步为其对黄浦区各民营企业进行针对性支持、帮助以及管理奠定基础。

（三）调研过程

1. 调研对象

为保证调研的全面性和客观性，被调研的民营企业均为随机抽取，包括：接受调查问卷的不特定民营企业；20家接受上门走访的民营企业；20家参加专题座谈会交流的民营企业。由此，调研对象中有总计40家民营企业与我们进行了面对面交流。

2. 调研内容

（1）调研民营企业对前述促进民营经济发展政策的知晓情况。围绕调研目的，设计好调查问卷、访谈提纲等，通过随机发放调查问卷、抽取企业开展上门访谈、座谈会等活动，对民营企业是否知晓相关政策以及知晓的渠道和不知晓的原因等进行调查。

（2）调研民营企业对前述促进民营经济发展政策的参与情况。调研民营企业目前参加和享受了政府提供的哪些优惠扶持政策，以及计划参加哪些优惠扶持政策。若民营企业没有参加和享受相应的优惠扶持政策，那么具体原因又是什么。

（3）调研民营企业对前述促进民营经济发展政策的获得感。调研民营企业对各项政策执行效果方面的感受，包括对目前黄浦区的整个营商环境、执法环境和竞争环境的感受，对"一网通办"等政府服务、减税降负、人才引进、知识产权政策补贴等政策和举措的看法。

（4）调研民营企业发展过程中仍旧存在的问题。调研民营企业在生产经营中存在的、希望政府给予支持和帮助的困难和问题。

（5）调研民营企业对政府部门工作的意见和建议。调研民营企业就黄浦区营商环境、竞争环境、政府行政服务、政策落实等方面，对政府部门工作的意见和建议。

二、调研结果

调研组对黄浦区辖区内不特定的民营企业发放了调查问卷，并总计回收有效调查问卷136份；并按照不同行业和领域，随机抽取了40家民营企业开展访谈活动（包括上门走访和座谈会访谈）。调研组以访谈记录和会议纪要的形式，固定了访谈活动的调研情况。

（一）民营企业对前述促进民营经济发展政策的知晓和感受情况

1. 民营企业对前述促进民营经济发展政策的知晓现状

本次调研活动回收的136份调查问卷

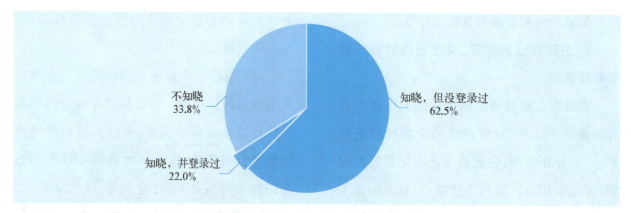

图 18-1 对政策的知晓情况

中,关于民营企业对前述促进民营经济发展政策的知晓现状,分成了 4 种情况(见图 18-1):

(1) 两项政策都知道的,占比 54.4%;

(2) 知道"上海市 27 条",不知道"黄浦区 20 条"的,占比 22.0%;

(3) 知道"黄浦区 20 条",不知道"上海市 27 条"的,占比 4.4%;

(4) 两项政策都不知道的,占比 27.9%。

调研结果显示,在 136 家民营企业中,有 38 家民营企业对两项政策均不知晓,占比 27.9%,约是两项政策都知晓的占比比例的二分之一,并且高于仅知道其中一项政策的占比之和。

2. 民营企业对前述促进民营经济发展政策的知晓渠道

本次调研活动回收的 136 份调查问卷中,关于民营企业对前述促进民营经济发展政策的知晓渠道,主要包括(按照投票企业数从多到少排列):(1) 商会、行业协会等组织;(2) 政府官方网站;(3) 微信公众号;(4) 各类政府办事大厅;(5) 各类企业活动;(6) 其他(主要是同行、合作伙伴);(7) 亲友推荐。

调研结果体现出商会、行业协会等组织在宣传政府政策方面有着重要作用。同时政府官网和微信公众号也对政府政策的宣传发挥着重要作用。

3. 民营企业不知晓前述促进民营经济发展政策的原因

结合上门走访的访谈情况,民营企业不知晓相关政策的原因主要包括以下几点。

(1) 企业自身信息获取渠道不畅通。首先,部分民营企业处于创业前期,主要精力集中在业务上,没有较多的时间精力去关注政府政策;其次,公司办事人员缺乏政策关注意识,去行政大厅等地方办公,不会太关注服务大厅中摆放的政策宣传材料;最后,即使公司办事人员关注了,相关信息也不一定能反馈到公司管理层。

(2) 政策宣传未能实现点对点精准推送。首先,政府确实从多个渠道进行了政策宣传,但是民营企业可能只知道政府官网、官方微信公众号,而不知道其他的宣传渠道;其次,宣传推送的频次不高,企业无法及时获取相关政策消息。

4. 民营企业认为扶持民营企业发展政策存在的问题

结合图18-2的数据,当前黄浦区民营企业认为,整体上扶持民营企业发展政策存在以下问题(按照投票企业数从多到少排列):(1)落地力度不够大;(2)扶持政策门槛较高;(3)申请审核程序烦琐;(4)审核程序不透明。

(二)民营企业对前述促进民营经济发展政策的获得感

1. 营商环境

(1)民营企业对政府有关职能部门涉企服务的满意程度。本次调研活动回收的136份调查问卷中,关于民营企业对政府有关职能部门涉企服务的满意程度情况为:非常满意占比27.9%、比较满意占比48.5%、一般占比22.1%、不满意占比1.5%。整体上看,政府有关职能部门涉企服务工作得到了大多数民营企业的认可(见图18-3)。

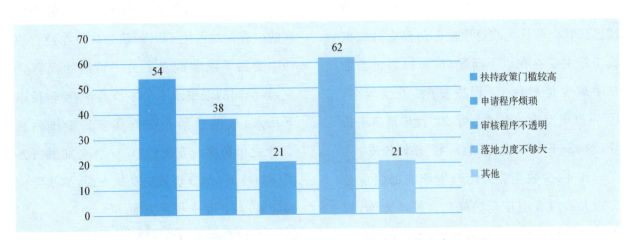

图18-2 整体上目前政府扶持民营企业发展政策存在的问题

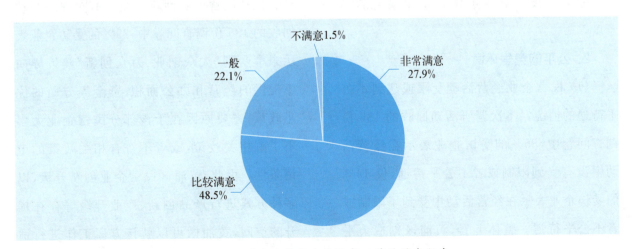

图18-3 对政府民营企业服务工作的满意程度

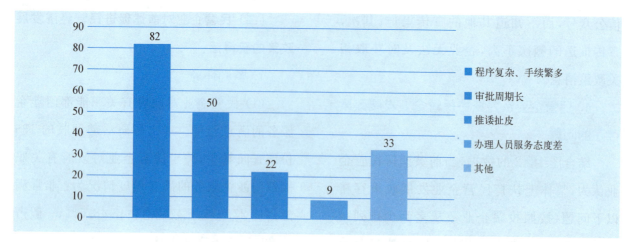

图 18-4　认为政府职能部门涉企行政审批存在的主要问题

(2) 政府职能部门涉企行政审批工作存在的主要问题。通过图 18-4 可以总结出,黄浦区民营企业认为政府职能部门涉企行政审批工作主要存在以下问题(按照投票企业数从多到少排列):① 程序复杂、手续繁多;② 审批周期长;③ 缺乏行政审批申请事项指导(图 18-4 中的"其他"项);④ 推诿扯皮。

此外,少数企业指出政府职能部门业务办理人员服务态度差的问题。就该方面,投票的企业数量很少,表明政府机关在涉企服务的服务态度上获得了民营企业很高的满意度。

2. 公平的竞争环境

(1) 民营企业经营活动受限或遇到不公平待遇的情况。本次调研活动回收的 136 份调查问卷中,86%的受访企业表示在经营活动中没有受到限制或者不公平待遇,仅 14%的受访企业表示在经营活动中受到了限制或者不公平待遇。整体上看,黄浦区创造公平的竞争环境工作取得了可观的效果,同时就该方面还有一定继续提升的空间。

(2) 民营企业经营受限或遇到不公平待遇的内容。对占比 14%的认为自身在经营活动中受到了限制或者不公平待遇的民营企业,其受到的限制或不公平待遇,主要包括以下几点(按照投票企业数从多到少排列):① 企业市场准入方面(11%);② 企业融资方面(8%);③ 部分领域的竞争方面,如政府采购(8%);④ 企业税负方面(6%)。

3. 民营企业竞争优势

推动民营企业创新升级。本次调研活动回收的 136 份调查问卷中,89%的受访企业表示未享受到"大众创业、万众创新"政策导向下提供的经营和办公面积、资金等方面的优惠政策,主要原因在于该部分民营企业大多不了解相关政策,或者不符合相关政策的申请条件。由此,黄浦区民营企业创新升级、以多种方式进行产品创新、产业升级等存在提升的空间,黄浦区可以就该方面工作进行适当加强。同时,需注意就政策进行及时有效的宣传。

4. 民营企业融资困境

目前,黄浦区辖区内民营企业的融资渠道主要还是通过商业银行来进行贷款,该渠道的投票企业数量高于其他融资渠道(具体包括社会资本,证券、保险等金融机构,股权投资基金、天使引导基金等基金和政府引导基金等)的总和。目前,黄浦区的融资渠道相对多样化,但除商业银行以外的融资渠道还没有得到较大程度的推广。同时,通过上门走访和座谈会访谈,发现就商业银行融资渠道来说还存在抵押难等问题。

5. 政策配套体系

(1) 黄浦区企业发展服务平台。本次调研活动回收的136份调查问卷中,66.2%的受访企业表示知晓该企业发展服务平台,但是实际登录该网站进行使用的企业,仅占所有受访企业的3.7%。黄浦区或可采取措施引导企业登录该网站进行体验。另有占比33.8%的受访企业不知晓该企业发展服务平台,黄浦区在进行平台整合过程中,还需要对该平台本身进行宣传。

(2) 财政扶持力度。结合调研情况来看,73.5%的接受调研的企业自政府支持民营经济以来,企业的税费负担切实有所减少。

其中,企业税费负担减少的内容主要包括(按照投票企业数从多到少排列):① 企业增值税(73%);② 企业所得税(52%);③ 社保费(33%);④ 贷款利息(6%)。

三、调研分析及初步建议

从整体上来看,黄浦区民营企业对"上海市27条"和"黄浦区20条"的出台和实施具有较大的满意度和获得感。接受调研的大多数企业,均表示两项政策的出台让民营企业切实享受到了相关优惠,帮助民营企业解决了在生产经营过程中遇到的部分困难和问题,为民营企业的经营发展营造了良好的竞争环境,给民营企业在黄浦区长期经营和稳定发展带来了良好的预期和信心。同时,民营企业还表达了希望黄浦区继续立足于打造全市最优的综合营商环境,坚持深化"放管服"改革,加快政府职能转变,推进互联网+政府服务,紧紧围绕企业反映的难点、痛点和堵点,发现问题、解决问题,进一步助力区内民营经济发展。

除此之外,民营企业就发展过程中存在的、希望政府给予帮助和支持的困难、问题进行了反馈。为进一步推动黄浦区促进民营经济健康发展工作的顺利开展,现将民营企业反馈的困难和问题等分析和梳理如下:

(一)"放管服"中民营企业退出时的管理和服务有待加强

政府深化"放管服"改革,清理、精简涉企行政审批事项,做好服务民营企业的"店小二",给企业办理相关行政申请、审批事项带来极好的体验,办事效率大大提高,使企业能够较为高效地办理相关行政领域各类申请事项,从而更好地集中精力搞发展。但与此同时,企业注销难也是各民营企业普遍反映的问题。由于税务、债务的结算和处理是企业注销的前提,但是民营企业普遍存在日常税务结算混乱、税务政策了解不清导致无法完成最终结算的情况。一些民营企业在市场竞争过程中基于不同因素需要注销企业,但事实上不敢注销。这种现象给企业运营带来了诸多不便,同时也给企业和市场带来一定法律风险。

黄浦区近几年民营企业注册资本稳步增长,这表明民营经济的规模和抗风险能力都在不断进步,民营经济的结构和质量也在稳步提升。越来越多的民营企业进入市场,可以为民营经济的发展注入更多力量,但民营企业能否顺利退出也将对民营经济健康发展产生重要影响。因此在政府"放管服"改革方面,民营企业普遍希望能够加强民营企业退出方面的服务和管理,加强对税务政策的宣导和讲解,帮助有需求的民营企业顺利退出市场。

（二）民营企业需要更加公平的竞争环境

目前,大多数民营企业表示,可以感受到黄浦区委、区政府在努力为民营企业创造一个更加公平的竞争环境。例如,基础设施和公用事业建设领域,进一步对民营企业放开,政府积极鼓励民营企业发展民办养老机构、民营医院、民办学校等,让民营企业一定程度上感受到了待遇上的公平。同时,政府鼓励企业参与政府采购,为民营企业提供了更多的发展平台和发展资源。但是部分民营企业反馈,关于政府采购方面企业还是未能充分感受到政策红利:一是进入政府采购名录还是非常困难;二是政府相应采购需求信息也相对不够透明,使企业无法及时得知。民营企业表示,自身很愿意在竞争中不断提升企业实力,但希望能够有一个更为公开、透明的采购标准体系作为民营企业参与竞争的基础。建议黄浦区的竞争环境继续提升,包括进一步提高政府机关对民营企业的重视程度,进一步放宽部分领域对民营企业的限制,进一步推动民营企业与其他所有制企业享有平等的待遇,例如对民营医院的社保准入、民营药房的经营许可等事项。

（三）民营企业政策宣传力度和指导力度有待进一步加大

基于调研整体情况来看,民营企业对政策的了解渠道主要是政府官方网站、官方微信公众号,工商业联合会、商会等组织以及合作伙伴等。民营企业普遍认为当前对政府政策信息的获取十分便利,获取渠道较之以前也更加多样,基本能够及时了解政府的各项政策。但部分民营企业反映在获取政府政策信息方面仍旧存在困难:

一方面,部分民营企业自身对政策的关注度不高。由于部分民营企业处于创业前期,主要精力集中在业务上,没有较多的时间精力去关注政府政策;还有部分民营企业的办事人员缺乏政策关注意识,去行政大厅等地方办公,不会太关注服务大厅中摆放的政策宣传材料；即使办事人员关注了，相关信息也不一定能反馈到公司管理层。另一方面，政府政策宣传不能实现"点对点"精准推送。目前，政府确实从多个渠道进行了政策宣传，但是民营企业更多地只知道政府官网、官方微信公众号，而不知道其他的宣传渠道；加之宣传推送的频次不高，企业无法及时获取相关政策消息。而且，民营企业知晓相关政策后进行参与时，往往因为缺乏专业的政策解读和指导，而在参与过程中倍感吃力。由此，民营企业政策宣传力度和指导力度待进一步加大。

（四）民营企业人才培养和引进有待进一步帮扶

调研过程中，许多民营企业反映存在招人难、留人难的问题。黄浦区的民营经济主要集中在服务业领域，涉及批发零售、租赁和商务服务等门类，其中劳动力密集型的服装企业、小商品企业等，对计件制短暂劳动力的需求十分旺盛，且对所招聘的外地临时工在诚信度上没有把握。另外，科技型人才需求较高的高新技术企业等，就对口人才引进方面存在较大需求，虽然目前招聘渠道多样，但是招聘到对口的优秀人才仍旧存在难度。而且所招聘的技术人员多为外地来沪人员，在廉租房、安居房、户籍申办、子女就学等方面问题突出，需要政府给予帮扶。

（五）民营企业的融资难、融资贵问题有待进一步解决

通过调研发现，辖区内大型银行大多对民营企业有政策支持，但是规模普遍较小。目前，部分民营企业反映有银行等金融机构主动联系企业负责人，向其推荐信用贷款等产品，这些产品大都具有一定的优惠力度。但该部分企业一般属于发展规模较大、在行业内有一定影响力的民营企业。对一些规模相对较小的民营企业，则大多表示没有享受过银行主动联系为其提供信用贷款、无抵押贷款的"待遇"。多数民营企业认为银行，特别是国有银行，绝大多数希望能够保证贷款的安全性，因此还是会将大多数贷款指标给予之前有过合作、银行认为放心的借款人。而多数民营企业在银行风控系统评级中处于较低的位置。因此，希望能够有商委、商会等为企业借款的信用背书，以增强民营企业信誉度。

此外，民营企业在抵质押时银行大多偏好房产等"硬"资产，专利权等"轻"资产受限较大。希望政府能够进一步推动银行业金融机构减少对抵质押品的过度依赖，逐步提高信用贷款占比。同时，民营企业反映自身存在"额度小、需求急、期限短、周转频"的资金需求特点，希望政府可以通过政策手段来引导银行业金融机构大力推广如民营企业简式快速贷款、工业厂房按揭贷款、国内外贸易融资、供应链融资等符合企业需求的信贷产品。

（六）涉企执法检查有待进一步规范

目前，民营企业大多认为黄浦区的执法环境良好，执法部门执法十分规范，部分民营企业还表示政府主管部门的执法检查工作对企业自身的检验检测工作具有重要指导作用。但涉企执法检查工作仍存在进一步规范化的空间。

一方面,部分企业提出黄浦区执法检查中对企业的部分处罚仍停留在为了处罚而处罚或者为了完成执法指标而处罚的状态,执法队伍并未特别注重就相关法律法规对民营企业进行提前教育和警示,致使民营企业无法进行事前预防而被执法检查人员处罚。另一方面,部分民营企业反映执法检查过程中仍旧存在钓鱼执法的情况,不仅扰乱了企业正常的经营活动,还导致民营企业产生了对政府的不信任。民营企业表示,自身对政策法规有很强的了解和学习意愿,但是获得的渠道有限,故希望执法检查部门能够对民营企业进行培训,将执法检查所涉及的法律法规等文件以更公开、透明的方式提前让企业知晓。同时希望政府部门能够就钓鱼执法现象进行规制,保障民营企业的合法权益。

(七)知识产权政策的专项解读有待提上日程

结合调研情况来看,部分民营企业对知识产权的保护是有很大需求的。目前民营企业主要是委托外部服务机构为其申报专利、注册商标、申请高新技术企业等等,但是从未申请过区里的知识产权补贴政策,也不了解黄浦区在知识产权方面的政策信息。还有部分民营企业,尤其是以知识产权为主营业务的企业,表示对宏观政策知晓与掌握是企业发展和运营的前提,而相关政策规定的解读,并非民营企业强项,特别是政策的朝令夕改令企业无所适从,从而导致企业在运营中处于十分被动的境地。

因此,该部分民营企业希望政府部门能够就知识产权政策开展专项解读工作,通过企业服务平台、官方网站、公众号进行宣传;同时希望有关部门等可以加强该方面的政策指导,组织专场讲解等。

(八)政策服务平台的整合和推广有待进一步推进

目前,黄浦区针对民营经济需求广泛、问题复杂、涉及部门众多、政策分散的问题,在梳理相关部门的民营企业扶持政策基础上,对各类措施进行归并和整合,完善了黄浦区企业发展服务平台。但在调研过程中,发现许多企业对"黄浦区企业发展服务平台"并不了解。政府在完善服务平台、产业政策汇编、区行政服务中心政策服务专区等线上线下服务手段的同时,不仅需要就政策内容进行宣传,还要就服务手段本身进行及时有效的推广。

此外,多数民营企业反映除人力、审计外,民营企业对法律保障服务的需求也很大。目前,民营企业在发展过程中会出现部分法律问题,如知识产权侵权、人事劳动争议、买卖合同纠纷等,针对这些问题,民营企业,尤其是小微企业,需要专业服务和指导。针对该情况,可以充分发挥黄浦区企业法律服务平台的作用,帮助民营中小企业在经营中避免法律风险。

（九）民营企业的经营成本有待进一步降低

从调研的总体情况来看，黄浦区民营企业通过政府"减税降负"系列政策切实受益，但民营企业面临的税费、资金等成本高的问题依旧压缩了企业的盈利空间，导致民营企业创新转型受阻。目前，民营企业反映最多的经营成本问题主要集中在税收、房租和人力等方面。高额税赋给企业带来了很大经营压力，部分注册、办公在黄浦的企业面临房租年年上涨的成本压力。

同时，企业人力成本占比大，其中以社保比重尤为突出。一方面，上海市的社保缴纳基数较高。例如2019年上海的最低社保缴纳基数为4 927元，而同属于一线城市的北京，其养老、失业等保险的最低缴纳基数为3 613元，医疗、工伤、生育等保险的最低缴纳基数为4 713元。另一方面，社保各险种的缴费费率较高。虽然国家在政策上降低了对部分险种的缴费费率，但下降幅度并不大，减负作用有限。民营企业提出希望区政府能加大对民营企业的财政扶持力度，帮助民营企业进一步降低经营成本负担。

（十）政企沟通需要进一步追求高效和实效

多数民营企业提出，可以明显感受到政府在大力拓宽政企沟通渠道，而且随着政企沟通渠道的多样化，企业能够第一时间将自己的心声传达给各级政府部门并获得帮助和指导。但是目前政企沟通渠道多为企业走访、企业座谈、问卷调研、政府组织会议等，沟通条线多但是信息存在重复。例如部分民营企业家要同时参加街道、工商联、政府部门等多条线的调研、座谈等，但这些活动可能涉及的主题和问题都是相同的，信息的重复导致了双方人力、物力和精力上的浪费且降低了沟通效率。

此外，由于沟通机制不健全，政企之间各自没有更多的沟通参照机制。从行政角度看，政府在构建服务型政府中没有很好地把沟通协商体现在日常工作和行政文化中，主要还是凭着领导的重视程度和具体工作人员的责任心和沟通能力，而没有一套完整的行之有效的沟通机制。如此一来，又造成了沟通的实效性不高。对此，建议政府与企业的沟通交流更有针对性，着力开展"一对一"沟通、"面对面"服务。如指定专人对接政府各条线，再由专人筛选信息对接企业，从而切实加强沟通的针对性。

四、研究对策及工作建议

通过本次调研，梳理和掌握了黄浦区辖区内民营企业对"上海市27条"和"黄浦区20条"政策的知晓程度、参与程度、获得感以及企业发展中存在的困境和难题等，同时也挖掘了促进民营企业发展的相关政策在落实上的效果、难点和痛点。对调研所呈现出的问题，需要进行分类指导和解决，并尽可能上升到制度清单和一般性问题的解决上来。基于

此,提出如下解决对策和工作建议:

(一)继续解放思想和放开限制,创造更加公平的竞争环境

黄浦区需要结合市场竞争环境的实际情况,就进一步解放思想,放开民营企业投资限制,保障民营企业与其他所有制企业待遇平等,创造更加公平的竞争环境等进行更深层次的体系化研究和精准化落实。

首先,在当前的时代背景下,民营经济、民营企业必然对本土发展产生越来越重要的作用。基于此,黄浦区需要进一步解放思想,在思想层面足够重视民营企业,站在更高的战略高度上,把促进民营经济发展、吸引民营企业入驻、协助民营企业转型升级、提升民营企业总部发展和激励民营企业创新放在更加重要的位置上。

其次,黄浦区需要进一步放宽部分领域对民营企业的限制,保障民营企业与其他所有制企业待遇平等。例如,所走访的医药行业民营企业反映了民营医院和公立医院之间就医保板块存在着待遇上的巨大差距。基于国家政策,老百姓在公立医院接受治疗时可以通过医疗保险进行报销,在民营医院接受相应治疗则无法使用医保,民营企业的竞争力受到影响,民营企业并未享受到与其他所有制企业的平等待遇。该类问题需要政府予以重视,对在民营医院设立医保定点的可行性等涉及公平待遇的问题进行政策研究和试点研究,若可行则早日制定政策方案予以落实和推广。

(二)实施"点对点"政策宣传,完善政策解读和指导服务

建议黄浦区系统地设计政策宣传渠道、宣传内容和宣传频次,多元地拓展宣传项目和宣传模式。结合民营企业的意见,建议实行"点对点"政策推送,设立专门的工作小组来负责政策上的"点对点"推送工作和跟踪反馈工作。

具体来说,首先,建立黄浦区民营企业负责人联系方式数据库,并按照行业和领域予以划分;其次,每当有新的涉及民营经济相关政策出台时,工作小组可以对政策可能涉及的行业和领域进行初步判断,然后通过微信、短信、邮件等形式,"点对点"地将这些政策推送到各相关企业负责人处,保证宣传工作的实效性;再次,专门小组进行跟踪反馈——有民营企业提出想要参与和申请这些政策的愿望时,专门小组进行统筹,将这些企业集中起来,提供政策解读和政策指导服务。通过构建"点对点"的宣传机制,可以更好地实现政策宣传和政策指导一把抓。

除此之外,黄浦区可以依托人民群众更喜闻乐见的方式进行政策宣传和指导。比如拍摄抖音小视频,制作一系列趣味性政策解读短片等,促使企业能够更加高效、有效地领会政策。

(三)开展对口人才培养和引进,缓解民营企业用人难题

建议黄浦区做好人才新政的宣传,及时

兑现人才政策，激发企业创业激情。同时，对黄浦区民营企业人才需求情况进行调查，制定对口化人才培养和引进计划，并发挥劳动服务体系作用，加强企业用工需求与农村务工需求的对接，组织开展企业用工服务月、返乡招工、乡情招工等活动，缓解企业用工难问题。此外，建议黄浦区充分发挥行业协会、社会团体等社会组织的作用，开发临时性、非固定性的计件制劳动用工，类似于退休人员、残障人士等，对接市场上的各方需求，解决企业需求和社会就业困难。

对民营企业普遍反映的外地来沪务工人员在廉租房、安居房、户籍申办、子女就学等方面的问题，建议分情况进行处理，先厘清企业遇到该类问题是由于对相应政策的不了解，还是政策的制定和落实方面有待加强。具体操作上，可以先在现有扶持政策基础上，对有需求的企业进行集中政策讲解，包括"上海市人才引进申办户籍制度""增加教育服务供给"等相关政策；对政策制定和落实上存在问题的情况，则可以展开专题研究，围绕民营企业需求，结合黄浦区实际情况，进一步给予政策支持。

（四）加快民营企业信用体系建设，增强企业融资担保服务

首先，黄浦区需要大力落实《黄浦区社会信用体系建设三年行动计划（2018年—2020年）》，继续打通各部门、各层级之间的信用数据壁垒，完善民营企业信用信息数据，加快民营企业信用体系建设，为银行信贷、企业融资提供信用信息支持，降低融资担保机构以及资金提供方的风险。

其次，建议黄浦区继续发挥自身金融优势，引导辖区内大型银行尝试创新担保方式与担保模式，适度提高授信和担保额度，优化第二还款来源方式，强化担保能力，破解民营企业抵押难的问题；引导辖区内大型银行分类别制定优惠政策，尽量使内部资源向民营企业倾斜，尤其是向中小微民营企业倾斜，将银行等金融机构每年向民营企业提供贷款的指标按照大中小微企业进行细化，从而最大范围解决民营企业融资难问题。

（五）多渠道降低企业经营成本，实现企业"轻松"发展

首先，建议黄浦区综合考虑民营企业发展实际情况，推动政府机关按行业、领域的不同来进一步降低税率；同时推动政府机关关注到民营企业的社保压力，从宏观调控的角度，采取措施继续为民营企业减压。

其次，建议黄浦区通过加大财政补贴、奖励力度，从整体上帮助民营企业降低经营成本。目前，黄浦区已经实施了多项财政扶持政策。例如着力培育和引进龙头和总部型民营企业，对经认定的龙头和总部型民营企业给予一定的开办资助和租金补贴；鼓励民营企业引进和培育创新人才，对民营企业创新发展中做出突出贡献、拥有自主知识产权、实现技术成果转化的个人或核心团队，给予一定的奖励；鼓励并支持区内民营企业申报高新技术企业、上海市科技小巨人（培育）企业等，为符合以上条件的民营企业，积极争取并落实税收优惠、财政补贴、人才发展等方面的政策扶持。这些政策对民营企业的创新升级产生了正向激励作用，受到了广大民营企业的欢迎，建议在下一步工作中继续予以落实。

（六）完善民营企业意见反馈平台，推动政企高效沟通

结合民营企业关于"政府推动民营企业发展，不仅仅要给钱、给政策，还要给平台"的反馈，建议充分发挥黄浦区民营经济发展联席会议作用，定期召开政企沟通会，使主管部门能够面对面听取民营企业在生产经营过程中存在的问题，以及民营企业家的意见和建议，这将对加强政府服务，提升执法水平，构建政企之间长效的沟通机制、问题解决机制均具有促进作用。

此外，有关部门可以主动而有序地开展政企沟通对接工作，促进政府与企业（特别是民营企业）双方的公开坦诚和相互理解，努力实现更有效的政企沟通协商，实现全社会共同期待的"创新、协调、绿色、开放和共享"的美好前景。

（七）充分发挥黄浦区企业发展服务平台的功能，帮助民营企业解决基本服务需求

建议黄浦区继续完善黄浦区企业发展服务平台建设工作，实现企业只需要登录该平台网站即可知晓全部相关政策内容，为企业节约时间和精力。同时加大对该平台的宣传力度，将该服务平台作为继政府官方网站、官方公众号之后的第三大政策宣传渠道，并且通过引导企业登录该服务平台进行体验，帮助企业熟悉服务平台各个板块。

其次，针对民营企业较为突出的法律需求，建议黄浦区充分发挥黄浦区企业法律服务平台的作用，帮助民营中小企业在经营中避免法律风险。例如开展民营企业法治体检工作，组织法律知识培训，围绕政策宣讲、法治环境保障、公司治理结构、化解法律风险等方面，定期通过实地走访、专题研讨、咨询问答、书面交流、法制宣传、远程诊断、在线服务等方式开展服务。对涉民营企业诉讼实行立案、导诉、法律咨询、举证指导等"一站式"法律服务，开通企业"绿色通道"，争取在最短的时间内帮助企业实现债权等。

（供稿单位：黄浦区工商业联合会，主要完成人：陈菊珏、毕玲、高玮、衣红芳）

专题报告十九

"政会银企"四方合作机制专题调研
——商会在推进"政会银企"四方机制中的作用及建议

新冠肺炎疫情冲击下,中小民营企业长期面临的融资难问题进一步集中凸显。上海市高度重视这一情况,于2020年3月26日由市委统战部召开专题会并建立由政府部门、行业协会商会、银行及企业共同参与的"政会银企"四方机制,以推动解决中小民营企业融资难问题,并形成长效机制。郑钢淼部长在会上强调,"要多方协力,推动信息共享,在实践中不断尝试好办法,在制度机制层面探索有效做法"①。

长宁区2020年4月22日召开四方机制专题会,随后积极落实四方机制。本课题以长宁区实践为研究对象,以对商会、银行和代表企业展开的问卷调查及座谈研讨为手段,聚焦四方机制在货币政策传导机制中的作用,尤其关注商会在其中的桥梁作用,梳理相关工作中的现实困境,并试图就长宁区如何进一步推进四方机制长效机制、引导资金进入实体经济进而助力货币政策传导机制的工作方向提出建议。

一、四方机制助力疏通货币政策传导机制

从理论上来看,虽然中小企业融资难题具有长期性和普遍性特征,但近年来,我国货币政策传导不畅是导致中小企业融资难题持续的根本症结,"政会银企"四方机制有助于疏通货币政策传导机制。

(一)中小企业融资难具有长期性和普遍性特征

"中小企业融资难、融资贵"的问题不仅长期存在于我国的实体经济,而且在世界其他国家也十分普遍。从企业管理角度来看,融资是指企业资金筹集的行为与过程,根据融资渠道分为直接融资和间接融资。前者指企业通过出售股份、债券等方式直接从市场获得资金;后者指企业经银行等金融中介机构通过贷款获得资金。在公开市场上发行股票或债券需要经过严格的审核,中小企业一般都难以达到这些条件,因此较难以获得直接融资。而银行主导的间接融资往往因为中小企业的资产有限、风险较高等对其增加风险溢价,从而导致中小企业融资困难且成本较高。

---

① 张骏:"聚焦中小企业融资多方协力,上海建立'政会银企'四方合作机制",《解放日报》,2020年3月27日第2版。

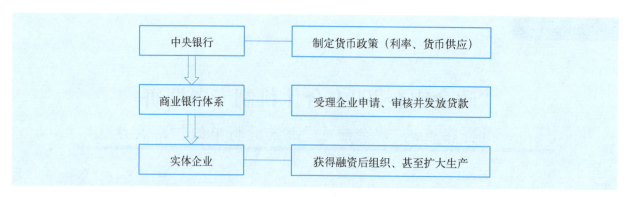

图 19-1 货币政策传导机制简图

资料来源：作者绘制。

（二）我国中小企业融资难的货币政策传导症结

发达国家拥有较为发达的风险投资体系，善于发现经营好且前景好的中小企业，对其融资渠道起到有力补充作用。我国虽然近年来通过设立科创板等举措已经在金融市场建设方面取得较快发展，但对解决广大中小企业融资难问题的作用仍然有限。中小企业融资仍然依靠银行贷款为主的间接融资渠道，也就是我国货币政策的信贷传导渠道。

近年来，理论界较为关注我国货币政策传导受阻的情况，原因主要在于商业银行的惜贷行为和大型国有企业的信贷挤占行为①。国务院会议报告及央行相关报告中也多次强调，要疏通货币政策传导渠道，应对实体经济融资难的问题②。2020年《政府工作报告》进一步提出，要"创新直达实体经济的货币政策工具，务必推动企业便利获得贷款，推动利率持续下行"。可见，中小企业融资难的问题归根结底是我国近年来货币政策传导机制不畅的问题。

根据货币传导机制理论，中央银行（在我国是指中国人民银行）制定宽松的货币政策后，通过扩大货币供应或降低利率使商业银行体系获得流动性，然后由商业银行通过货币乘数效应将更大规模的流动性通过贷款合同注入实体经济当中③（见图19-1）。中小企业融资恰恰处于第二个环节中，其融资难问题恰恰说明我国货币政策传导机制不畅的问题：商业银行的流动性要么集中进入了大型企业导致资源错配，要么进入了虚拟行业导致经济脱实向虚。对就业和创新具有重要作用的中小型实体经济企业④在疫情冲击下困境进一步凸显。

（三）四方机制对货币政策传导机制具有疏通作用

"政会银企"四方合作机制由政府部门、

---

① 何德旭、余晶晶：《中国货币政策传导的现实难题与解决路径研究》，《经济学动态》，2019年第8期，第21—39页。
② 同上。
③ 易刚、吴有昌：《货币银行学》，上海人民出版社2014年版。
④ 国务院办公厅2019年4月印发的《关于促进中小企业健康发展的指导意见》中指出，"中小企业是国民经济和社会发展的生力军，是扩大就业、改善民生、促进创业创新的重要力量"。

行业协会商会、银行及企业四方参与,旨在通过四方共同协调以推动解决民营企业融资难问题。机制由上海市委统战部牵头于2020年3月26日建立,是上海市抗击疫情、促进经济发展的实际举措,也是上海市对我国货币政策传导机制补充的创新应用。

四方机制首次将政府部门和行业协会商会纳入银企对接中,试图通过政府部门的政策引导、资金担保,及商会协会的信息渠道,扩大银行对中小企业的授信额度。政府通过担保基金,助力合规企业获得贷款担保,商会了解银行与企业,促进双方信息沟通。四方机制精确地对准了货币政策传导机制的银企环节之症结,即企业不知找谁贷款、银行不敢贷款的问题,对货币政策传导机制起到重要的畅通作用。

二、长宁区推进四方机制取得四项进展

从具体实践来看,作为首批开展四方机制工作的区,长宁区高度重视区内中小企业融资难问题,积极落实市委统战部提出的"政会银企"四方机制。长宁区工商联作为具体指导部门,积极开展工作,在以下几个方面取得进展。

(一) 搭建"3＋10＋9＋n"工作平台

参与四方机制的长宁区政府部门有区财政局、区投促办(金融办)和区民政局3个部门。商会层面包含了长宁区全部10个商会,银行层面则包括首批签约的7家银行及第二批签约的2家银行共9家银行。加上长宁区共计15 698家[①]民营中小企业,长宁区已搭建了包含四方在内的"3＋10＋9＋n"工作平台(n表示企业),定期沟通协调。

工作平台主要由工商联在区委统战部的指导下牵头,以区内商会为具体抓手,向企业传达政策精神,推进企业与银行的融资对接。从4月22日首次召开"政会银企"四方机制座谈会开始,长宁区工商联就强调发挥商会协会作用,牢牢抓住商会这一重要抓手开展具体落实工作。商会收集企业融资需求并联系银行,银行收到商会信息后一对一对接企业。对长宁区而言,商会接受街道工作指导,覆盖各个领域,会员企业深耕长宁的优势在四方机制中作用凸显,如程桥、新华、华阳等商会。

(二) 解决344家中小企业超15亿元融资需求

长宁区的中小企业以现代服务业为主,涉及互联网＋生活型服务业、航空服务业、时尚创意产业、现代金融服务业、人工智能等高端服务业等五个特色行业。四方机制建立至6月30日的2个多月内,长宁区签约银行已经对344家区内中小民营企业发放总额超过15.7亿元的贷款。上述5个特色产业中有105家获得贷款,约占获得贷款企业总数的三分之一。

---

① 此处民营中小企业总数以长宁区工商联提供数据为准。

如表19-1所示,互联网+生活型服务业在获得贷款的企业数量及获得贷款的总金额上都处于领先地位。时尚创意产业也有41家企业获得贷款,如鼎创汇小微企业孵化器公司获得140万元信用贷款。引领科技前沿的人工智能类企业中也有16家获得贷款,如昌谷实业顺利获得1 000万元信用贷款。除了已经成功获得贷款的企业,还有部分企业正在同银行沟通接洽中,如新发现园区等企业。银行贷款较为有效地流入了长宁区五大特色行业中,显示四方机制在促进中小企业贷款的同时,还具有一定的行业引导性。此外,包括餐饮业、建筑业、房地产业、医疗用品、工程技术等传统行业也获得了贷款。当然,银行还有大量贷款进入大型企业,由于本研究关注中小企业融资,所以并不在此课题统计之列。

表19-1 签约银行贷款行业分布情况

行　　业	企业数（家）	贷款金额（万元）
互联网+生活型服务业	42	90 350
航空服务业	3	1 630
时尚创意产业	41	11 585
现代金融服务业	3	1 150
人工智能	16	6 369

数据来源:根据9家签约银行填写的调查问卷统计整理,数据统计截至2020年6月30日。

(三) 建立"立体白名单"工作机制

为了让银行及时、系统地了解企业融资需求,区工商联建立白名单机制,由商会负责将经营良好、发展潜力大的企业白名单报送银行,目前已分两批向银行报送58家企业名单[①],其中18家已经获得银行贷款,促成率超过30%。需要注意的是,部分列入名单的企业仍在与银行沟通中,因此实际促成率更高。商会还为会员企业建立企业信用档案,工商联层面则负责出具综合评价,尤其是对企业家个人的评价。如此,商会的白名单、企业信用档案及工商联出具的综合评价,构成了立体白名单,让银行在第一时间较为全面地了解企业,然后针对性地开展一对一沟通,进而提高沟通效率。

为了评价立体白名单的影响力,课题组设计了调查问卷,分别要求银行、商会及企业就白名单在银行决策是否授信的过程中所产生的影响力进行赋值,最高为50%,最低为0,将三方赋值数据的平均值绘图得到图19-2。可见,银行对白名单的整体影响力给予肯定,赋值都超过25%。在第一版商会名单基础上增加的商会信用档案和工商联综合评价受到银行的更高评价,显示立体白名单的确较普通商会名单更具有影响力。商会的赋值总体略低,显示长宁区各商会较为谨慎的工作作风,这比较符合银行在贷款中更有主动权的经济现实。最右侧的企业评价也给出肯定的评价,可见银企双方对立体白名单的影响力都给予认可,说明长宁区的四方合作机制初见成效。

[①] 向银行报送白名单的企业数量以长宁区工商联提供数据为准。

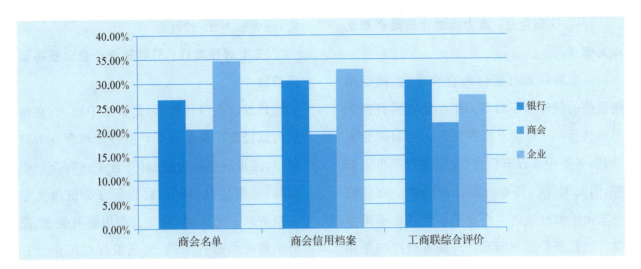

图 19-2　立体白名单对银行决策的影响力

数据来源：根据 9 家银行、10 家商会及 20 家代表企业填写的问卷数据计算而得。

（四）结合第三方评估设立动态评估机制

四方机制涉及各方的管理归口不同，因此长宁区工商联在主动协调各方运作的同时，注重动态评估，以便及时总结经验、发现问题并解决问题。5 月 29 日召开的跟踪推进座谈会是长宁区举行的第一次成果评估会。会上，四方代表总结交流了前期经验做法，银行与企业进行了双向互评，有助于各方直接表达各自诉求。针对互评中较为聚焦的"银行产品有限""轻资产企业贷款困难""资产抵押困难"等问题，长宁区通过引入理念更为契合的宁波银行、白名单立体细化等办法予以应对，实施效果在 6 月 30 日召开的小型调研座谈会上已经有所显现。长宁区注重第三方评估，于 6 月中旬委托上海社会科学院进行专题调研评估，以总结经验、发现问题并解决问题。

三、深挖商会作用的长宁做法

长宁区取得上述工作进展的主要原因在于其深挖商会作用的工作路径。疫情暴发以来，央行放宽货币政策约束、政府倡导帮扶中小企业，这些宏观政策有助于中小企业通过抵押资产获得银行贷款。然而，仍然有大量经营良好且有发展潜力的中小企业因为抵押资产不足等原因而无法获得银行贷款。商会恰恰能在这类企业的贷款申请中为银企双方提供重要信息支撑。

根据问卷统计，长宁区四方机制 4 月 22 日启动至 6 月 30 日，经商会渠道获得贷款的企业有 18 家，贷款金额 6.19 亿元，达到期间银行对中小企业贷款总额的 40%，其中 1.54 亿元为政府优惠贷款。具体地讲，长宁区商会的作用体现为以下三个方面。

（一）识别企业：助力梳理企业融资难之四大痛点

区工商联通过走访商会发现，被银行拒绝授信的经营较好的潜力中小企业具有四个明显特点：一是缺乏抵押资产。与制造业不同，服务业企业没有厂房、设备等资产可供抵押，因此无法获得银行的抵押贷款。而信用贷款由于银行缺乏对企业的了解往往困难重重。二是资产抵押困难。即使有资产的企业也未必能获得足额的银行抵押贷款，如企业拥有的商务楼、别墅等资产在抵押时系数较低，所能获得的贷款大幅低于资产价值；再如，抵押物存在尚未偿还的小额贷款时，很难以其净值抵押获得贷款，而且这种贷款只能在同一家银行申请。三是财务、法务不健全。大量小微企业甚至部分新设立的中型企业，由于节约开支、缺乏意识、管理缺位等，没有专职的财务人员，向银行申请贷款时无法提供财务审计报告、财务报表等材料，导致银行无法授信。四是缺乏信用记录。银行会根据企业的信用记录决定授信额度。但是，前期经营较好、自有资金充足的企业往往很少向银行借款，导致疫情期间借款时缺乏信用记录，进而导致银行授信规模无法满足企业所需，或者根本无法授信。

（二）对接银行：引导轻资产企业获得信用贷款

针对以上四种情形，商会集中精力，在短期内以轻资产企业及资产抵押困难企业为突破口，逐步形成较为通畅的"企业→商会→银行"的融资信息路径。商会所在街道内企业在融资遇到困难时，向商会提出融资需求，商会则向区内银行询问，促成银行对接企业开展一对一洽谈，并持续跟踪企业融资进度。商会对企业和银行及相关政策都较为了解，起到独特的桥梁作用。

根据表19-2，在经商会获批的共计6.19亿元贷款中，信用贷款占比超过42.8%。虽然抵押贷款的金额仍然较大，但有5家商会促成了信用贷款，说明商会引导轻资产企业申请信用贷款的做法取得了实效。况且，问卷填写之时还有贷款正在沟通对接中，实际效果会优于表中数据。如红坊创意园区就属于轻资产服务企业，在新华街道的力促下，经历多轮递交材料无果后获得工商银行开发区支行的积极对接，后者坦言，在四方机制建立前曾将业务做到奉贤、崇明等地，信息通畅后可以更好服务区内企业，并节省时间成本、降低风险。

表19-2 长宁区各商会促成的贷款金额及其特征

长宁区商会	促成贷款额（万元）	信用贷款（万元）	抵押贷款（万元）	贷款周期（天）
天山商会	500	500		60
仙霞商会	2 000	2 000		7
虹桥商会	36 100	1 000	35 100	60

续表

长宁区商会	促成贷款额（万元）	信用贷款（万元）	抵押贷款（万元）	贷款周期（天）
程桥商会				
新华商会	3 000	3 000		30
周桥商会				
江苏商会	300		300	14
新泾镇商会				
北新泾商会				
华阳商会	20 000	20 000		
小计	61 900	26 500	35 400	—

数据来源：根据商会填写问卷整理，表中数据的统计时间截至2020年6月30日。

（三）聚焦银企：探索金融互助新途径

针对银行放贷审批手续繁杂、风控严格等问题，商会提出建立类似互助基金的新途径：资金充盈的商会会员企业将资金存入合约银行，再由银行将款项以贷款的方式发放给商会推荐企业，风险则由银行和出资企业共同承担。目前，长宁区正在推进试点工作，在基础较好的程桥商会和新华商会制定试点方案，工商银行和宁波银行分别与两家商会初步达成合作意向。

商会的这一想法也是由其他地区商会，如潮汕、浙江、江苏等地区较为活跃的商会做法所启发。这些地区的商会往往因为同地缘，或近血缘而联系更紧密，商会层面的互助已经较为常见，但上海商会并不具备如上特点，况且上海管理也比较严格。因此，商会想到借助银行系统探索新的合法合规互助途径。

四、长宁区下一步推进四方机制的方向探索

随着我国对疫情的成功控制和对经济复苏的有力引导，我国经济已经恢复增长，且很可能是2020年世界经济中唯一正增长的国家。在这一背景下，中小企业已经度过了最为艰难的困境，但中小企业融资难的问题仍将长期存在。市委统战部在建立四方机制时就强调要建立长效机制，因此，长宁区将继续努力，试图在如下几个方面探索下一步推进四方机制的方向。

（一）呼吁政府部门在相关领域实行事中事后监管

通过对企业的调研发现，需要四方机制尤其商会发挥作用的，往往是抵押资产不足的企业，其经商会推荐后，往往需要获得财政局下的中小微企业政策性融资担保基金的担

保。但在实际操作中,市担保基金存在审批流程过长等使用障碍。以铂略咨询公司2019年3月申请贴息贷款300万元过程为例,首先是银行审核,其次(担保基金政策要求)需要第三方中介评估机构收取资料审核,最后还需交由担保基金进行最终审核。这三个审核环节需要企业准备三套不尽相同的复杂材料,耗时超过60天,企业最终无奈放弃贷款申请。多套标准,多套流程,往往导致各方均不担责,最后苦的还是企业。

市担保基金的严格审批固然有利于降低政府风险,但也使实际担保效果大打折扣。实际上,对300万元以下的担保贷款,建议市财政局将权限下放至区层面,以缩短行政流程,扩大对优质中小企业的覆盖。目前,浦东新区已得到权限下放,建议扩展至长宁区。针对现行的"银行—第三方—市财政局"的三层审核,建议将其变为银行一方审核,将需要准备的三套资料压缩成一套资料。

此外,金融互助的想法很好,但在实际操作中面临各种各样的障碍。如果由商会出面成立担保基金,则商会将面临非法集资风险,如果商会建立基金公司,一则基金公司牌照审批困难,二则是挂靠街道可能要承担金融风险。若由商会牵线,企业自行存款进入银行,然后由银行放贷给推荐企业,看起来似乎可行,但一方面银行并不是因为缺钱才拒绝贷款的,即使商会企业的存款进入银行,银行的审批标准也无法降低。另一方面,资金盈余企业将资金存入银行做金融互助,也有获利需求,但这又涉嫌违反相关规定。

实际上,上海自贸区推进的由"事前审批"向"事中、事后监管"的改革试验已经获得各界肯定,中央也高度重视并出台意见①向全国推广。转变政府职能,深化简政放权、放管结合、优化服务改革是我国优化营商环境的重要改革方向。因此,建议市担保基金缩减审批流程,建议金融办放宽金融互助监管标准,以增加民间力量推动解决中小企业融资难问题,进一步释放经济活力。

(二)建议银行在贷款审批中增加灵活性和兼容性

银行由于内部风险控制及总行规程要求,贷款审批较为严格。但这种一刀切的做法对中小企业非常不利。中小企业在创业及成长期内,一路摸爬滚打难以尽善尽美,大多数企业在申请银行贷款时都存在瑕疵,这在疫情冲击下更为明显。例如,新华商会反馈,一家月子中心在足额纳税、财务资料完整、经营前景、盈利能力等方面都表现良好,但因一合伙人存在房屋抵押过期导致征信问题而最终被银行拒绝贷款。还有企业因小额纳税人转普通纳税人不足1年而无法贷款。此外,银行在审批贷款时并不考虑企业的历史,对经营20年的企业和经营2年的企业统一标准,不利于培育品牌企业。

企业提出贷款申请后,往往需要提供繁杂且要求多变的材料,如果申请被拒绝,换一

---

① 国务院:《国务院关于加强和规范事中事后监管的指导意见》,2019年9月12日。

家银行申请,则需要提交不同材料,从提出申请到获得贷款的周期长达 30～60 天,这对危机中的企业而言精力和时间成本都过于高昂。

建议银行对四方机制专员设立不同考核机制,适当放宽放贷审批标准。只有当银行对四方机制专员设立相对应的考核机制时,专员才能更专注于四方机制运作,也更能够考虑中小企业的实际需求,进而增加灵活性和兼容性。实际上,中共中央、国务院文件① 2019 年就曾提出,"指导银行业金融机构夯实对小微业务的内部激励传导机制,完善绩效考核方案、适当降低利润考核指标权重,安排专项激励费用"。

目前,工商银行虹桥开发区支行的做法可资借鉴。该行设有普惠金融事业部,负责人员与普通金融业务部的考核机制完全不同,不做业绩考核,使专员能够更加专注于中小企业的需求。对审核标准,宁波银行的灵活做法建议普及,其针对名单企业主动配额、资产认定标准将上海市资产要求放宽至长三角范围内、一年期贷款转 20 年等操作可圈可点。

(三)敦促商会通过信息共享与金融科技扩展业务能力和影响范围

上海商会发展历来重视统战性、经济性和民间性。2018 年改革以来,为了达到统战工作在基层有效覆盖的目标,商会梳理了会员库,在客观上限制了商会的影响力。此外,从获得政策优惠和贷款便利度来看,企业获得的关注度存在明显区别。一方面,在抗击疫情中表现突出的企业,如防疫用品生产企业、航空类物流支持企业,不仅能够获得抗疫奖励及政策优惠,而且银行都抢着给这类企业贴息贷款,但防疫用品企业在疫情期间盈利较好,并不需要贷款。而另一方面,园区类企业在疫情期间响应国家号召,给予租户降租和免租,但并未因此获得任何贷款上的优惠,包括降低利率、展期贷款等,这类企业因疫情退租率和空租率上升,贷款仍较为困难。

信息共享可以大幅度提升商会的业务能力和影响力。中共中央、国务院 2019 年就提出,依托国家企业信用信息公示系统和小微企业名录,建立完善小微企业数据库,以推动信用信息共享②。建议上海市乃至全国层面依托现有平台和数据记录,通过开放端口让商会实现信息共享,如税务、工商等系统的公共数据,使企业有途径了解自己的客观状况,商会在提供立体白名单时也能更为全面。

此外,建议商会可借助金融科技的力量开拓业务能力的影响范围,这些公司通过大数据形成企业信用记录,这些记录因具有不可逆性而受到肯定。

(四)聚焦银企沟通,就银行亮点与企业盲点扩大宣传

银行问卷中较为集中的建议是多举办银企对接活动,甚至是提供同行业企业与银行

---

① 中共中央办公厅、国务院办公厅:《关于促进中小企业健康发展的指导意见》,2019 年 4 月 7 日。
② 同上。

的面对面融资交流座谈会机制。对银行来说,各家银行具有自身的管理体系和业务偏好,这在短期内难以改变,有必要由商会组织活动,就各家银行针对中小企业的亮点业务和成功案例进行宣传。同行业企业所面临的银行评估方式一致,有利于银行批量处理业务,可以提高银企沟通效率。

同时,对企业来说,一些看似不重要的管理上的小纰漏会影响到贷款审批,如中小企业较为集中的征信不良记录、财务不健全等贷款症结。这些案例也有必要在企业层面扩大宣传,让企业可以未雨绸缪。另外,区工商联层面致力于为中小企业提供企业体检,就其财务管理、法务设置等方面给出建议,以期长期培育优质企业。

(供稿单位:长宁区工商业联合会,主要完成人:张文婕、于韬、姜云飞)

图书在版编目(CIP)数据

2020上海民营经济/上海市工商业联合会等编. —上海：复旦大学出版社，2021.12
ISBN 978-7-309-16023-9

Ⅰ.①2… Ⅱ.①上… Ⅲ.①民营经济-经济发展-研究报告-上海-2020 Ⅳ.①F121.23

中国版本图书馆CIP数据核字(2021)第244489号

2020上海民营经济
上海市工商业联合会　等　编
责任编辑/谢同君

复旦大学出版社有限公司出版发行
上海市国权路579号　邮编：200433
网址：fupnet@fudanpress.com　　http://www.fudanpress.com
门市零售：86-21-65102580　　团体订购：86-21-65104505
出版部电话：86-21-65642845
江苏凤凰数码印务有限公司

开本890×1240　1/16　印张15　字数273千
2021年12月第1版第1次印刷

ISBN 978-7-309-16023-9/F·2855
定价：88.00元

如有印装质量问题，请向复旦大学出版社有限公司出版部调换。
版权所有　　侵权必究